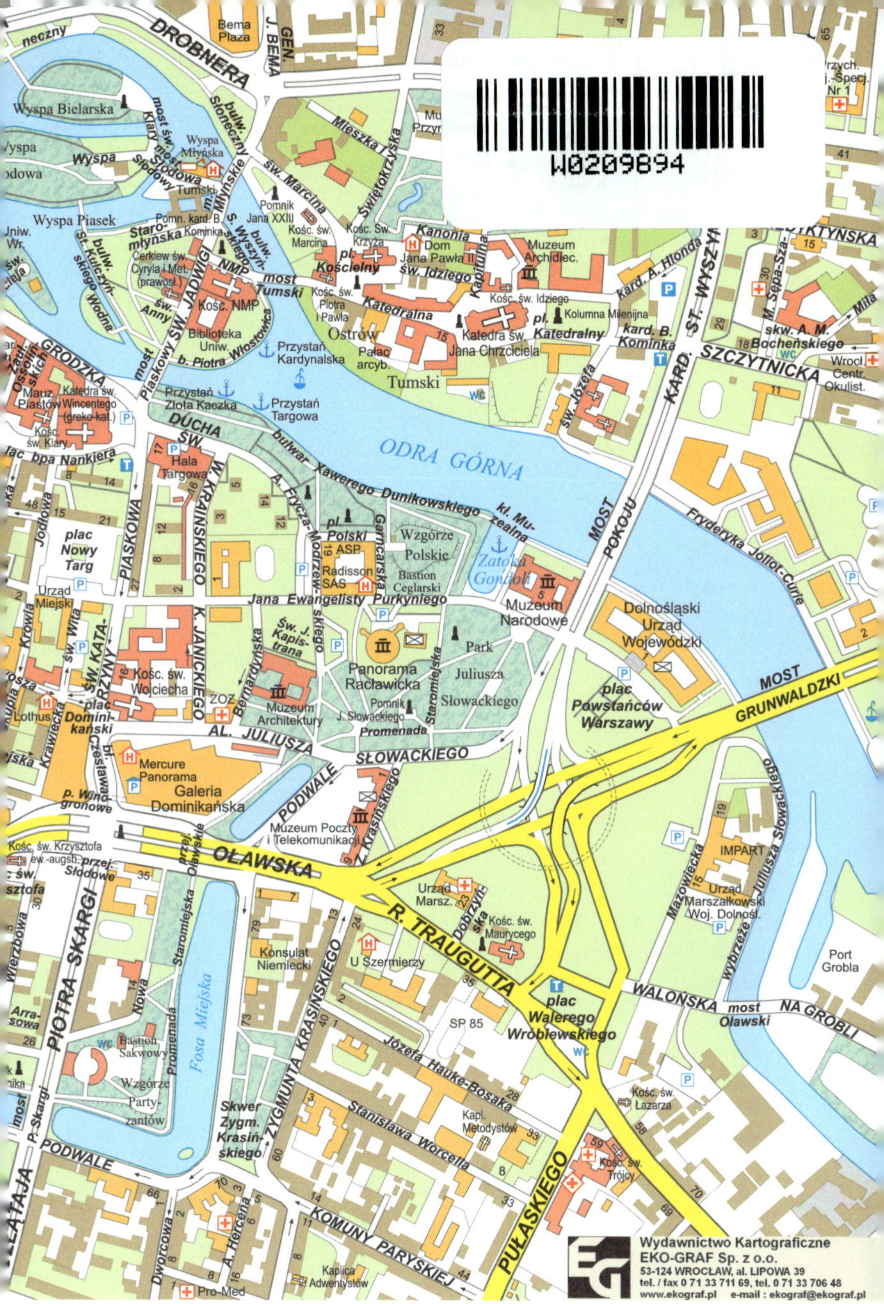

Wydawnictwo Kartograficzne
EKO-GRAF Sp. z o.o.
53-124 WROCŁAW, al. LIPOWA 39
tel. / fax 0 71 33 711 69, tel. 0 71 33 706 48
www.ekograf.pl e-mail : ekograf@ekograf.pl

Tankstellen, Erdgas-Tankstellen	Denkmäler, Springbrunnen, Anlegestellen
Hotels, Hostels, Jugendherbergen, Campingplätze	Kirchen und Kapellen
Polizei, Postämter, Tourist-Information	Hallenschwimmbäder, übrige Schwimmbäder, Wassersportzentren
Krankenhäuser, Polikliniken	Tennisplätze
Theater, Museen, Kinos	WC Toiletten

Breslau
Stadtführer

Rafał Eysymontt
Leszek Ziątkowski

Fotografien
Stanisław Klimek

VIA NOVA

INHALT

INHALT

◂ *Silvester 2007 auf dem Breslauer Ring*

BRESLAU

Breslau liegt inmitten der Schlesischen Tiefebene zu beiden Seiten der Oder, nahe der Einmündung ihrer rechten und linken Nebenflüsse Oława (ehem. Ohle), Ślęza (ehem. Lohe), Widawa (ehem. Weide) und Bystrzyca (ehem. Weistritz). Dieser Lage sowie dem milden und feuchten Klima, das schon im 17. Jahrhundert mit dem der norditalienischen Lombardei verglichen wurde, verdankt die Stadt, dass sie so außergewöhnlich reich an Parks und Grünanlagen ist. Häufiger als in anderen Regionen Polens kommen hier Rhododendren, Plantanen und Magnolien vor.

Das Zentrum und der nördliche Teil der Stadt liegen auf mehreren großen und kleinen Inseln. Deshalb war Breslau schon immer eine Stadt der Brücken, von denen es heute über 90 gibt. Das weit verzweigte Netz der Oderarme und -mäander hat sich im Laufe der letzten Jahrhunderte immer wieder verändert – daher versuchte man, es mit einem System von Kanälen und Dämmen zu kontrollieren. Zu dem Überschwemmungsgebiet der Oder kommen noch die östlich der Stadt gelegenen Bereiche hinzu, die von der Oława (ehem. Ohle) überflutet werden, deren Wasser den Stadtgraben gespeist hat. Es ist schwer vorstellbar, dass der Oderkanal bei der ehemaligen Passbrücke, heute most Zwierzyniecki, noch im 16. Jahrhundert in entgegengesetzter Richtung floss. Damals speiste sich der Kanal aus zahlreichen Nebenarmen der Oder, die durch das Gelände des jetzigen Park Szczytnicki (ehem. Scheitniger Park) flossen, ihre Spuren sind heute in der Form von Teichen und des langsam fließenden Flüsschens Schwarzwasser, heute

Zwerge sind ein Wahrzeichen Breslaus, hier die Zwerge in der ul. Oławska; unten: Zwerg in der ul. Więzienna (siehe S. 49)

Eine der vielen Breslauer Brücken – most Grunwaldzki (siehe S. 241)

Der nordöstliche Teil der Stadt, der an der Niederen und Alten Oder liegt

Czarna Woda, zu finden. Einer der Hauptströme der Oder, der südlich der Siedlung Biskupin (ehem. Bischofswalde) und des Zoologischen Gartens verläuft, wurde im 16. Jahrhundert künstlich angelegt. Der Fluss wurde auch für den Warentransport genutzt, musste dafür allerdings entsprechend reguliert werden. Deshalb wurden Wasserbauanlagen errichtet, Schleusen und Wehre an den Kanälen, die für die Schifffahrt vorgesehen waren, sowie Binnenhäfen und eine Werft. Dieser Flussregulierung verdanken wir die malerischen Wälle, die die Stadt Breslau vor Überschwemmungen schützen sollen. An ihren Hängen wurden Bäume gepflanzt und auf den Kämmen verlaufen

Milleniumsbrücke im Westen von Breslau

schattige Alleen, die zu ausgedehnten Spaziergängen und Fahrradausflügen einladen.

Auf den begrünten Inseln im Breslauer Stadtzentrum stehen beeindruckende gotische Kirchen in einer für Mitteleuropa einmaligen Dichte. Neben ihren rotem Backsteinmauern bereichern die hellen Fassaden der barocken Klosteranlagen und die farbenfrohen Wohnhäuser das Stadtbild. In der Vergangenheit aber sah Breslau ganz anders aus. Waren anfangs die meisten Häuser im Fachwerkstil errichtet, so wurde Breslau später zu einer der am dichtesten bebauten deutschen Städte, die vor allem von mehrstöckigen grauen Wohnhäusern und riesigen Kaufhäusern geprägt war. Immer aber überragten hohe Kirchtürme die Stadt, die in der flachen Schlesischen Tiefebene noch weithin zu sehen sind.

Wappen von Breslau – Bauplastik in der ul. Sukiennice

Die Dominsel von der Holteihöhe (heute Wzgórze Polskie; siehe S. 160), aus gesehen; unten: Detail des Bauschmucks am ehemaligen Kaufhaus der Firma Schlesinger in der ul. Rzeźnicza (siehe S. 118)

Die Breslauer Wahrzeichen und das Stadtwappen änderten sich im Laufe der Zeit mehrmals. Zunächst war Johannes der Täufer der wichtigste Heilige der Stadt, er war der Patron des alljährlichen Johannismarktes und des Breslauer Doms, dessen Fassade eine romanische Statue des Heiligen schmückt. Später kam die Hl. Dorothea dazu, die Schutzheilige der Bürger. Ihr Reliquienschrein wurde in einer besonderen Kapelle aufbewahrt, die sich in einem gotischen Erker im Rathaus befand. Nach dem Zweiten Weltkrieg wurde der piastische Adler wieder in das Stadtwappen aufgenommen und man kehrte endlich zu dem Wappen aus dem 16. Jahrhundert zurück, in dessen fünf Feldern

Ein Wahrzeichen von Breslau – die monumentale Jahrhunderthalle (siehe S. 252)

der böhmische Löwe, der schlesische Adler, der Buchstabe "W", der Kopf des Evangelisten Johannes auf einer umgedrehten Krone und das Haupt von Johannes dem Täufer in einer Schale dargestellt sind. Diese Symbole stehen für die wechselhaften politischen Geschicke Breslaus.

Stärker jedoch als diese offiziellen Symbole scheinen im Bewusstsein der Breslauer die architektonischen Wahrzeichen der Stadt verankert zu sein: die Türme des Doms, die Ostfassade des gotischen Rathauses, später die Jahrhunderthalle und in der Nachkriegszeit die riesige Stahlnadel, die 1948 anlässlich der Ausstellung über die "Wiedergewonnenen Gebiete" entstanden war.

Heute lieben die Einwohner Breslaus besonders ihren Marktplatz, einen der größten Europas. Seine farbenfrohen Häuser beherbergen zahlreiche Restaurants, Bars und Klubs, im Sommer werden Cafétische auf den Platz gestellt und Einheimische und Touristen schlendern über den Markt. Hier schlägt das Herz Breslaus. Der Markt liegt fast in der geografischen Mitte der Stadt und bildet heute, wie auch in der Vergangenheit, ihr lebendiges Zentrum. Jeder

Der Breslauer Ring ist immer belebt (siehe S. 64)

Reiseführer über Breslau beschreibt deshalb an erster Stelle die Sehenswürdigkeiten am und um den Markt.

Das historische Zentrum der Stadt gliedert sich in zwei Teile. Am rechten Ufer des ältesten Nebenflusses des Oder liegt die so genannte Dominsel, heute Ostrów Tumski, die einst wirklich eine Insel gewesen war, eine unabhängige kirchliche Stadt mit dem Dom St. Johannes der Täufer, der Kreuzkirche und anderen Gotteshäusern aus gotischer Zeit. Daneben liegen die Sandinsel mit der mächtigen Kirche St. Maria auf dem Sande und zwei weitere kleinere Inseln, die Bielarska (ehem. Hinterbleiche) und Słodowa (ehem. Vorderbleiche). Gegenüber am linken Flussufer erstreckt sich die eigentliche Stadt, früher von Mauern und Gräben umgeben, heute dagegen von ringförmigen Grünanlagen mit einem Spazierweg. Über den Dächern der Stadt erheben sich gotische Kirchtürme; auf dem weitläufigen Marktplatz steht ein Rathaus, das zu den schönsten Europas zählt. Zwischen Oder und Markt befindet sich ein großartiges Ensemble von Barockbauten: die Universität Leopoldina, eine jesuitische Gründung aus dem 18. Jahrhundert, das Kloster der Kreuzherren mit dem Roten Stern (heute die Ossolineum-Bibliothek) und das Kloster der Prämonstratenser (heute Sitz der Philologischen

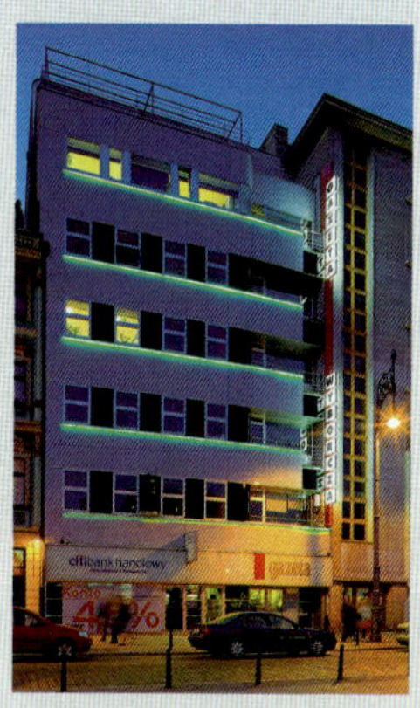

Salzring, Apotheke "Zum Mohren"; (siehe S. 114); links: Denkmal zur Erinnerung an das große Hochwasser 1997 zwischen den Universitätsbrücken

Denkmal für Kardinal Bolesław Kominek auf der Sandinsel (siehe S. 188)

Mietshäuser
in der ul. Mierniczna;
unten: Bauschmuck
an einem der
Bürgerhäuser (siehe S. 268)

Fakultät der Breslauer Universität). Aber auch die Moderne hinterließ ihre Spuren in Breslau: die Markthalle von 1908, als einer der ersten Handelsbauten in Europa mit einer Stahlbetonkonstruktion errichtet, Max Bergs Jahrhunderthalle von 1913 mit einer Kuppel aus Stahlbeton, die lange Zeit weltweit die größte war, inmitten eines malerischen Parks gelegen, die 1927 von Adolf Rading im internationalen Schiffsstil um- und ausgebaute Mohrenapotheke auf dem historischen Salzmarkt und das Warenhaus im expressionistischen Stil von Erich Mendelsohn aus dem Jahre 1928. Von Breslaus Bedeutung als Handelszentrum zeugen die großen Kaufhäuser im Zentrum, die zur Zeit des Historismus, des Jugendstils und der Moderne entstanden waren.

Die Mietshäuser aus dem 19. Jahrhundert galten lange als eine ungeliebte Erinnerung an den Kapitalismus – heute wissen nicht nur Touristen, sondern auch Filmemacher diese Architektur immer mehr zu schätzen. Die Mietshausanlagen in der Ohlauer Vorstadt brauchen den Vergleich mit ähnlichen Stadtvierteln in Berlin nicht zu scheuen. In den 20er Jahren des 20. Jahrhunderts entstanden in der Großstadt Breslau, die inzwischen auf über 300 km² angewachsen war, moderne, nur niedrig

Restauriertes
Mietshaus
in der ul. B. Prusa

Maria-Magdalenen--Kirche, Konzert im Rahmen des Festivals Wratislavia Cantans (siehe S. 103)

bebaute Stadtviertel. Berühmt geworden ist die Mustersiedlung Sępolno (ehem. Zimpel) im östlichen Teil der Stadt, in der Nähe des weitläufigen Landschaftsparks Szczytnicki (ehem. Scheitniger Park), der bereits im frühen 19. Jahrhundert angelegt worden war.

Die größte Attraktion Breslaus aber ist seine einzigartige Atmosphäre, die Mischung aus unterschiedlichen Traditionen und Kulturen, die die Stadt ihren Einwohnern zu verdanken hat. Nach dem Krieg kamen Menschen aus teilweise weit entfernten Gebieten nach Breslau, heute ist hier schon die dritte Generation zu Hause. Breslau ist eine offene Stadt und einer der wichtigsten polnischen Hochschulstandorte. "Die Jugend ist die Hoffnung und die Schönheit der Stadt" – diese Leuchtreklame hing einst über den Studentenwohnheimen am Plac Grunwaldzki (ehem. Kaiserstraße). Und so ist es bis heute geblieben.

Auf dem Ring wird versucht, den Guinness-Rekord im gleichzeitigen Singen von Jimi Hendrix' *Hey Joe* zu schlagen.

Der Ring der Nibelungen, Operninszenierung in der Jahrhunderthalle

◂ *Zwerg der Orangenen Alternative, ul. M. Smoluchowskiego*

BRESLAUER GESCHICHTE

Anders als man annehmen mag, änderte sich das Stadtgebiet von Breslau, heute ein großstädtisches Zentrum, im Laufe der Jahrhunderte kaum. Eigentlich wuchs die Stadt erst in den letzten 200 Jahren über die mittelalterlichen Stadtgrenzen des 13. Jahrhunderts hinaus. Die größte Stadterweiterung fand 1928 statt, damals verdreifachte sich die Fläche Breslaus von 49,2 km^2 auf 175,1 km^2. Gegenwärtig umfasst das städtische Verwaltungsgebiet 292,8 km^2. Auf dem Gebiet des heutigen Breslau wurden zahlreiche Spuren früher Besiedlungen entdeckt, die ältesten sind schon über 300 000 Jahre alt. Sie zeigen zwar, dass Menschen schon sehr früh hier gelebt haben, haben jedoch nicht viel mit den tatsächlichen Anfängen der Stadt gemein.

Ältester Stadtplan von Breslau, 1562

Archäologische Ausgrabungen auf der Dominsel, Überreste der hölzernen Bebauung der Unterburg, Fotografie, 1958 (siehe S. 159)

DIE SCHWIERIGEN ANFÄNGE DER STADT

Zwar ist das Stadtgebiet Breslaus für die Landwirtschaft nicht besonders geeignet, doch boten die Oderinseln und Überschwemmungsgebiete einen natürlichen Schutz vor Angreifern. Für die Anlage eines Verwaltungszentrums an dieser Stelle sprach auch das engmaschige Netz von Wasserwegen und Straßen, die zu bequemen Flussübergängen führten. Die Anfänge Breslaus sind mit dem legendären böhmischen Herrscher Vratislav verbunden, der eine Verteidigungsburg gründete, der er seinen Namen gab. Dies war der entscheidende Impuls für die Entwicklung einer Handwerkersiedlung, in der sich bald schon die ersten Kaufleute niederließen.

Detail des Portals der Abtei auf dem Elbing, später in die Fassade der Kirche St. Maria Magdalena eingemauert (siehe S. 103)

Abtei auf dem Elbing, Grafik nach dem Stadtplan der Weiners (Vater und Sohn), 1562

936-967
Böhmen unter Herzog Boleslaw I., Stärkung der staatlichen Einheit; Breslau wahrscheinlich innerhalb der Grenzen Böhmens

990
Schlesien wird Polen angeschlossen

1000
Begründung des Breslauer Bistums während des Treffens von Kaiser Otto III. und Boleslaw Chrobry (dem Tapferen) in Gnesen

1017
Boleslaw Chrobry (der Tapfere) führt von der Breslauer Burg aus den Kampf gegen den deutschen Angriff

1038
böhmischer Überfall, Herzog Brzetyslaw plündert Großpolen und nimmt Schlesien ein

1054
bei einer Zusammenkunft in Quedlinburg erkennt der Kaiser die Wiederangliederung Schlesiens an Polen durch Kazimierz Odnowiciel (den Erneuerer) an

1109
polnisch-deutscher Krieg – Verteidigung Breslaus und die legendäre Schlacht auf dem Hundsfeld

1138
Testament von Boleslaw Krzywousty (Schiefmund); Einteilung des Staats in Teilfürstentümer; der älteste Sohn des Piastengeschlechts (Senior) Wladyslaw II. Wygnaniec (der Vertriebene) erhält Schlesien, Breslau wird die Hauptburg Schlesiens

um 1139
Entstehung der Abtei auf dem Breslauer Elbing

1158
unter Bf. Walter von Malonne Baubeginn der romanischen Kathedrale St. Johannes des Täufers

Überreste des Baus aus der Zeit zwischen dem 10. und 12. Jahrhundert, ausgestellt in der Krypta der Kathedrale (siehe S. 172)

Auch nachdem um 990 Schlesien von Böhmen an den eben entstehenden Staat der Piasten übergegangen war, konnte die Stadt ihre Bedeutung erhalten und sogar noch verstärken. Davon zeugt die Gründung eines eigenen Breslauer Bistums im Jahre 1000 – eines von vier Bistümern innerhalb der Gnesener Erzdiözese.

Archäologische Funde belegen die bescheidenen und schlichten Anfänge der zukünftigen Stadt. Unser bruchstückhaftes Wissen über die Größe und Ausdehnung der ursprünglichen Siedlung legt die Vermutung nahe, dass sich Breslau zu Beginn nicht als geschlossene und einheitliche Siedlung entwickelt hat, sondern aus mehreren Teilen bestand, die mit der Zeit zusammenwuchsen. Diese Eigenart der Stadt blieb noch lange bestehen.

Skulptur Johannes des Täufers aus der romanischen Kathedrale, 1945 zerstört, gegenwärtig im Erzdiözesanmuseum (siehe S. 172); links: Stiftertympanon mit Darstellung Jaxos, des Schwiegersohns Peter Wlasts, aus der Klosterkirche auf dem Elbing, gegenwärtig im Architekturmuseum (siehe S. 307)

Haus der Trebnitzer Nonnen aus dem 13. Jahrhundert, Herberge der Trebnitzer Zisterzienserinnen, gegenwärtig Fotogalerie (siehe S. 129)

1163
Rückkehr der Söhne von Wladyslaw II. und Aufteilung des schlesischen Teilfürstentums unter den Brüdern; Breslau fällt Boleslaw Wysoki (dem Langen) zu, dem ältesten Sohn des Vertriebenen

1206
erste Erwähnung deutscher Siedler im Dorf Hundsfeld

1214
Ein Privileg von Heinrich I. dem Bärtigen verleiht der Stadt das Recht, den Johannismarkt abzuhalten; bis zum Tode dieses Herzogs 1238 wächst Breslau zur größten polnischen Stadt an

St. Ägidiuskirche, ältestes vollständig erhaltenes Gebäude in Breslau (siehe S. 183)

Fries an der Südfassade der St. Adalbertkirche, der ältesten Pfarrkirche in Breslau (siehe S. 232)

Über die Geschichte der Stadt zur Zeit der ersten Piasten wissen wir nur wenig. Mehrere historische Persönlichkeiten aus dieser Epoche sind bekannt und wir verfügen über einige wenige Dokumente und nicht endgültig bestätigte Informationen über bestimmte Ereignisse. Sicher belegt ist die berühmte Schlacht zwischen Polen und Deutschen auf dem Hundsfeld vor Breslau, heute der Stadtteil Psie Pole, im Jahre 1109. Damals wurde der Eroberungszug von Kaiser Heinrich V. gegen den Piastenfürsten Boleslaw Krzywousty (Schiefmund) zurückgeschlagen. Der Name Hundsfeld bezieht sich auf die Legende von den Hunden, die über das Schlachtfeld streunten, das über und über mit den Körpern der gefallenen deutschen Ritter bedeckt war.

Einen materiellen Beweis für die rasche Entwicklung der zukünftigen Metropole liefern die ersten steinernen Sakralbauten: der Dom, die Abtei auf dem Breslauer Elbing und die Sandkirche – die beiden letzteren gestiftet von dem Magnaten Peter Wlast. Über Wlasts Herkunft und die Ursache für seinen großen Einfluss auf Schlesien gibt es verschiedene Vermutungen: einige Historiker nehmen an, er entstamme einer entmachteten einheimischen Dynastie, andere sehen in ihm einen Nachkommen der Wikinger.

Von der ursprünglichen plastischen Ausstattung der Kirchen blieb nur weniges erhalten, darunter das großartige Elbinger Portal und einige Stiftertympani. Diese Beispiele aber künden von einem hohen künstlerischen Rang und der für die damalige Zeit beachtlichen Pracht der Bauwerke.

DIE EPOCHE DER TEILFÜRSTENTÜMER

Der polnische Herzog Boleslaw Krzywousty (Schiefmund) übereignete in seinem berühmten Testament von 1138 die Provinz Schlesien mit Breslau dem jeweils ältesten Sohn des Geschlechtes – ein weiterer Beweis für die große Bedeutung dieser Region. Daraufhin verbanden sich die jüngeren Brüder gegen Wladyslaw, den ältesten Sohn, den

Detail eines Stiftertympanons aus der Kirche Maria auf dem Sande: Maria, die Frau Peter Wlasts, übergibt der Mutter Gottes den romanischen Bau dieser Kirche (siehe S. 187)

St. Martinskirche, einziges Gebäude der alten Fürstenburg, das sich auf der Dominsel erhalten hat (siehe S. 164)

Heinrich I. der Bärtige und die Hl. Hedwig betrachten den Klosterbau in Trebnitz, Grafik nach der Legende der Hl. Hedwig, 1353

Tod Heinrichs II. des Frommen während der Schlacht gegen die Mongolen bei Liegnitz 1241, Wandgemälde in der Kirche in Wahlstatt

Kirche St. Vinzenz, Grabstätte Heinrichs II. des Frommen (siehe S. 125)

1241
Überfall der Tartaren, starke Zerstörung des Stadtgebiets

nach 1242
Stadtgründung nach dem Magdeburger Recht, Anlage des rechteckigen Rings und des regelmäßigen Straßennetzes

1244
Baubeginn der gotischen Kathedrale, vollendet 1419

1261/1262
Heinrich III. der Weiße erteilt Breslau erneut das Stadtrecht

1263
Gründung der Neustadt

1274
Heinrich IV. Probus erteilt der Stadt das sog. Stapelrecht und sichert ihr damit die Vorrangstellung für den Handel am mittleren Oderlauf

1287
Stiftung der Kirche zum Hl. Kreuz

1288
Heinrich IV. Probus auf dem Krakauer Thron; Versuche der Vereinigung Polens

1327
Heinrich VI., der letzte Herzog von Breslau, leistet dem böhmischen König Johann von Luxemburg den Lehnseid

der Vater so sehr begünstigt hatte, und verjagten ihn aus Polen – daher sein späterer Beiname „der Vertriebene". Auch in der nun folgenden Epoche der Erbteilung konnte Breslau seine erstrangige Bedeutung innerhalb Schlesiens beibehalten. Die schlesischen Piastenherzöge Heinrich I. der Bärtige, Heinrich II. der Fromme und Heinrich IV. Probus versuchten später mehrmals, die polnischen Länder wieder zu vereinen, die politisch unter den auseinanderstrebenden Piastengeschlechtern aufgeteilt waren. Vom mächtigen Breslau aus, getragen vom Reichtum Schlesiens, versuchten sie Klein- und Großpolen zu vereinen.

DIE MITTELALTERLICHE STADT

In den unruhigen Zeiten unter den mittelalterlichen Herzögen kam der Prozess der Stadtgründung des alten Breslau zum Abschluss. Mehrfach hatte die Stadt Gründungsprivilegien erhalten, die 1261 ihre endgültige Form annahmen. 1327 wurde Breslau die sog. Neustadt angeschlossen, die sich seit 1263 östlich des Zentrums entwickelt hatte. Weitere Privilegien auf Grundlage des sog. deutschen Rechts zogen neue Siedler an, regelten die rechtliche Situation und die Organisation des städtischen Lebens und gaben Breslau dank der planmäßigen Parzellierung das typische Aussehen der meisten europäischen Städte. Seit dieser Zeit ist der große Marktplatz der Mittelpunkt der Stadt. Hier ließen sich die wichtigsten Institutionen nieder, Verwaltung und Judikative, aber auch Einrichtungen für die Organisation der Wirtschaft und – besonders wichtig – des Handels. Im Rathaus hielt der Stadtrat unter Leitung des Bürgermeisters seine Beratungen ab und fanden Gerichtsprozesse statt, in den Tuchhallen und an vielen Verkaufsständen handelten die Stadtbewohner. Im Gegensatz zu der weit verbreiteten Annahme, die mittelalterlichen Städte hätten ihren Wohlstand dem weitreichenden Fernhandel zu verdanken, stützte sich das tägliche Einkommen der Einwohner Breslaus

Grabmal Heinrichs II. des Frommen, gegenwärtig im Nationalmuseum in Breslau (siehe S. 127), Fotografie, um 1930

Grabmal Heinrichs IV. des Gerechten, gegenwärtig im Nationalmuseum in Breslau (siehe S. 167), Fotografie, um 1930

Bischof Nanker belegt den böhmischen König Johannes von Luxemburg, den Herrscher über Breslau, mit dem Bann, nachdem der König die bischöfliche Burg in Militsch heimtückisch erobert hat (1339), Relief in der Kathedrale (siehe S. 179)

1328
Streit der Breslauer mit der Kirche um die Zahlung des Peterspfennigs; Bischof Nanker belegt die Stadt mit dem Kirchenbann

1335
Tod von Heinrich VI., Breslau wird Teil des böhmischen Königreichs

1349
Pogrom an der jüdischen Bevölkerung

1351
in Breslau treffen sich Kaiser Karl IV. der Luxemburger und der polnische König Kazimierz III. Wielki, Kazimierz verzichtet endgültig auf Schlesien; Stiftung des Augustinerklosters und der Kirche der Hl. Dorothea

1397
städtische Wasserleitungen in Betrieb genommen

Kirche St. Stanislaus, Wenzel und Dorothea, errichtet zum Andenken an die Begegnung des polnischen Königs Kazimierz Wielki (Kasimir der Große) mit Kaiser Karl IV. von Luxemburg (siehe S. 217)

Heinrich VI., Grabmal in der Kirche St. Klara (siehe S. 130)

in erster Linie auf den regen Austausch mit dem wirtschaftlichen Hinterland – den Dörfern und Kleinstädten der Umgebung. Die günstige Lage an den Handelswegen von Thüringen durch die Lausitz und Kleinpolen in die Rus sowie von Böhmen nach Großpolen und Kujawien, aber auch das engmaschige lokale Straßennetz, dazu die ertragreiche Landwirtschaft im nahen Umland – all das sicherte dem hiesigen Bürgertum gute Entwicklungsbedingungen. Durch den Großhandel konnte ein gewaltiges Vermögen aufgebaut werden. Breslau war immer eine reiche Stadt und das beeinflusste das Aussehen des Ortes. Die Einwohner errichteten großartige Bauwerke zum Ruhme Gottes, aber auch um sich selbst zu preisen. In kurzer Zeit entstanden die beiden Pfarrkirchen St. Elisabeth und St. Maria Magdalena sowie das Rathaus als Sitz der städtischen Selbstverwaltung, ein aussagekräftiges Symbol für die Macht des Bürgerstandes.

Rathaus – Symbol der Macht des Breslauer Bürgertums (siehe S. 79)

KONFLIKTE MIT DEM KLERUS

Außerhalb des Verwaltung der mittelalterlichen *civitas* gab es Gebiete, die der kirchlichen Macht unterstanden: der größere Teil der Sandinsel, die gesamte Dominsel und das Gelände des Elbinger Klosters. Diese Einteilung, die sich praktisch bis ins 18. Jahrhundert hielt, ist darauf zurückzuführen, dass die Stadt lange Zeit nach Norden nur schwach befestigt war. Die Breslauer versuchten, ihre wirtschaftlichen Interessen abzusichern, doch mussten sie sich gegen einen mächtigen Konkurrenten wehren – gegen den Klerus. Denn genau wie die Bürger sammelte auch die Geistlichkeit eifrig Privilegien, die die Kirche von Steuerzahlungen befreiten und ihr zusätzliche Einkünfte sicherten. Zudem kämpfte sie um die rechtliche Unabhängigkeit von der städtischen Amtsgewalt. Deshalb kam es häufig zu Konflikten zwischen diesen beiden Ständen. Ein Beispiel hierfür ist der berühmte Bierkrieg 1380–1382, der später Popenkrieg genannt wurde. Eine der wichtigsten Quellen des bürgerlichen Wohlstandes

Gotische Kirche St. Maria Magdalena, im Spätmittelalter eine der beiden städtischen Pfarrkirchen, ihre barocken Turmhelme sind bis heute nicht wiederhergestellt worden, Postkarte, um 1904 (siehe S. 103)

Ratsältestenstube im Breslauer Rathaus (siehe S. 82); unten: Alltagsszenen, Ausschnitt aus dem Fries am Rathaus (siehe S. 87)

1420–1433
Beteiligung Breslaus an den hussitischen Kriegen

1453
Johannes Capestrano predigt in Breslau; Breslauer Juden werden der Kirchenschändung beschuldigt, verhaftet und angeklagt, 41 Juden starben auf dem Scheiterhaufen

1457
Georg von Podiebrad, dem hussitischen böhmischen König, wird der Lehnseid verweigert, Kriegsausbruch

1469
Lehnseid an Matthias Corvinus, Personalunion mit Ungarn

1490
Schlesien abermals unter böhmischer Herrschaft

Der älteste jüdische Grabstein in Breslau aus dem Jahre 1203 wurde in die Mauer des Zeughauses in der ul. A. Cieszyńskiego eingemauert

Salzmarkt, hier predigte der Hl. Johannes Capestrano, woraufhin auf diesem Platz bei einem Pogrom Breslauer Juden verbrannt wurden (siehe S. 112)

wurde damals bedroht, nämlich das Monopol, Bier zu brauen und zu verkaufen. Das Bier – deutlich schwächer als heute – war im Mittelalter ein Grundnahrungsmittel und die Einkünfte aus dem Bierverkauf sicherten vielen Breslauer Bürgern ihren Lebensunterhalt. Als die Geistlichkeit das Privileg erhielt, Bier von außerhalb einzuführen, bedrohte das den status quo und wurde zur Konfliktquelle. Letztlich errang die Stadt nur einen halben Sieg, da in den Gasthäusern auf der Dominsel weiterhin das Schweidnitzer Bier ausgeschenkt werden durfte.

Schlussstein mit Darstellung des böhmischen Löwen im Rathaus, eine von zahlreichen Spuren der böhmischen Zeit in Breslau (siehe S. 83)

AUF DEM HÖHEPUNKT DER POLITISCHEN MACHT

Breslau zählte mit gut zehntausend Einwohnern zu den größten Städten Mitteleuropas. Der Höhepunkt der politischen Macht fiel in das 15. Jahrhundert, als das Eingreifen Breslaus oft über den Ausgang von Kriegen und die Besetzung von Thronen entschied. Der Breslauer Stadtrat verhinderte, dass Schlesien an die böhmischen Könige fiel, die die Hussiten unterstützten. Auch den Jagiellonen, die Polen wieder stärkten und den polnischen Einfluss in Schlesien erneuerten, waren die Breslauer nicht wohl gesonnen. Die Ratsherren der Stadt griffen bereitwillig sämtliche Vorwände auf, um die Oberhoheit der Jagiellonen nicht anzuerkennen. Deshalb wurde nach dem Frieden von Olmütz 1474 zwischen den Jagiellonen und Ungarn der ungarische König Matthias Corvinus Herrscher über die Lausitz, Mähren und Schlesien. Erst nach seinem Tode im Jahre 1490 konnte Wladyslaw der Jagiellone, der seit 1471 auf dem Prager Königsthron saß, seine Macht auf Breslau ausdehnen. Die Einwohner erkannten schließlich ihren neuen Herren an, wenn auch ohne jeden Enthusiasmus. Von diesem Moment an war das Schicksal der Stadt für über drei Jahrhunderte untrennbar mit dem Geschick Böhmens verbunden. Als aber die Türken Ungarn angriffen und der zwanzigjährige König Ludwig II. der Jagiellone, Herrscher über Ungarn und

Schlussstein mit dem Wappen des Königs Matthias Corvinus (der Rabe) im Rathaus; unten: städtischer Gesandter, Relief an der Ostfassade des Rathauses (siehe S. 84)

Älteste Ansicht Breslaus in der *Weltchronik* von Hartmann Schedel

1493
älteste Ansicht Breslaus in der *Weltchronik* von Hartmann Schedel

1505
König Wladyslaw Jagiellończyk (der Jagiellone) erklärt sich mit der Gründung einer Universität in Breslau einverstanden

Breslauer Stadtwappen mit fünf Feldern am Rathausturm, 1530 von Ferdinand I. von Habsburg verliehen (siehe S. 89)

1521–1523
Johannes Hess wird Prediger an der Pfarrkirche St. Maria Magdalena, die Reformation hält in Breslau Einzug

1526
Schlacht bei Mohács, Tod von Ludwig Jagiellończyk (dem Jagiellonen); die Habsburger kommen auf den böhmischen Thron

Kanzel in der Kirche St. Maria Magdalena (siehe S. 111)

Böhmen, in der Schlacht bei Mohács im August 1526 fiel, setzte auch in Breslau die Herrschaft der Habsburger ein.

Selbst in diesen unruhigen Zeiten übertrafen sich die selbstbewussten Breslauer Bürger darin, ihrer Stadt Glanz zu verleihen. Es wurden Kapellen erbaut, Klöster und Altäre gestiftet und prächtige Grabmale errichtet. Die Ratsherren beabsichtigten sogar die Eröffnung einer Universität und im Jahre 1505 schienen ihre Bemühungen Erfolg zu haben. Doch wussten die Städte Krakau und Prag dies aus Sorge um die Stellung ihrer Universitäten zu verhindern.

An der Wende vom 15. zum 16. Jahrhundert stand Breslau mit seinen 20 000 Einwohnern und beinahe 120 ha Fläche weder im benachbarten Polen, noch im Osten Deutschlands eine ebenbürtige Stadt gegenüber. Die nächsten im Bezug auf die Einwohnerzahl vergleichbaren Orte waren Prag und Nürnberg, weit hinter Breslau zurück blieben dagegen Frankfurt, Krakau und Danzig.

Ausschnitt des Bildnisses der Stadträte und Schöffen in der Ratsältestenstube im Breslauer Rathaus (siehe S. 82)

UNTER DEN HABSBURGERN, ABER IM EINFLUSSBEREICH DER REFORMATION

In das 16. Jahrhundert fällt ein Ereignis, das die Geschicke der Stadt nachhaltig beeinflussen sollte – die Reformation. Viele Breslauer folgen den von Martin Luther verkündeten neuen Gedanken, die Einwohnerschaft spaltete sich in zwei Glaubensgemeinschaften auf und es kam zum Konflikt mit der Obrigkeit. Das wurde bereits 1527 deutlich, als der Habsburger Ferdinand I. in Prag gekrönt wurde. Bereits damals wurde seine Einstellung zu Breslau deutlich: „Ihr in Breslau bringt die Ordnung der allgemeinen Kirche durcheinander, ändert die Zeremonien, lebt nicht auf christliche Art und habt lutheranische Prediger bei euch." Die Habsburger blieben katholisch und bemühten sich, dem alten Glauben die ihm ihrer Meinung nach zustehende führende Position wieder zurückzugeben. Der Beginn ihrer Regierungszeit verlief in einer Atmosphäre religiöser Auseinander-

Johannes Hess, erster evangelischer Pfarrer in Breslau, Prediger an der Kirche St. Maria Magdalena (siehe S. 109)

Das Kloster auf dem Elbing wurde auf Initiative des Patriziers Heinrich von Rybisch abgetragen; rechts: Rybisch's Wohnhaus in der Junkernstraße (heute ul. Ofiar Oświęcimskich 1; siehe S. 114) und sein Grabmal in der Elisabethkirche (siehe S. 97)

Uhr am Rathausturm (siehe S. 89)

1529
türkische Truppen belagern Wien; des Kloster auf dem Breslauer Elbing wird abgetragen

1546–1547
Religionskrieg in Deutschland; Breslau auf der Seite der Gegner des Kaisers

1580
Uhr im Rathausturm wird in Betrieb genommen

Überreste der alten Befestigung (Ziegelbastion, 1585) auf der Holteihöhe, (siehe S. 229)

setzungen und war von der ständigen Gefahr eines türkischen Angriffs überschattet. Unvergessen waren die Geschicke des nahen Ungarns und die Bedrohung Wiens. Daher führten die Breslauer intensive Arbeiten zur Verbesserung des städtischen Verteidigungssystems durch, deren Umbau die Abtei auf dem Breslauer Elbing zum Opfer fiel – eine großartige Stiftung von Peter Wlast. Das Kloster wurde abgetragen, und die Mönche erhielten als Entschädigung die Bauten des ehemaligen Franziskanerklosters, das in Folge der um sich greifenden Reformation verlassen worden war. Der Name der Kirche wurde verändert, aus St. Jakob wurde St. Vinzenz. Die Elbinger Kunstschätze wurden in den Schutz der Stadtmauern gebracht und fanden an exponierter Stelle in der Kirche St. Maria Magdalena Platz – eine außergewöhnlich hohe Wertschätzung in dieser Zeit der protestantischen Bilderstürmerei.

Während der drei folgenden Jahrhunderte, bis ins 18. Jahrhundert hinein, wurde das Verteidigungssystem modernisiert und Breslau zu einer starken Festung ausgebaut. Erst unter dem Druck der französischen Besatzer nach der preußischen Niederlage 1806/07 wurden die Stadtmauern, Wälle und Gräben abgetragen.

Einen großen Einfluss auf das städtische Leben hatte die Entstehung zentraler Behörden: 1552 wurde das Generalsteueramt errichtet und 1558 das Königliche Hauptamt in der Provinz, die „Königliche Breslauer Kammer". Beide Institutionen betonen den hauptstädtischen Charakter der Stadt, die hier ansässige Beamtenschicht förderte die kulturelle und geistige Entwicklung Breslaus.

DER DREISSIGJÄHRIGE KRIEG

Zu Beginn des 17. Jahrhunderts stand Schlesien unter wachsendem politischen Druck, vor allem fürchtete man mögliche Maßnahmen zur Rekatholisierung. Doch 1609 erreichten die Schlesier, dass ihnen der so genannte „Majestätsbrief" ausgestellt wurde, der die verfeindeten Lutheraner und

Manieristisches bürgerliches Grabmal in der Elisabethkirche (siehe S. 90)

Werke Breslauer Goldschmiede in der Ausstellung im Rathaus (siehe S. 85)

Renaissanceportal eines Bürgerhauses, ul. Biskupia

Universität, nicht vollständig verwirklichter Bauplan nach einer Zeichnung von Friedrich B. Werner, um 1760 (siehe S. 142)

1608
Überfall lutheranischer Fanatiker auf die Dominikaner der Adalbertkirche

1618
Beginn des Dreißigjährigen Krieges

1632
Zerstörung der Dominsel; Brand in der Neustadt

1633
über 18 000 Einwohner Breslaus – die Hälfte der Stadtbevölkerung – sterben an Seuchen

1638
Ankunft der Jesuiten in Breslau

1648
Westfälischer Friede, Ende des Dreißigjährigen Krieges

1685
kaiserliches Privileg zur Eröffnung einer Apotheke

1702
Kaiser Leopold I. ruft mit der Goldenen Bulle die Jesuitenuniversität ins Leben

1703
erste Laterne auf dem Markt

Kaiser Leopold I., Begründer der Universität, Skulptur in der Aula der Universität (siehe S. 149)

Barockes Universitätsgebäude, Südfassade mit Balkon über dem Haupteingang (siehe S. 146)

Katholiken praktisch gleichstellte. Breslau erfreute sich dieser neuen Religionsfreiheit, doch als der Konflikt zwischen Kaiser Ferdinand II. und seinen Untergebenen dann tatsächlich ausbrach, unterstützte die Stadt die sich auflehnenden Böhmen, die kurze Zeit später ihren Herrscher stürzten und an seine Stelle den rheinischen Pfalzgrafen Friedrich V. setzten. Der Dreißigjährige Krieg begann und berührte bald auch Breslau. Zwar wurde der eigentliche Krieg fern der Stadt ausgetragen, doch war Schlesien Durchmarschgebiet feindlicher Armeen, die sich von Norden nach Süden bewegten. So blieb es bis zum Friedensschluss 1648. Zuvor jedoch musste Breslau schwere Zeiten überstehen: 1632 plünderten protestantische Truppen unter Führung des schwedischen Generals die Dominsel und im folgenden Jahr wütete die Pest in der Stadt und tötete ungefähr 18 000 Menschen, also fast die Hälfte der damaligen Einwohner. Zu allem Übel entschied sich der Stadtrat unter dem Druck des fanatischen Pöbels zum antikaiserlichen Bündnis überzutreten. Dieser offene Verrat erwies sich als großer politischer Fehler: Breslau verlor einige seiner städtischen Privilegien, die politische Selbstständigkeit wurde eingeschränkt. Obwohl Breslau während des Dreißigjährigen Krieges nicht besetzt oder gar erobert worden war, wurde das Stadtgebiet zerstört, insbesondere Teile der Dominsel, die Vorstädte und umliegende Dörfer. Handelsblockaden erschütterten die Wirtschaft und die handwerkliche Produktion verringerte sich, während gleichzeitig die steuerlichen Belastungen unaufhörlich stiegen. Kein Wunder also, dass die Einwohnerzahl in dieser Zeit deutlich zurückging.

Nach dem Dreißigjährigen Krieg wurde Breslau verstärkt in die staatliche Verwaltung eingebunden. Über lange Jahre versuchten die Breslauer Lutheraner zu verhindern, dass sich die Jesuiten in der Stadt niederließen und blockierten alle Versuche, ein jesuitisches Kollegium zu gründen. Dennoch entstand 1702 in Breslau eine Universität unter Leitung der Jesuiten. Zu Ehren von Kaiser Leopold I., der die Gründung dieser

Kirche Zum Allerheiligsten Namen Jesu, ehemalige Jesuitenkirche (siehe S. 153)

Grabmal des Stadtrats Johann von Goetz in der Elisabethkirche (siehe S. 90)

Breslau in der Barockzeit, um 1750, perspektivischer Stadtplan von Friedrich B. Werner

Nach der siegreichen Schlacht bei Leuthen (1757) betrat Friedrich der Große das Schloss in Deutsch Lissa (heute Leśnica), in dem der österreichische Stab stationiert war. Ausschnitt aus dem Sgraffito am Postgebäude in Leśnica, ul. W. Skoczylasa (siehe S. 288)

Schloss in Deutsch Lissa (heute Leśnica; siehe S. 288)

1740–1742
der preußische König Friedrich der Große greift Schlesien an, Beginn des ersten Schlesischen Krieges

1741
Einzug preußischer Truppen und Einnahme der Stadt

1741
die schlesischen Stände huldigen im Rathaus Friedrich dem Großen; Abschaffung der städtischen Selbstverwaltung

1742
Breslau wird in den Rang einer Hauptstadt erhoben

1744–1745
zweiter Schlesischer Krieg

1757
Einnahme der Stadt durch die Österreicher; nach einer Belagerung Zurückeroberung durch die Preußen

1760
Belagerung Breslaus durch den österreichischen General von Laudon (31. Juli – 4. August)

1763
Friede von Hubertsburg, Ende des dritten Schlesischen Krieges; Breslau bleibt preußisch

1776
Verbot von Bestattungen innerhalb der Stadtmauern

1789
Beginn der Französischen Revolution; Eröffnung des Stadttheaters in Breslau

Hochschule unterstützt hatte, wurde sie Leopoldina genannt.

UNTER PREUSSISCHER HERRSCHAFT

Als Folge des Krieges um Schlesien zwischen Österreich und Preußen wurde 1741 der preußische König Friedrich der Große aus dem Hause Hohenzollern zum neuen Herrscher über Schlesien und seine Hauptstadt. Damit änderte sich abermals die staatliche Zugehörigkeit Breslaus, es kam zu Umgestaltungen im Bereich des Militärwesens, der konfessionellen Situation und der Wirtschaftsordnung.

Der Streit um die reiche, dicht bevölkerte und gut entwickelte Provinz wurde zum Auslöser langjähriger europaweiter Kriege, der sog. drei schlesischen Kriege, aus denen letztendlich Preußen als Sieger hervorging. Auch unter den neuen Herrschern konnte Breslau seine innere Vielfältigkeit bewahren, die inzwischen ein Kennzeichen der Stadt geworden war. Die Hohenzollern waren den Calvinisten wohl gesonnen, die sich nun in großer Zahl in Breslau niederließen. Die lutheranische Mehrheit musste sich aber auch mit der Existenz einer katholischen Minderheit abfinden. Das beeinflusste den Charakter und das Aussehen der Stadt, aus der im Gegensatz zu den meisten norddeutschen Städten die Klöster nicht verschwunden waren. In Breslau gab es ungewöhnlich viele verschiedene christliche Kirchen und Klöster und seit dem 17. Jahrhundert auch mehrere Synagogen.

Friedrich der Große machte Breslau zur Provinzhauptstadt und zu einer seiner drei offiziellen königlichen Residenzen neben Berlin und Königsberg. Für den Hof wurde ein neues Schloss errichtet. Seinem neuen Status als Hauptstadt verdankte Breslau einen rasanten wirtschaftlichen Aufschwung. Zu Beginn des 19. Jahrhunderts war Breslau nach Berlin und Hamburg die drittgrößte deutsche Stadt. Günstig wirkten sich auch die Reformen aus, die nach der preußischen Niederlage gegen Napoleon

Überreste des Denkmals für die Schlacht bei Leuthen, errichtet in der Nähe von Nimkau (heute Mękinia), westlich von Breslau (siehe S. 289)

Preußisches Königsschloss, Nordfassade, ul. Kazimierza Wielkiego 35 (siehe S. 213)

Ausmarsch der freiwilligen Kämpfer gegen Napoleon aus Breslau, Relief am Sockel des nicht erhaltenen Denkmals für den preußischen Generalfeldmarschall Gebhard L. von Blücher, des Helden der sog. Befreiungskriege von 1813/14 (das Denkmal stand auf dem Salzmarkt; siehe S. 112)

Eingangsportal der Taschenbastion (Liebigshöhe), 1894 in das Gebäude der heutigen Wirtschaftuniversität in der Neudorfstraße (heute ul. Komandorska) eingemauert (siehe S. 228)

1806–1807
Franzosen belagern und erobern Breslau; Beginn des Schleifens der Befestigungsanlage

1808
Städteordnung, Wiederherstellung der städtischen Selbstverwaltung

1810
Säkularisierung der Kirchen- und Klostergüter

1811
Entstehung einer modernen Universität aus der Verbindung der Viadrina aus Frankfurt/Oder mit der Breslauer Leopoldina

1812–1813
Befreiungskriege gegen Napoleon; Friedrich Wilhelm III. ruft zum Kampf gegen die Franzosen auf (Proklamation *An mein Volk*)

1836
Entstehung der Literarisch-Slawischen Gesellschaft, einer polnischen Organisation

1840
erster Omnibus

1842
aus Breslau fährt der erste Zug ab

1847
das Gaswerk nimmt seine Arbeit auf

durchgeführt wurden. Die Gesetze zur neuen Städteverordnung, zur Gewerbefreiheit sowie die rechtliche Gleichstellung der Juden setzten in der Breslauer Stadtbevölkerung große Potentiale frei, und eine Zeit des zivilisatorischen Aufstiegs brach an.

AUF DEM WEG ZUR MODERNE

Anfangs jedoch ging die Modernisierung nur schleppend voran. Breslau wurde zwar bloß für kurze Zeit – vom 6. Dezember 1806 bis zum 7. Januar 1807 – von französischen Truppen belagert und erlitt kaum Verluste durch Artilleriebeschuss, doch war die folgende Besatzung unerträglich. Die Unterhaltskosten für die fremden Truppen und die vom König erlassenen Steuern, mit denen die riesigen Kontributionszahlungen an den siegreichen Napoleon finanziert werden sollten, führten zu einer Wirtschaftskrise. Teilweise konnten die Belastungen ausgeglichen werden, weil die Stadt nach der Säkularisierung die Kirchengüter übernahm und neue Baugrundstücke an Stelle der auf Befehl der Franzosen geschleiften Befestigungsanlagen entstanden. Vor allem aber änderte sich dadurch nochmals das Stadtbild und die Atmosphäre Breslaus. Im ehemaligen Kirchenviertel siedelten sich Ämter und öffentliche Institutionen an, in die monumentalen Barockbauten der Klöster zogen Bibliotheken, Gerichte, polizeiliche Einrichtungen und Schulen. Die alten dunklen Gassen an der Stadtmauer öffneten sich nun auf den herrlichen Gürtel der Grünanlagen, die an Stelle der ehemaligen Befestigungen entstanden waren und schon bald zu einem attraktiven Investitionsstandort wurden.

In seiner berühmten Proklamation *An mein Volk* forderte König Friedrich Wilhelm III. 1813 von Breslau aus seine Untertanen auf, sich als Patrioten gegen die französischen Besatzer aufzulehnen. Die Breslauer Stadtbürger folgten diesem Aufruf aktiv, da sie hofften, der König werde später ihre politischen Ziele unterstützen. Nachdem der Krieg aber gewonnen war, dachte der König

Schlesische privilegirte Zeitung

No. 34. Sonnabends den 20. März 1813.

Se. Majestät der König haben mit Sr. Majestät dem Kaiser aller Reußen ein Off- und Defensiv-Bündniß abgeschlossen.

An Mein Volk.

So wenig für Mein treues Volk als für Deutsche, bedarf es einer Rechenschaft, über die Ursachen des Kriegs welcher jetzt beginnt. Klar liegen sie dem unverblendeten Europa vor Augen.

Wir erlagen unter der Uebermacht Frankreichs. Der Frieden, der die Hälfte Meiner Unterthanen Mir entriß, gab uns seine Segnungen nicht; denn er schlug uns tiefere Wunden, als selbst der Krieg. Das Mark des Landes ward ausgesogen, die Hauptfestungen blieben vom Feinde besetzt, der Ackerbau ward gelähmt so wie der sonst so hoch gebrachte Kunstfleiß unserer Städte. Die Freiheit des Handels ward gehemmt, und dadurch die Quelle des Erwerbs und des Wohlstands verstopft. Das Land ward ein Raub der Verarmung.

Durch die strengste Erfüllung eingegangener Verbindlichkeiten hoffte Ich Meinem Volke Erleichterung zu bereiten und den französischen Kaiser endlich zu überzeugen, daß es sein eigener Vortheil sey, Preußen seine Unabhängigkeit zu lassen. Aber Meine reinsten Absichten wurden durch Uebermuth und Treulosigkeit vereitelt, und nur zu deutlich sahen wir, daß des Kaisers Verträge mehr noch wie seine Kriege uns langsam verderben mußten. Jetzt ist der Augenblick gekommen, wo alle Täuschung über unsern Zustand aufhört.

Brandenburger, Preußen, Schlesier, Pommern, Litthauer! Ihr wißt was Ihr seit fast sieben Jahren erduldet habt, Ihr wißt was euer trauriges Loos ist, wenn wir den beginnenden Kampf nicht ehrenvoll enden. Erinnert Euch an die Vorzeit, an den großen Kurfürsten, den großen Friedrich. Bleibt eingedenk der Güter, die unter

An mein Volk – Aufruf von Friedrich Wilhelm III. zum Kampf gegen die französische Besatzung, im Breslauer Königspalast am 17. März 1813 verkündet (Eine Woche zuvor hatte der König am gleichen Ort den Orden des Eisernen Kreuzes gestiftet.)

Mausoleum für den Generalfeldmarschall Gebhard L. von Blücher, Krieblowitz (heute Krobielowice), südwestlich von Breslau

Gebäude der ehemaligen Schlesischen Provinzialregierung von 1886, gegenwärtig Nationalmuseum, Postkarte, um 1910

Innerer Stadtgraben, 1866 zugeschüttet, Grafik, 1826

Wasserturm in der ul. Na Grobli; rechts: die dampfbetriebene Pumpe (siehe S. 243)

1848
Unruhen in Verbindung mit dem Völkerfrühling

1856
Bau des Hauptbahnhofs

1863
Ferdinand Lassalle, gebürtiger Breslauer, gründet den Allgemeinen Deutschen Arbeiterverein

1865
Eröffnung des Zoologischen Gartens

1871
Ausrufung des Deutschen Kaiserreichs nach dem Krieg gegen Frankreich

1881
erste Telefone

1888
Einführung der elektrischen Beleuchtung

1893
elektrische Straßenbahn

nicht mehr daran, seine Versprechen zu erfüllen. Auf eine Demokratisierung musste man bis in die 40er Jahre des 19. Jahrhunderts warten.

1848 aber erschütterte der Völkerfrühling die Stadt, und das Breslauer Bürgertum brachte seine Sehnsucht nach einer Demokratisierung des öffentlichen Lebens zum Ausdruck. Anfängliche Erfolge führten bald schon zu einer Radikalisierung, bereits im Frühjahr 1849 verweigerte das mittlere und das Großbürgertum aus Furcht vor einer blutigen Revolution den Arbeitern, die auf den Barrikaden am Markt kämpften, die Unterstützung. Zwanzig Menschen wurden damals getötet und einhundertzwanzig kamen ins Gefängnis. Trotz dieser Niederlage wurden die bürgerlichen Rechte bis zu Beginn des 20. Jahrhunderts systematisch erweitert. Die sozialen Spannungen nahmen, nicht zuletzt aufgrund des ständigen Wirtschaftswachstums, allmählich ab. Die Breslauer unterstützten einmütig die Kriege gegen Dänemark, Österreich und Frankreich, in deren Folge es den Hohenzollern gelang, Deutschland zu vereinigen. Zahlreiche Denkmale entstanden zu Ehren der preußischen Könige und Staatsmänner auf Breslauer Plätzen und in Grünanlagen – ein Zeugnis für die Loyalität der Stadt.

Verteidigung einer Barrikade in der Nähe des Rings während des Völkerfrühlings, Grafik, 1849

Architektur des späten 19. Jahrhunderts: ehemaliges Warenhaus Paul Schottländer in der ul. Świdnicka; unten: Bahnhof Breslau Odertor (heute Dworzec Nadodrze) am Benderplatz (plac S. Staszica), Postkarte, um 1917

DER AUFBAU DES WOHLSTANDS

Im 19. Jahrhundert veränderte sich das tägliche Leben des durchschnittlichen Breslauers grundlegend. Nach der Vergrößerung des Stadtgebietes entstand der öffentliche Nahverkehr, 1840 nahm die erste Pferdeomnibuslinie ihren Betrieb auf, die 1877 durch eine Pferdestraßenbahn und ab 1893 durch eine elektrische Straßenbahn ersetzt wurde. 1871 wurde das Wasserwerk Am Weidendamm, heute Na Grobli, fertig gestellt, so dass nun endlich moderne Wasserleitungen in der Stadt verlegt werden konnten. Seit 1888 hatten die Breslauer elektrisches Licht in ihren Wohnungen. Auch die täglichen Einkäufe änderten sich: der große Marktplatz

Ehemaliges Augusta--Hospital des Vaterländischen Frauenvereins, Ende 19. Jahrhundert, Blücherstr. (ul. J. Poniatowskiego 2), Postkarte, um 1912; darunter: Wohnhäuser aus dem frühen 20. Jahrhundert, Podwale 75

Gasbehälter der Städtischen Gaswerke von 1864 (nicht erhalten), hier befindet sich heute das Wojewodschaftsamt, Postkarte, 1910

1909
erste Flugschau

1913
Ausstellung zum 100. Jahrestag der Befreiung von Napoleon; Eröffnung der Jahrhunderthalle

Jahrhunderthalle, Vorläufer der Moderne in der Architektur, Postkarte, 1923 (siehe S. 252)

und der Neue Markt blieben zwar als Handelsplätze erhalten, doch waren sie nicht mehr die einzigen Orte, an denen der Verkauf von Waren zugelassen war. Zunächst zogen hausierende Kleinhändler durch die Stadt, aber bald schon entstanden richtige Läden. Schaufenster wurden eingerichtet, die die Aufmerksamkeit der Passanten weckten und die Geschäfte wurden durch bequeme straßenseitige Eingänge zugänglich gemacht. In der nächsten Etappe stellte man dem Handel ganze Etagen in den Häusern zur Verfügung, und dann entstanden die berühmten Breslauer Warenhäuser. Als erstes Warenhaus wurde zu Beginn des 20. Jahrhunderts auf dem Ring das der Gebrüder Barasch, heute das Kaufhaus Feniks, errichtet. Anknüpfend an den traditionellen Breslauer Handel entstanden zwei große Markthallen im Nordosten und im Süden der Stadt und allmählich verschwand der Einzelhandel von seinen angestammten Plätzen. Auch der Ausbau der Gesundheits- und Sozialfürsorge veränderte das Alltagsleben. Neue, immer größere Krankenhäuser, Waisen- und Altenheime wurden gebaut. Das Schulsystem wurde weiter entwickelt, ausgebaut und schließlich entstanden spezielle Schulbauten. Bis zum Ende des 19. Jahrhunderts wurden in Breslau insgesamt über 50 neue Schulgebäude errichtet.

Die Silhouetten der Kirchen bestimmten weiterhin das Stadtbild. In den neuen Wohngebieten standen sich oft zwei Kirchen gegenüber, eine lutheranische und eine katholische. Als Reaktion auf die 1871 gebaute Kirche zum Erzengel Michael auf dem Elbing entstand 1896 die Martin-Luther Kirche am plac Grunwaldzki (ehem. Kaiserstraße). Ähnliches geschah in den südlichen Stadtbezirken: Auf den Bau der protestantischen Kirche Johannes der Täufer 1909 (heute Augustinus-Kirche) reagierten die Katholiken 1913 mit einer eigenen Kirche – St. Karl Borromäus. Die Synagoge „Zum Weißen Storch" wurde 1829 nach einem Entwurf des bekannten Architekten Karl Ferdinand Langhans errichtet. Die Neue Synagoge

Gebäude der Höheren Maschinenbau- und Baugewerkschule aus dem frühen 20. Jahrhundert, heute Fakultät für Architektur der Technischen Universität Breslau, Lehmdamm (ul. B. Prusa 53/55), Postkarte, um 1917

Kaiserbrücke (heute most Grunwaldzki) von 1910, Postkarte, um 1913 (siehe S. 241); unten: modernes Bürohaus von 1913, Junkernstraße (heute ul. Ofiar Oświęcimskich 38/40)

Denkmal für das nach dem Ersten Weltkrieg aufgelöste 2. Schlesische Grenadierregiment Nr. 11 (nicht erhalten) am Elferplatz (heute plac Orląt Lwowskich), Fotografie, um 1930

1914–1918
Erste Weltkrieg

1918
revolutionäre Unruhen

1921
Abstimmung in Oberschlesien; dritter Schlesischer Aufstand, Deutschland verliert den größten Teil Oberschlesiens an Polen

1928
Stadterweiterung, deutliche Vergrößerung des Stadtgebiets

Raumentwicklung von Breslau (nach *Encyklopedia Wrocławia*, 2. Auflage)

Gründungsstadt

Befestigtes Gebiet im 17./18. Jahrhundert

1808–1924 angeschlossenes Gebiet

1928 angeschlossenes Gebiet

1951–1973 angeschlossenes Gebiet

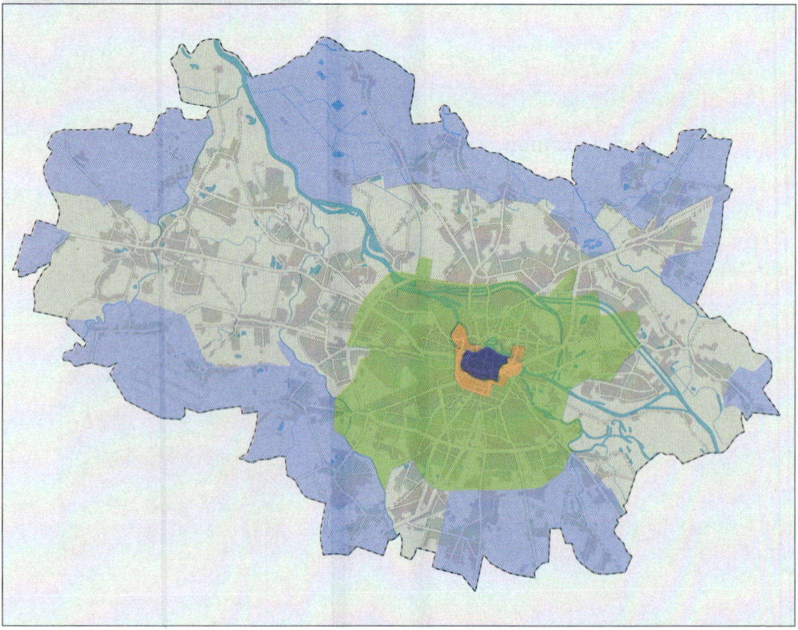

von 1872 übertraf sie mit ihrer wunderbaren Kuppel in Größe und Pracht.

ERSTE WELTKRIEG UND DIE ZWISCHENKRIEGSZEIT

Kurz vor Ausbruch des Erste Weltkrieges war Breslau eine Metropole mit über einer halben Million Einwohnern. Eine Epoche, die von einer verhältnismäßig ruhigen und stabilen Entwicklung geprägt war, fand ihr Ende. Zwar bedrohten feindliche Armeen die Stadt niemals direkt, doch wurden schon bald kriegsbedingte Einschränkungen spürbar. Ganze Jahrgänge immer jüngerer Wehrpflichtiger wurden eingezogen und bald fehlten Arbeitskräfte. Schließlich wurden die Frauen aktiv und ergriffen Berufe, die ihnen traditionell verschlossen waren, sie wurden z.B. Straßenbahnfahrerinnen.

Die meisten Einwohner litten sehr unter der schlechten Lebensmittelversorgung. Angesichts der immer häufiger veröffentlichten langen Listen mit den Namen der Gefallenen wuchs die Kriegsmüdigkeit weiter. Zur Erinnerung an die an allen Fronten umgekommenen Breslauer entstanden Denkmale und Gedenktafeln. Nach der endgültigen Niederlage 1919 fand die revolutionäre Stimmung ihren Höhepunkt und ähnlich wie in anderen deutschen Städten entstanden auch in Breslau Volksräte. Die bekannte Kommunistin Rosa Luxemburg kam aus dem Gefängnis in Kletschkau frei und begab sich gleich auf den Ring, wo eine Kundgebung stattfand.

Das größte Problem der Nachkriegszeit war die finanzielle Notlage, die durch die Hyperinflation immer dramatischer wurde. Die allgemeine wirtschaftliche Situation verschlechterte sich weiter und die Gesellschaft radikalisierte sich: der Einfluss der Kommunisten, Sozialisten und rechtsextremer Gruppierungen nahm zu. Trotz der raschen Stadtentwicklung im 19. Jahrhundert nahm die Übervölkerung in Breslau katastrophale Ausmaße an, weil es an Baugrundstücken fehlte. Erst 1928, nach der deutlichen Erwei-

Italienischer Soldatenfriedhof in der ul. Grabiszyńska, Ruhestätte von Kriegsgefangenen aus dem Ersten Weltkrieg

Beispiele für die Architektur der 1920er Jahre: Wasserkraftwerk, ul. Nowy Świat; unten: Polizeipräsidium, gegenwärtig Polizeikommissariat der Wojewodschaft, ul. Podwale 31

Wohnsiedlung Pöpelwitz (heute Popowice), entstanden 1919–1928, zerstört 1945, Fotografie um 1925 (siehe S. 286); darunter: Wohnsiedlung Zimpel (heute Sępolno) entstanden 1919–1935

Hauptpostamt, einziges Breslauer Hochhaus nach dem Vorbild der New Yorker Wolkenkratzer, entstanden 1926–1929, ul. Z. Krasińskiego, Postkarte, um 1960

Adolf Hitler fährt im September 1936 durch Breslau, Fotografie, 1936

1929
Beginn der Weltwirtschaftskrise

1933
größte Arbeitslosigkeit in der Geschichte Breslaus; Hitler kommt an die Macht

1938
neues Stadtwappen

1938
sog. „Reichskristallnacht" – initiierte antisemitische Ausschreitungen

1939
Beginn des Zweiten Weltkrieges

1944
Breslau wird zur Festung erklärt (25. Juli)

1944
erste Bombardierung Breslaus durch sowjetische Luftstreitkräfte (7. Oktober)

terung des Stadtgebiets, konnte sich wieder eine Bautätigkeit entwickeln. Es entstanden Siedlungen mit preiswerten Wohnhäusern für das Breslauer Bürgertum in den Stadtbezirken Zimpel, Pöpelwitz, Pilsnitz, Bischofswalde und Gräbschen - heute Sępolno, Popowice, Pilczyce, Biskupin und Grabiszyn. Die sozialen Probleme jedoch spitzten sich weiter zu und aufgrund der allgemeinen Unzufriedenheit, Zukunftsangst und Desillusionierung erzielten die Nationalsozialisten 1933 auch in Breslau einen spektakulären Sieg. Die politische Opposition wurde verfolgt, bald auch die Juden, daher wanderten viele jüdische Breslauer aus. Bis 1939 war ihre Zahl im Vergleich zu 1933 auf die Hälfte gesunken. Überall in der Stadt waren nun nationalsozialistische Symbole zu sehen, auch das beeinflusste die Stimmung massiv. 1938 wurde das Stadtwappen geändert, weil es zu deutlich mit der kirchlichen Symbolik verbunden war und auf die historischen politischen Verbindungen zu Böhmen und Habsburg verwies. Zwar wurde der Kriegsausbruch 1939, ähnlich wie 1914, in Breslau noch enthusiastisch begrüßt, doch bald schon wurden die Folgen des Krieges spürbar – Engpässe bei der Versorgung mit Lebensmitteln, das Fehlen von Arbeitskräften und schließlich der Zustrom von Kriegsgefangenen und Zwangsarbeitern. Die Übervölkerung Breslau wuchs weiter, die Einwohnerzahl stieg von gut 600 000 auf beinahe eine Million Ende 1944 an.

FESTUNG BRESLAU

Im August 1944 erreichte die Offensive der sowjetischen Truppen die Weichsellinie. Damals wurde Breslau bereits zur Festung erklärt und man begann, für die Einwohner zunächst kaum spürbar, mit den Vorbereitungen auf die Verteidigung. Die Befestigungen wurden weit außerhalb der Stadt errichtet, in Breslau selbst hielten sich weiterhin hunderttausende von Flüchtlingen auf. Allein die Evakuierung der Archive und der wertvollsten Sammlungen der städtischen

Wappen von Breslau 1938–1945

Neue Synagoge, während der Reichsprogromnacht 1938 abgebrannt, Postkarte, um 1900 (siehe S. 207)

Eine der wenigen erhaltenen Spuren des deutschen Faschismus in Breslau – Gebäude des Wojewodschaftsamts am plac Powstańców Warszawy

Luftschutzbunker aus der Zeit des Zweiten Weltkriegs, ul. Stalowa, heute als Lager und Großhandlung genutzt

Bebauung des Scheitniger Sterns (heute plac Grunwaldzki), bei der Errichtung eines Flugplatzes in der Festungszeit vollständig zerstört: Gebäude des Staatlichen Archivs von 1904, Postkarte, 1911 (siehe S. 246); darunter: umliegende Bauten, Blick von der Kaiserbrücke (most Grunwaldzki), Postkarte, um 1930 (siehe S. 246)

Ruine des Hauses von Heinrich von Rybisch, ul. Ofiar Oświęcimskich, Fotografie, 1955 (siehe S. 114)

Museen zeugte vom Ernst der Lage. Um so größer war der Schock, als die Russen Anfang 1945 ihre blitzartige Offensive begannen. Der Gauleiter Karl Hanke ordnete am 19. Januar, mitten im eiskalten Winter, die Evakuierung der Zivilbevölkerung an. Es herrschte ein totales Chaos, viel zu wenige Züge standen zur Verfügung und auf den Breslauer Bahnhöfen spielten sich danteske Szenen ab. Hunderte Menschen wurden totgetreten und zehntausende Flüchtlinge erfroren in der klirrenden Kälte auf den Straßen nach Süden und Westen. Schätzungen zufolge sind von den 700 000 Menschen, die die Stadt verließen, ungefähr 90 000 unterwegs erfroren, verhungert oder an Erschöpfung gestorben.

Trotz massiver Drohungen blieben ungefähr 200 000 Zivilisten in Breslau, von denen 45 000 den Volkssturm bildeten oder in anderen paramilitärischen Verbänden organisiert waren, die die Festung bis zum letzten Blutstropfen verteidigen sollten. Um die Luftverbindung zu sichern, wurde mitten im Herzen der Stadt, auf dem Gebiet der ehemaligen Sandvorstadt, am heutigen plac Grunwaldzki (ehem. Kaiserstraße), ein Flugplatz errichtet. Mit Hilfe der Zivilbevölkerung wurde die dortige Bebauung abgerissen. Bei diesen Arbeiten starben unter dem ständigem Beschuss durch die Russen beinahe 13 000 Menschen – Frauen, Kinder und Zwangsarbeiter. Die Luftangriffe und Artilleriebeschüsse verwandelten die einst wunderschöne Stadt in einen Trümmerhaufen. Aber auch die deutsche Armeeführung zerstörte Breslau, indem sie skrupellos ganze Stadtviertel und Straßenzüge abreißen ließ, wenn es der Verteidigung dienlich zu sein schien. Viele Gebäude wurden abgetragen, um Baumaterial für Barrikaden zu gewinnen. Die schmalen Altstadtgassen entlang der heutigen ul. Kazimierza Wielkiego (ehem. Karlsstraße) verschwanden unwiederbringlich, reihenweise wurden ihre Häuserzeilen in die Luft gesprengt, damit aus den Trümmern ein Verteidigungswall entstehe.

Bis heute sichtbare Kriegsspuren an einem Gebäude in der ul. T. Chałubińskiego

Ruine eines Hauses am Salzring, Fotografie, 1957

Historische Bebauung des Neumarkts, zerstört in der Festungszeit, Postkarte, um 1938 (siehe S. 65)

Sowjetischer Soldatenfriedhof, al. Karkonoska

1945
Kapitulation der „Festung Breslau" (6. Mai)

1945
Ende des Zwieten Weltkrieges; auf der Potsdamer Konferenz wird Breslau Polen zuerkannt

1945
Neueröffnung der Universität und der Technischen Hochschule

1945
Breslau wird Hauptstadt der Wojewodschaft Niederschlesien

Turm der Kirche St. Maria Magdalena, zerstört bei der Explosion eines Munitionslagers am 18. Mai 1945, Fotografie, 1946 (siehe S. 103)

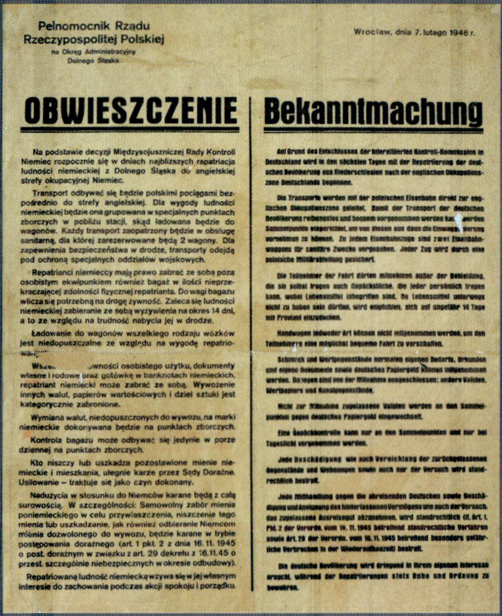

Pelnomocnik Rzadu
Rzeczypospolitej Polskiej
na Okręg Administracyjny
Dolnego Śląska

Wrocław, dnia 7. lutego 1946 r.

OBWIESZCZENIE

Na podstawie decyzji Międzysojuszniczej Rady Kontroli Niemiec rozpocznie się w dniach najbliższych rapatriacja ludności niemieckiej z Dolnego Śląska do angielskiej strefy okupacyjnej Niemiec.

Transport odbywać się będzie polskimi pociągami bezpośrednio do strefy angielskiej. Dla wygody ludności niemieckiej będzie ona grupowana w specjalnych punktach zborczych w pobliżu stacji, skąd ładowana będzie do wagonów. Każdy transport zaopatrzony będzie w obsługę sanitarną, dla której zarezerwowane będą 2 wagony. Dla zapewnienia bezpieczeństwa w drodze, transporty odejdą pod ochroną specjalnych oddziałów wojskowych.

Repatrianci niemieccy mają prawo zabrać ze sobą poza osobistym ekwipunkiem również bagaż w ilości nieprzekraczającej zdolności fizycznej repatrianta. Do wagi bagażu wlicza się potrzebną na drogę żywność. Zaleca się ludności niemieckiej zabieranie ze sobą wyżywienia na okres 14 dni, a to ze względu na trudność nabycia jej w drodze.

Ładowanie do wagonów wszelkiego rodzaju wózków jest niedopuszczalne ze względu na wygodę repatriowan[illegible]

Wsze[illegible]wności osobistego użytku, dokumenty własne i rodowe oraz gotówkę w banknotach niemieckich, repatriant niemiecki może zabrać ze sobą. Wywożenie innych walut, papierów wartościowych i dzieł sztuki jest kategorycznie zabronione.

Wymiana walut, niedopuszczonych do wywozu, na marki niemieckie dokonywana będzie na punktach zborczych.

Kontrola bagażu może odbywać się jedynie w porze dziennej na punktach zborczych.

Kto niszczy lub uszkadza pozostawione mienie niemieckie i mieszkania, ulegnie karze przez Sądy Doraźne. Usiłowanie – traktuje się jako czyn dokonany.

Nadużycia w stosunku do Niemców karane będą z całą surowością. W szczególności: Samowolny zabór mienia poniemieckiego w celu przywłaszczenia, niszczenie tego mienia lub uszkadzanie, jak również odbieranie Niemcom mienia dozwolonego do wywozu, będzie karane w trybie postępowania doraźnego (art. 1 pkt. 2 z dnia 16. 11. 1945 o post. doraźnym w związku z art. 29 dekretu z 16.11.45 o przest. szczególnie niebezpiecznych w okresie odbudowy).

Repatriowaną ludność niemiecką wzywa się w jej własnym interesie do zachowania podczas akcji spokoju i porządku.

Bekanntmachung

Auf Grund des Entschlusses der Interalliierten Kontroll-Kommission in Deutschland wird in den nächsten Tagen mit der Repatriierung der deutschen Bevölkerung aus Niederschlesien nach der englischen Okkupationszone Deutschlands begonnen.

Die Transporte werden mit der polnischen Eisenbahn direkt zur englischen Okkupationszone geleitet. Damit der Transport der deutschen Bevölkerung reibungslos und bequem vorgenommen werden ka[illegible] werden Sammelpunkte eingerichtet, um von diesen aus dann die Einwag[illegible]erung vornehmen zu können. Zu jedem Eisenbahnzuge sind zwei Eisenbahnwaggons für sanitäre Zwecke vorgesehen. Jeder Zug wird durch eine polnische Militärabteilung gesichert.

Die Teilnehmer der Fahrt dürfen mitnehmen außer der Bekleidung, die sie selbst tragen auch Gepäckstücke, die jeder persönlich tragen kann, wobei Lebensmittel inbegriffen sind. Da Lebensmittel unterwegs nicht zu haben sein dürften, wird empfohlen, sich auf ungefähr 14 Tage mit Proviant einzudecken.

Handwagen jedweder Art können nicht mitgenommen werden, um den Teilnehmern eine möglichst bequeme Fahrt zu verschaffen.

Schmuck und Wertgegenstände normalen eigenen Bedarfs, Urkunden und eigene Dokumente sowie deutsches Papiergeld können mitgenommen werden. Dagegen sind von der Mitnahme ausgeschlossen: andere Valuten, Wertpapiere und Kunstgegenstände.

Nicht zur Mitnahme zugelassene Valuten werden an den Sammelpunkten gegen deutsches Papiergeld eingewechselt.

Eine Gepäckkontrolle kann nur an den Sammelpunkten und nur bei Tageslicht vorgenommen werden.

Jede Beschädigung wie auch Vernichtung der zurückgelassenen Gegenstände und Wohnungen sowie auch nur der Versuch wird standrechtlich bestraft.

Jede Mißhandlung gegen die abreisenden Deutschen sowie Beschädigung und Aneignung des hinterlassenen Vermögens wie auch der Versuch, das zugelassene Ausreisegut abzunehmen, wird standrechtlich (lt. Art. 1, Pkt. 2 der Verordn. vom 16. 11. 1945 betreffend standrechtliche Verfahren sowie Art. 29 der Verordn. vom 16. 11. 1945 betreffend besonders gefährliche Verbrechen in der Wiederaufbauzeit) bestraft.

Die deutsche Bevölkerung wird dringend in ihrem eigenen Interesse ersucht, während der Repatriierungen stets Ruhe und Ordnung zu bewahren.

Bekanntmachung des Bevollmächtigten der Polnischen Regierung über die Aussiedlung der deutschen Bevölkerung

Die Russen hatten Breslau von Süden und Westen her angriffen. In Folge der erbitterten Kämpfe sind gerade die dort gelegenen modernsten und wohlhabendsten Wohnviertel fast völlig zerstört worden. Trotz der riesigen Verluste und des pausenlosen Beschusses leistete Breslau selbst noch nach der Kapitulation von Berlin am 2. Mai 1945 Widerstand. Erst nach der Flucht von Gauleiter Hanke wurde am 6. Mai in der Villa „Colonia", in der Kaiser-Friedrich-Straße in der Siedlung Kleinburg, heute ul. Rapackiego 14 in Borek, die Kapitulation der Festung unterschrieben. Die folgenden Monate aber waren für Breslau und seine wenigen Einwohner nicht leichter. Die bereits zu 70% zerstörte, völlig entvölkerte Stadt wurde nach dem Kriegsende weiterhin gedankenlos ausgeraubt.

Villa „Colonia" in der ul. M. Rapackiego 14, hier wurde die Kapitulation der Festung Breslau unterschrieben

DIE NEUE WIRKLICHKEIT

Die polnischen Behörden kamen zwar schon bald nach der Kapitulation nach Breslau, konnten aber nicht viel bewirken. Es fehlten Menschen und Maschinen, die Feindseligkeit der deutschen Bewohner und der Hochmut der Sieger waren überall spürbar. Monatelang transportierten die Russen aus Breslau Güter ab: Kunstwerke, ganze Fabriken und Dinge des täglichen Bedarfs. Dabei kam es mehr oder weniger zufällig zu Zerstörungen, so brannten in der Nacht vom 10. zum 11. Mai unter ungeklärten Umständen die Bücher der Universitätsbibliothek, die in der kleinen Annenkirche gegenüber dem ehemaligen Bibliotheksgebäude gelagert wurden. In den Untergeschossen der Bibliothek hatte sich während der Kämpfe um die Stadt die Kommandozentrale befunden.

Diese Phase der politischen Unsicherheit, die unklare Haltung der russischen Armeeführung, aber vor allem die Schwäche der polnischen Verwaltung zog sich über mehrere Monate hin. Zwar siedelten sich nun Polen in der Stadt an, aber im Verhältnis zu der rasch anwachsenden Gruppe der Deutschen machten sie weiterhin nur einen kleinen Teil

Denkmal am plac Czysty für die Vertriebenen und Ausgesiedelten

Plac Grunwaldzki, links Neubauten der Technischen Hochschule, errichtet 1950–1955, Fotografie, 1965 (siehe S. 246)

Breslauer Stadtwappen 1946–1990

1946
neues Stadtwappen

1948
Ausstellung über die "Wiedergewonnenen Gebiete" und "Weltkongress der Intellektuellen zur Verteidigung des Friedens"

1958
Entstehung der Breslauer Fernsehstation

1963
Pockenepidemie

1968
Studentenunruhen

Wiederaufbau von Bürgerhäusern an der Südseite des Rings, Fotografie, 1954 (siehe S. 64)

der Bevölkerung aus. Nicht nur die ehemaligen Einwohner Breslaus kehrten zurück, es kamen auch viele andere, die in der Großstadt auf Unterkunft hofften. Im Sommer 1945 begann die Aussiedlung der deutschen Bewohner, die letzten Deutschen verließen die Stadt erst in den 50er Jahren. Über die Zugehörigkeit Breslaus zu Polen entschied endgültig die Potsdamer Konferenz 1945. Nun ließen sich verstärkt Polen in Breslau nieder, die teilweise aus den ehemaligen polnischen Ostgebieten kamen. Bereits 1946 lebten in der schlesischen Hauptstadt überwiegend Polen.

Die Beseitigung der Kriegsschäden und der Aufbau der Stadt verliefen nicht besonders zügig und effektiv. Polen war unter das sowjetische Diktat gezwungen worden und daher waren Privatinitiativen nur noch begrenzt möglich. Lange Jahre hindurch wurde die Stadt, ihr Vermögen und ihr materieller Bestand nicht als gemeinschaftliches Gut angesehen.

DIE WIEDERGEBURT DER STADT

In den 1950er und 60er Jahren wurden die Trümmerberge endlich geräumt und die städtische Infrastruktur zumindest ansatzweise wieder in Gang gebracht. Die Versorgung mit Elektrizität, Gas und Wasser wurde gesichert, das Transportwesen und pädagogische und kulturelle Einrichtungen nahmen ihre Arbeit auf – Breslau wurde wieder zum Leben erweckt. Damals kamen viele engagierte und kreative Menschen, die sich hier eine Zukunft aufbauen wollten. Tonangebend waren die Repatrianten aus Lwów (Lemberg), darunter Professoren der dortigen Universität. Höhepunkte dieser ersten enthusiastischen Jahre des Aufbaus waren 1948 die berühmte Ausstellung über die „Wiedergewonnenen Gebiete" und der „Weltkongress der Intellektuellen zur Verteidigung des Friedens". Pablo Picasso, Paul Èluard und Bertold Brecht waren zu Gast in Breslau – ein klares Zeichen für die Wiedergeburt der Stadt, obwohl aufgrund der herrschenden Ideologie

Ausstellung über die „Wiedergewonnenen Gebiete" in der Jahrhunderthalle (nach dem Krieg umbenannt in „Halle des Volkes") und auf dem Ausstellungsgelände der Vorkriegszeit, Postkarte, 1948 (siehe S. 252)

Gebäude der Breslauer Technischen Hochschule von 1950–1955 am plac Grunwaldzki (siehe S. 248)

Plac Dominikański, Fotografie, 1969 (siehe S. 232); unten: Markt auf dem Neumarkt, Fotografie, 1961 (siehe S. 65)

In der Kościuszko--Wohnsiedlung (1954–1956; siehe S. 226) und der ul. Świdnicka fanden verschiedene politische Kundgebungen statt. Rechts: kommunistische Feierlichkeiten zum 1. Mai 1961; unten: antikommunistische Demonstrationen während des Kriegsrechts, 1. Mai 1983

1980
Streiks und Entstehung der „Solidarność"

1981
Ausrufung des Kriegszustands in Polen (13. Dezember), in Breslau wurden mehrere Hundert Aktivisten der „Solidarność" verhaftet oder interniert; das Kriegsrecht war bis 22. Juli 1983 gültig

1983
Besuch von Papst Johannes Paul II.

beide Veranstaltungen für die Propaganda gegen den Westen benutzt wurden.

Zwar wurde Breslau in der Epoche des Stalinismus und den folgenden Jahren allmählich wieder aufgebaut, doch konnten nur die wertvollsten Baudenkmale rekonstruiert werden. Viele Kirchen wurden zunächst gesichert und erst später wieder errichtet – und zwar zu einer Zeit, als in Polen ein erbitterter Kirchenkampf herrschte. Auch die Wiederherstellung des Kościuszko-Platzes (ehem. Tauentzienplatz) und seiner unmittelbaren Umgebung gilt als gelungen. Hier entstand ein kleines Wohngebiet, dessen Architektur sich gut in die ursprüngliche städtebauliche Struktur einfügte. Doch an vielen Stellen, an denen sich einst dicht besiedelte Wohnviertel befunden hatten, herrschte noch immer gähnende Leere. Zahlreiche Künstler und Wissenschaftler, die in den ersten Nachkriegsjahren nach Breslau gekommen waren, verließen die Stadt wieder. Das alles waren die fatalen Folgen der unzureichenden Finanzierung der Stadt durch die Zentralregierung in Warschau, die der Provinz kaum Aufmerksamkeit schenkte. Von 1960 bis 1990 wurden in Breslau einige neue Wohnsiedlungen errichtet, meist allerdings nur sog. Plattenbausiedlungen, in denen es an Schulen und kulturellen Einrichtungen mangelte. Da das öffentliche Nahverkehrssystem nicht an die neuen Bedingungen angepasst wurde, waren diese Viertel regelrechte „Schlafstädte".

1968 kam es in Breslau zu studentischen Protestaktionen und kurz darauf zu einer antisemitischen Kampagne, in deren Folge sich die Breslauer jüdische Gemeinde praktisch auflöste. Das Jüdische Theater stellte seine Tätigkeit ein, andere Institutionen waren schon zuvor aus dem öffentlichen Leben ausgeschlossen worden.

„SOLIDARITÄT“ UND FREIHEIT

Neben Danzig und Stettin gehörte 1980/81 Breslau zu den wichtigsten Zentren der polnischen Opposition, deshalb trafen die Stadt nach der Einführung des Kriegsrechtes im

Nowy Dwór, eine von zahlreichen Großplattensiedlungen, die in den 1970er und 1980er Jahren entstanden sind (siehe S. 286)

Denkmal für die „Solidarność", ul. C. Norwida

Großes Hochwasser 1997, ul. Świdnicka

Das seit 1990 gültige Breslauer Stadtwappen

Elisabethkirche, Glasfenster zur Erinnerung an den Besuch von Papst Johannes Paul II. in Breslau 1997 (siehe S. 90)

1989
erste unabhängige polnische Regierung seit dem Zweiten Weltkrieg; Beginn der 3. Republik; Fall der Berliner Mauer; Eingliederung der DDR in die BRD

1990
freie Wahlen zur städtischen Selbstverwaltung

1990
Breslau kehrt zu dem Stadtwappen aus dem 16. Jahrhundert zurück

1996–1997
Umbau des Breslauer Marktplatzes

1997
Eucharistischer Weltkongress mit Besuch des Papstes

1997
Oderhochwasser

2000
Feiern zum 1000-jährigen Stadtjubiläum

Großes Hochwasser 1997, Wälle aus Sandsäcken auf dem Boulevard X. Dunikowskiego

Dezember 1981 harte Repressionen. Viele Oppositionelle wurden interniert, der Widerstand aber im Untergrund fortgesetzt. Auch die Breslauer Einwohner wurden aktiv und bekundeten bei vielen Gelegenheiten ihre Sympathien, vor allem zu den wichtigen Jahrestagen der Solidarność, wobei es fast immer zu Unruhen und Zusammenstößen mit der Polizei und der sog. Bürgermiliz kam. Besonders beliebt war die „Orangene Alternative" – eine anarchistische Studentenbewegung, die sich im Sinne des „sozialistischen Sur-Realismus" bei ihren Happenings über die Kommunisten lustig machte. Auch an ihren Aktionen waren die Breslauer Einwohner beteiligt. Eine vergleichbare Gruppe gab es in keiner anderen polnischen Stadt, ihre außergewöhnlichen Einfälle stießen auch im Westen auf Interesse.

Nach den Wahlen 1989, bei denen die Opposition einen triumphalen Sieg davontrug, entstanden endlich bessere Bedingungen für die Entwicklung Breslaus. Die neue Stadtverwaltung steht aber vor Problemen und Fragestellungen, deren Lösung noch Jahrzehnte dauern wird. Die Ziele der weiteren Bebauung müssen festgelegt und viele grundlegende Entscheidungen gefällt werden. Soll das bis an die Grenzen des Möglichen ausgeschöpfte Nahverkehrssystem gerettet werden, sollen die veralteten Wasserleitungen und das Kanalisationssystem erneuert werden oder das historische Zentrum der Stadt, der Ring und die Dominsel, saniert und verschönert werden? In den 1990er Jahren wurde das Augenmerk hauptsächlich auf die letztgenannte Aufgabe gelegt, wodurch sich das Stadtbild sehr verbessert hat. Heute gilt Breslau als die „europäischste" Stadt Polens.

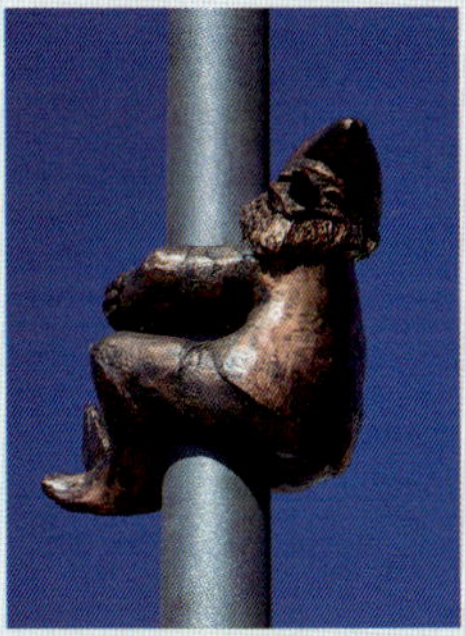

Zwerg in der ul. Świdnicka. Seit 2005 gibt es in den Straßen von Breslau zahlreiche Zwerge. Sie erinnern an Zeichnungen der Orangenen Alternative aus den 1980er Jahren, die damals an Mauern in Breslau angebracht wurden

Feierlichkeiten auf dem Ring anlässlich des Milleniums des Breslauer Bistums, Juni 2000

Die Gebäude der ersten Breslauer Agglomeration waren an Verkehrsstraßen gelegen – entlang in Ost-West Richtung verlaufenden Straße von der Lausitz und Thüringen nach Kleinpolen und in die Kiewer Rus sowie an der meridional verlaufenden Straße, die von Böhmen in Richtung Ostsee führte. An der Nord-Süd-Straße – zwischen der St. Adalbert-Kirche und der Brücke zum Sandinselgebiet – entstand der erste Marktplatz am linken Ufer der Oder. Seine Existenz wurde 1232 durch Heinrich den Bärtigen gesichert, indem er den bisherigen Marktplatz auf dem Elbing (am rechten Oderufer) „aufgelöst" und dessen Rechte auf die Siedlung am linken Stadtufer übertragen hatte. Vermutlich um das Jahr 1242 wurden der zentrale Platz (Ring, 172 x 207 m) und ein Nebenplatz (Salzmarkt, 80 x 120 m) angelegt. Von der Umgestaltungsdynamik am linken Stadtufer zeugt die Eintragung aus dem Jahre 1272, die Anregungen gab, in der Stadt Bauten aus Leim und Stein zu errichten.

URBANE WANDLUNG DER STADT

Die erste Breslauer Agglomeration war mit der Burg auf der Oderinsel verbunden, die zu den wichtigeren Staatszentren des Piasten-Herzogs Mieszko I. und später des Königs Bolesław Chrobry gehörte. Die aus Holz und Erde errichtete Burganlage existierte, wie archäologische Forschungen nachweisen, bereits in der zweiten Hälfte des 10. Jahrhunderts. Sie bestand aus einem kleinen (75 m x 85 m) ovalen Sitz des Machthabers und einem kleinen Suburbium (von etwa sechs Hektar Fläche) mit dem Dom. Die Burg wurde um die Wende des 12. und 13. Jahrhunderts in eine gemauerte herzogliche Burg umgestaltet.

Am östlichen (rechten) Ufer des Oderhauptflusses, nordöstlich der Burg, an der Straße, die zu den Hauptburgen des Piastenstaates führte, wurde in der ersten Hälfte des 12. Jahrhunderts die Benediktinerabtei auf dem Elbing (Ołbin) gegründet.

Die Siedlung am linken Oderufer bestand aus der im östlichen Teil gelegenen St. Mauritius-Kirche, die (seit der zweiten Hälfte des 12. Jahrhunderts) mit der Siedlung wallonischer Tuchweber verbunden war, der St. Adalbert-Kirche (von 1226 an „Dominikanerkirche"), der St. Maria-von-Ägypten-Kirche (später St. Christophori) und der sich weiter westlich in der Siedlung Nabitin (Na Bytyniu) in Tschepine (Szczepin) befindenden St. Nikolai-Kirche (im Jahre 1175 gehörte diese zum Eigentum der Zisterzienser aus Leubus).

Die Umgestaltung der frühen Siedlungsanlage in eine Stadt hatten Herzog II. der Fromme und seine Gattin, die böhmische Fürstin Anna, begonnen. Gegen Ende der dreißiger Jahre des 13. Jahrhunderts begann man den „Streifen des Herzoglandes" am linken Oderufer zu bewirtschaften und Klosterstifte anzulegen. Es waren die Franziskaner mit der St. Jakob-Kirche, die Klarissen mit der St. Klara-Kirche, das Kloster der Kreuzherren mit dem Roten Stern mit ihrem St. Elisabeth-Hospital und der St. Matthias-Kirche. Für den Zusammenhang dieser Stifte mit der beabsichtigten Stadtgründung spricht die Tat-

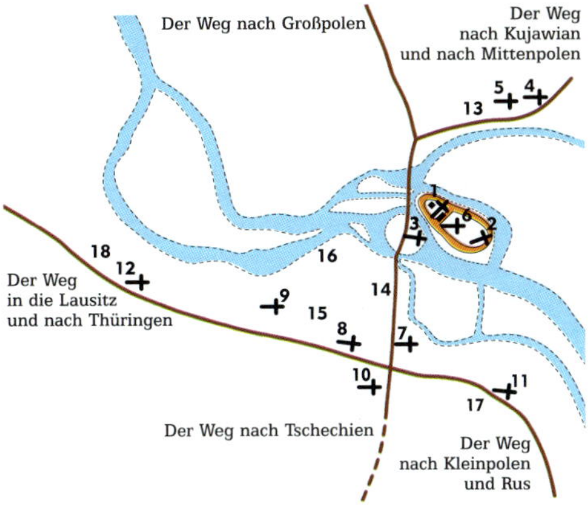

Breslau vor der Lokation (bearbeitet nach J. Piekalski, C. Buśko)

1. Sitz des Herzogs mit der Burgkapelle
2. Dom mit dem Bischofssitz
3. Kirche Maria auf dem Sande
4. Abtei St. Vincent
5. St. Michaels-Kirche
6. St. Peter- und Paulus- Kirche
7. St. Adalbert-Kirche
8. St. Maria-Magdalena--Kirche
9. St. Elisabeth-Kirche
10. St. Maria--von-Ägypten-Kirche
11. St. Mauritius-Kirche
12. St. Nikolai-Kirche
13. Jahrmarkt, Ołbin
14. Markt in der linksseitigen handwerklich--kaufmännischen Ansiedlung
15. Handwerklich--kaufmännische Ansiedlung (*civitas vratislaviensis*)
16. Jüdische Ansiedlung
17. Ansiedlung der Wallonenweber
18. Ansiedlung Nabutin (Tschepin)

sache, dass der Orden der Kreuzherren mit dem Roten Stern zum Schutzherren der neu errichteten St. Elisabeth-Kirche – einer zweiten (neben der St. Maria-Magdalena-Kirche) Pfarrkirche – in der neuen Siedlungsanlage am linken Ufer der Oder wurde (1226 übernahm die St. Elisabeth-Kirche die Pfarrfunktion der St. Adalbert-Kirche). Zwischen diesen beiden neuen Gotteshäusern begann sich bereits in den 20er Jahren des 13. Jahrhunderts ein neues Ansiedlungszentrum im Umkreis des heutigen Rings herauszubilden.

Die endgültige Verlegung des Handelszentrums von dem Gebiet zwischen der St. Adalbert-Kirche und der Oderfurt (entlang der heute zur Sandbrücke (most Piaskowy) führenden Straße) erfolgte jedoch erst nach dem Mongoleneinfall (der eigentliche Gründungsakt der Stadt wurde vor dem 10. März 1242 mit der Ausstellung der Lokationsurkunde durch Boleslaus III. Rogatka vollzogen). Damit war die Verschiebung des südlichen Hauptverkehrsweges nach dem Westen, in die Nähe der späteren Schweidnitzer Straße, verbunden. Die Entstehung des neuen Oderübergangs führte zur Errichtung der herzoglichen Burg am linken Oderufer.

Die laut erhalten gebliebener schriftlicher Quellen in zwei Etappen durchgeführte Lokation der Stadt, die 1261 durch urkundliche Verleihung des Magdeburger Rechts bestätigt wurde, führte zu einer neuen Anlage in strenger Gitterform. Die eine Fläche von 60 ha

Die heutige Ossolineum-Bibliothek (ehemaliges Kloster der Kreuzherren mit dem roten Stern) ist einer der hervorragenden Bauten aus der Barockzeit in Breslau. In dieser Zeit wurden, auch im nördlichen Teil der Stadt, der Ordensstift das Prämonstratenser und der Baukomplex des Jesuitenkollegiums (nur zum Teil realisiert) erbaut. In der Ohlauer Vorstadt entstanden das Kloster und die Kirche der Barmherzigen Brüder sowie der Bischofspalast des Bischofs Philipp Graf von Sinzendorf und auf der Sandinsel wurde das Kloster der Augustiner--Chorherren errichtet.

Die nach der Schleifung der Befestigungswerke im 19. Jahrhundert durch die Stadt übernommenen Gebiete wurden mit kommerziellen Mietshäusern bebaut, die seit den 70er Jahren des 19. Jahrhunderts allmählich die vier wichtigsten Breslauer Vorstädte bildeten: die Schweidnitzer- im Süden, die Nikolai- im Westen, die Oder- im Norden und die Ohlauervorstadt im Osten.

umfassende, schachbrettartige Bebauung wurde später von dem inneren Stadtgrabengürtel, der Schwarzen Ohle, eingeschlossen. Im Jahre 1261 wurde das Stadtgebiet um die direkt östlich gelegene Neustadt erweitert, die eine ähnliche orthogonale Straßennetzanlage besaß. Anfang des 14. Jahrhunderts führte die Errichtung eines neuen Grabengürtels (die wichtigsten Arbeiten wurden in der ersten Jahrhunderthälfte durchgeführt) zu einer Vergrößerung des Stadtgebiets auf etwa 120 ha. Breslau gehörte damals zu den größeren Städten Ostmitteleuropas, die Zahl seiner Einwohner um die Wende des 14. und 15. Jahrhunderts schätzt man auf über 21.000 Personen, die 850 Häuser bewohnt hatten.

In der Renaissance vergrößerte sich das Stadtgebiet nur geringfügig – Bauarbeiten beschränkten sich zu dieser Zeit hauptsächlich auf den Umbau gotischer und die Errichtung neuer Renaissance-Häuser. Das Aussehen der Stadt wurde damals mit hochragenden mehrgeschossigen Renaissance-Helmen der Kirchentürme bereichert. Von wesentlicher Bedeutung war jedoch der 1544 begonnene Ausbau der Stadtbefestigungen, der im Basteisystem durchgeführt wurde – anfangs nach spätitalienischen, später nach niederländischen Mustern. Im Jahre 1642 wurde u. a. die Sandinsel befestigt.

In der Barockzeit, in der zweiten Hälfte des 17. Jahrhunderts, entstanden in Breslau komponierte Blick- und Perspektivenachsen, die mit neuen Klosterbauten verbunden sind, was besonders deutlich im Nordteil der damaligen Stadt zum Vorschein kommt. Ein erneuter wesentlicher Ausbau von Befestigungsanlagen mit Bastionen in Breslau fand in der Zeit der preußischen Herrschaft (seit 1741) statt. Im Siebenjährigen Krieg (1757—1763) entstand ein neuer Befestigungsgürtel, der die Insel Bürgerwerder (Mieszczańska) umfasste, später (ab 1771) wurde auch das Gebiet nördlich der Dominsel (Ostrów Tumski) fortifiziert.

Der mit der Beendigung des preußisch-französischen Krieges (1807) begonnene Abriss der Stadtmauern und Befestigungen (ihre Spuren sind heute nur noch im Umriss

Stadtplan von Wrocław vor dem Abriss der Befestigungsanlagen, Friedrich G. Endler, 1805

mancher Straßen, Plätze und Breslauer Grünanlagen erkennbar) sowie die Säkularisation der Kirchengüter im Jahre 1810 ermöglichten eine Erweiterung der Stadt. Breslaus Territorium wurde damals nach Norden, Westen und Süd-Osten hin erweitert. Die nächste bedeutende Ausdehnung des Stadtgebietes in die südliche und östliche Richtung erfolgte in den Jahren 1856, 1868 und 1869. Im Jahre 1897 wurde die Stadt auch um den ältesten, bereits seit 1872 bebauten, Villenvorort Krietern-Kleinburg (Krzyki Borek) erweitert.

Die nächste Vergrößerung des Stadtgebietes wurde in zwei Etappen, 1924 und 1928, durchgeführt. Eingemeindet wurden damals insgesamt 36 Ortschaften. Die Vergrößerung der Stadt im Jahre 1928 war die letzte wesentliche territoriale Erweiterung der Breslauer Agglomeration.

Die ersten zwanzig Jahre nach dem Zweiten Weltkrieg bedeuteten vor allem den Wiederaufbau der historischen Bebauung im Stadtzentrum und auf der Dominsel. Seit den 70er Jahren des 20. Jahrhunderts wurden die Außenbezirke Breslaus bebaut. Es entstanden dort „Schlafstädte" aus Beton (sozialistische Neubausiedlungen): die Siedlungen Popowice, Kozanów, und Nowy Dwór im Westen – die Siedlung Gaj im Süden – die Siedlungen Różanka und Zakrzów im Norden. In den 80er und 90er Jahren entwickelte sich die „Lückenbebauung" – man erbaute neue Gebäude zwischen älteren Mietshäusern anstelle der abgetragenen Häuser. Um die Wende des 20. und des 21. Jahrhunderts entstanden im Umkreis des Stadtzentrums große Einkaufszentren sowie neue Wohnsiedlungen, so genannte Appartmenthäuser. Eine der größten Herausforderungen für die kommenden Jahre ist die Modernisierung des Verkehrsnetzes.

Durch die Ausdehnung der städtischen Fläche auf große unbebaute Gebiete im Jahre 1928 wurde der Bau von Wohnsiedlungen mit niedrigen Häusern möglich – große Teile der Stadt wurden zu „Gartenstädten", unabhängig davon, ob es Häuser für Einwohner aus der Mittelschicht, wie z.B. Zimpel (Sępolno) und Gräbschen (Grabiszynek) oder richtige Villen-Stadtteile waren, wie z.B. die „Gartenstadt Karlowitz" (Karłowice).

SEHENSWÜRDIGKEITEN

1. Kathedrale St. Johannes der Täufer, S. 172–183
2. Hl. Kreuzkirche, S. 167–171
3. Rathaus, S. 79–89
4. Kirche St. Elisabeth, S. 90–103
5. Kirche St. Maria Magdalena, S. 103–111
6. Universität, S. 142–153
7. Oper, S. 224–225
8. Ehemaliges Warenhaus Rudolf Petersdorff (jetzt „Kameleon"), S. 118
9. Rotunde *Panorama von Racławice*, S. 239
10. Jahrhunderthalle, S. 255–257
11. Jüdischer Friedhof, S. 282–283

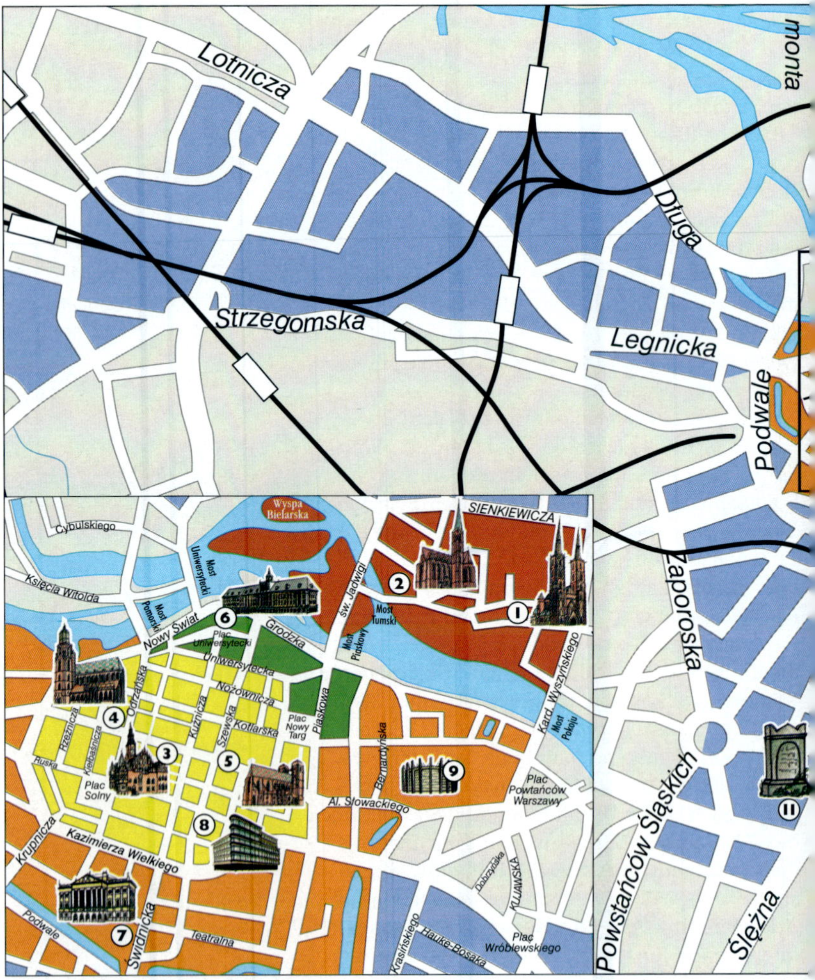

SEHENSWERTES

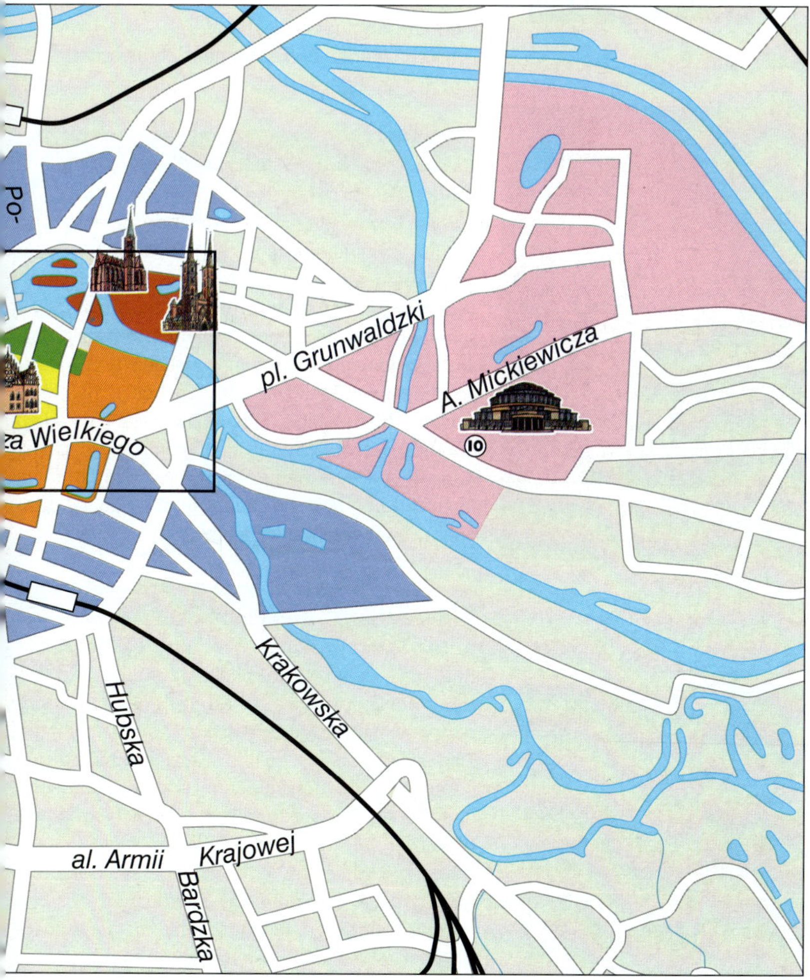

① Der Dom St. Johannes der Täufer

Der Dom St. Johannes der Täufer ist das wichtigste Gebäude auf der Dominsel. Seine beiden Westtürme erinnern an die großen gotischen Kathedralen Frankreichs, von denen sich der mittelalterliche Breslauer Backsteinbau aber dadurch unterscheidet, dass er später durch barocke Kapellen erweitert worden ist. Der stilistische Kontrast zwischen beiden Epochen bestimmt nicht nur das Äußere des Doms, sondern auch seinen düsteren Innenraum, denn auch seine Ausstattungsstücke entstammen verschiedenen Zeiten; gleichzeitig fällt auf, wie gut mittelalterliche und barocke Formen miteinander harmonieren. Nur wenige Schritte trennen den Dom vom Botanischen Garten, der am Ende der ul. Kanonia liegt.

② Die Hl. Kreuzkirche

Die Hl. Kreuzkirche, das zweitgrößte Gotteshaus auf der Dominsel, hat nur einen Turm. Ihr Inneres ist zweigeschossig. Sie wurde 1288 vom berühmten schlesischen Herzog Heinrich IV. Probus gestiftet. Trotz zahlreicher historischer Forschungen konnte bisher kein unmittelbarer Vorläufer in der europäischen gotischen Architektur gefunden werden. Das Gebäude besticht daher sowohl durch seine Eigenständigkeit, als auch durch seine auffallend schöne Form. Im Chorraum der Kirche befand sich einst das Grabmal ihres Stifters, das man heute im Breslauer Nationalmuseum bewundern kann.

③ Rathaus

In der Mitte des Rings steht stolz das Breslauer Rathaus – eine eigentümliche „Feste des Bürgertums", in dessen Formen sich die hohen Ambitionen des städtischen Patriziats widerspiegeln. Der zwischen dem späten 13. Jahrhundert und dem frühen 16. Jahrhundert errichtete Bau zeigt deutlich die Entwicklung der gotischen Architektur dieser Zeit. Das Breslauer Rathaus ist auch ein schönes Beispiel für ein „lebendiges" Gebäude, nicht zuletzt aufgrund der zahlreichen Ausstellungen, die hier gezeigt werden. Besonders bekannt ist die 2006 erworbene Sammlung von

Goldschmiedearbeiten, die dank großzügiger Spenden der Breslauer Einwohner gekauft werden konnte. Obwohl der Ring heute zu großen Teilen eine Rekonstruktion aus der Nachkriegszeit darstellt, ist er bei den Breslauern und den Besuchern der Stadt sehr beliebt. Die Schönheit des Rings – eines der größten mittelalterlichen Plätze in Europa – beruht zum einen auf der stilistischen Vielfalt seiner Bürgerhäuser, zum anderen aber ist der Marktplatz sehr lebendig: Einheimische und Besucher aus verschiedenen Ländern spazieren um das Rathaus und setzen sich auf die Terrassen der zahlreichen Cafés und Restaurants, deren schönste Räume oft in den gotischen Kellern verborgen sind. Der an den Marktplatz grenzende Salzring ist zwar deutlich kleiner, aber auch er bezaubert durch seine vielfältigen Bauformen.

④ ⑤ Gotische Kirchen

Das Patriziat regierte und feierte im Rathaus, gebetet aber wurde in den beiden Breslauer Pfarrkirchen – St. Elisabeth und St. Maria Magdalena. Die Elisabethkirche überragt die Nordwestecke des Marktplatzes, die Maria-Magdalena-Kirche befindet sich östlich von Rathaus. Der Turm der Elisabethkirche ist zugänglich, doch muss man eine steile Treppe hinaufsteigen. Die beiden Türme der Maria-Magdalena-Kirche erinnern an den Dom, zwischen ihnen befindet sich die „Hexenbrücke", die für Besucher offen ist. Leider wurde das Innere beider Kirchen in der Zeit des 2. Weltkrieges stark zerstört, außerdem brannte die Elisabethkirche 1976 bei einem schweren Feuer teilweise aus. Dennoch kann man in den ehemaligen städtischen Pfarrkirchen zahlreiche gerettete Skulpturen aus den Epochen der Renaissance und des Manierismus bewundern.

⑥ Universität

Das bauliche Ensemble der Breslauer Universität umfasst den Sitz des ehemaligen Jesuitenkollegiums, die dazugehörige barocke Kirche und das benachbarte Jesuitenkonvikt. Das Hauptgebäude der Universität – einer der längsten Barockbauten in Europa – ist in den letzten Jahren sorgfältig

restauriert worden. Hier befindet sich die barocke Aula Leopoldina, ein wunderbares Beispiel für ein Gesamtkunstwerk aus Architektur, Bildhauerei und Malerei. Durch ausgewählte philosophische und theologische Sinnsprüche, die in die Wände und Gewölbe gemeißelt, gestochen und gemalt wurden, sind auch Poesie und Rhetorik vertreten. In der neben dem Hauptgebäude liegenden Universitätskirche sind hervorragende Illusionsmalereien aus dem frühen 18. Jahrhundert zu sehen.

⑦ Oper

Die Breslauer Oper liegt an der einst wichtigsten Handelsstraße der Stadt, an der ul. Świdnicka. Die Oper ist ein klassizistisches Gebäude mit einem Portikus und einem von Säulen umgebenen Balkon. Schaut man von der reich verzierten Aussichtsterrasse auf der Liebigshöhe in die ul. Teatralna, so erblickt man an deren Ende den Opernbau. Das Innere des Gebäudes, das als dritter Theaterbau an dieser Stelle 1871 unter dem Architekten Karl Schmidt entstand, wurde in den letzten Jahren restauriert. Ein Prachtstück ist der ungewöhnlich elegante, von verzierten Logen umgebene Zuschauerraum mit seiner Stuckdecke, der für Besucher zugänglich ist.

⑧ Ehemaliges Warenhaus Petersdorff

Im historischen Zentrum der Stadt fallen großartige Gebäude aus der ersten Hälfte des 20. Jahrhunderts ins Auge. Es handelt sich dabei vor allem um Kaufhäuser im Stil der Sezession und Moderne. In ihrer stilistischen Vielfalt sind alle diese Gebäude von höchster Qualität. Im Jugendstil wurden die Bauten in der ul. Ruska und ul. Rzeźnicza errichtet. Ein hervorragendes Beispiel für die europäische Moderne der späten 1920er Jahre ist dagegen das berühmte Kaufhaus, das Erich Mendelsohn in der ul. Szewska errichtet hat. Das Streben des Architekten nach Expressivität in seinem Bauwerk zeigt sich am verglasten Risalit des Gebäudes, der zu sehen ist, wenn man vom Ring aus in Richtung ul. Oławska sieht. In der Nähe des Stadtgrabens, an der wichtigsten Einkaufsstraße Breslaus, der ul. Świdnicka, entstand etwas später das Warenhaus Wertheim.

⑨ *Panorama von Racławice*

Die Rotunde des *Panoramas von Racławice* (*Panorama Racławicka*) wurde als avantgardistisches Gebäude nach einem Entwurf von 1962 errichtet. Er beherbergt ein 1894 von Wojciech Kossak und Jan Styka in Lemberg gemaltes Rundbild, das die Schlacht bei Racławice von 1794 darstellt. Damals besiegten polnische Aufständische die russischen Truppen. Das Gemälde wurde Polen bereits 1946 von der Sowjetmacht übergeben, wird aber erst seit 1985 wieder öffentlich gezeigt.

⑩ Jahrhunderthalle

Die Jahrhunderthalle und die sie umgebenen Ausstellungs- und Parkanlagen gehören zu den schönsten Ausflugszielen für Liebhaber der Moderne des frühen 20. Jahrhunderts. Die mächtige Kuppel der Jahrhunderthalle, 1913 nach einem Entwurf von Max Berg vollendet, war jahrelang die weltweit größte Stahlbetonkuppel. Im nahe gelegenen Park Szczytnicki – dem größten und schönsten Park Breslaus – wachsen zwischen mächtigen Bäumen zahlreiche Rhododendronbüsche, die im Mai blühen. Außerdem gibt es hier einen kleinen Japanischen Garten, in dem auf geheimnisvolle Weise verborgene Bezüge hergestellt werden. Er wurde von einem Architekten aus dem Land der Kirschblüte eigens für Breslau entworfen. Vor der Jahrhunderthalle steht bis heute eines der Wahrzeichen der Stadt aus der Nachkriegszeit – die Nadel, die aus Anlass der Ausstellung der „Wiedergewonnenen Gebiete" 1948 aufgestellt wurde.

⑪ Der Jüdische Friedhof

Der Jüdische Friedhof an der ul. Ślężna wurde 1856 gegründet und blieb bis 1942 in Benutzung. Die Grabsteine – überwuchert vom üppigen Grün – wurden oft in komplexen architektonischen Formen, in verschiedenen Stilen und aus unterschiedlichen Materialien errichtet. Sie erinnern in ihrer Vielfalt an die ungewöhnlich wichtige Rolle, die die jüdische Gemeinde in der Geschichte der Stadt Breslau gespielt hat.

◂ *Rathaus, vom Salzmarkt aus gesehen*

DER RING UND SEINE UMGEBUNG

Detail des Portals der Alten Börse am Salzmarkt

Einen Stadtrundgang beginnt man normalerweise im Zentrum. In Breslau war und ist das bis heute der Ring. Das bestätigt ein Blick auf den Stadtplan, auf dem er ungefähr die geografische Mitte der Stadt in ihren heutigen Ausmaßen bildet. Auch die Silhouette Breslaus dominiert nach wie vor der Turm der nahe des Rings gelegenen Elisabethkirche. Selbst wenn dieser Turm einmal nicht mehr der höchste Punkt der Odermetropole sein sollte, bleibt der Ring doch, was er seit dem 13. Jahrhundert ist: der Breslauer circulus, ein innerer Ring (von dem sich auch sein Name ableitet), der Ort, an dem sich die städtische Gesellschaft zu wichtigen Anlässen trifft und Waren und Informationen ausgetauscht werden. Deshalb findet man hier auch seit dem Bestehen Breslaus die Zeichen der städtischen Selbstverwaltung, von hier aus wurde seit dem 16. Jahrhundert mit der ersten mechanischen Uhr der Lebensrhythmus der Bürger bestimmt, hier zeigten

Westseite des Rings, in der Mitte das Denkmal Friedrichs des Großen, Postkarte, um 1907

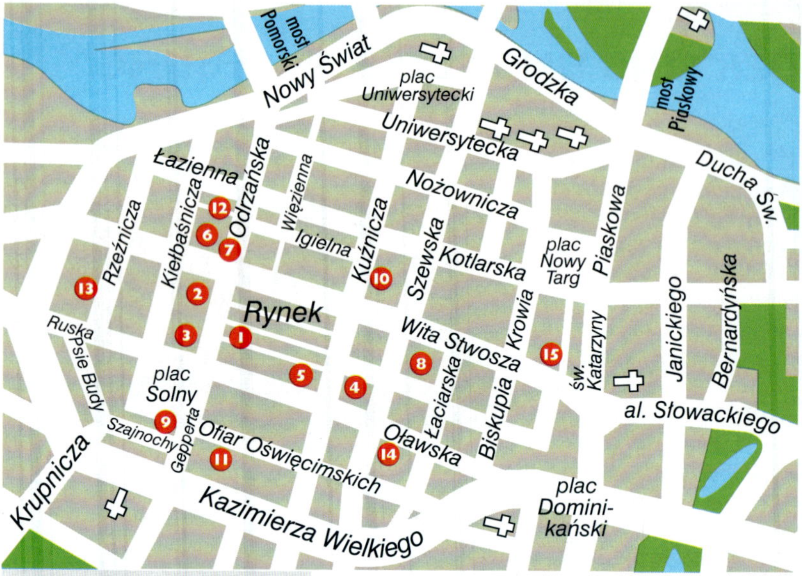

1. Neues Rathaus
2. Bürgerhaus „Zu den Greifen"
3. Bürgerhaus „Zu den Sieben Kurfürsten"
4. Ehemaliges Warenhaus der Gebrüder Barasch
5. Rathaus
6. Kirche St. Elisabeth
7. Häuser „Hänsel" und „Gretel"
8. Kirche St. Maria Magdalena
9. Alte Börse
10. Bürgerhaus „Zum silbernen Helm"
11. Haus des Heinrich von Rybisch
12. Fleischbänke
13. Ehemaliges Handelshaus der Firma Schlesinger
14. Ehemaliges Warenhaus Rudolf Petersdorff
15. Palais Hatzfeldt

die Breslauer ihre negativen (Pranger) und positiven Emotionen (Denkmal des Komödienautors Alexander Graf Fredro). Auf dem Ring wurden aber auch die Zeichen der politischen Loyalität der Stadt deutlich herausgestellt. Im 14. Jahrhundert wurden die Symbole der böhmischen Dynastie der Luxemburger an den Rathausfassaden angebracht, im 19. Jahrhundert dann Denkmale für die Begründer der preußischen Großmacht aufgestellt – für Friedrich den Großen und Friedrich Wilhelm III. Bis heute ist der Ring die Hauptbühne der Stadt geblieben, er zieht Gäste aus den entlegensten Ecken der Erde an.

DER RING

Im mittelalterlichen, von Mauern umgebenen Breslau gab es drei wichtige Plätze: den großen Marktplatz, der Ring genannt wird, auf polnisch Rynek, den Salzmarkt (Blücherplatz), heute Plac Solny und den Neumarkt, heute Nowy Targ. Schon im frühen 16. Jahrhundert hieß es: „Das in diesen Umfang eingeschlossene Gebiet bildet den schönsten Theil der ganzen Stadt mit dem Salzmarkt,

Ring, von Westen aus gesehen

dem Neumarkt und dem großen Ring. Letzterer besteht aus 60 stattlichen, im Viereck geordneten Gebäuden, die alle mit hohen Backsteingiebeln geschmückt, einzelne auch mit bunten Malereien gezierte Formen aufweisen. Von den einzelnen Ecken laufen jedes Mal zwei Straßen in verschiedener Richtung nach den Toren aus".

Im mittelalterlichen Europa folgte die Anlage der Marktplätze überall ähnlichen Prinzipien, sie dienten gleichermaßen dem Handel und der städtischen Verwaltung. Auf dem Markt befanden sich gewöhnlich das Rathaus, der Pranger, die Tuchhallen, verschiedene Handelsbänke und Buden, die Stadtwaage, die Zollkammern und später auch der Posten der Hauptwache.

Der älteste mittelalterliche Marktplatz der am linken Oderufer gelegenen Stadt Breslau war der Neumarkt. Er befindet sich östlich vom Ring in der Nähe des historischen Oderübergangs. Noch zu Beginn des 20. Jahrhunderts wurde er als Handelsplatz genutzt – bis 1909 die Verkaufsstände in die nicht weit entfernte Markthalle verlegt wurden. Die Bebauung des Platzes wurde während des Zweiten Weltkriegs fast vollständig zerstört.

Neumarkt, Postkarte, 1908

Der Ring, der Salzmarkt und das gleichmäßige Straßennetz Breslaus wurden nach dem mongolischen Überfall 1241 abgesteckt. Damals war die gesamte Bebauung am linken Oderufer vernichtet worden. In der Siedlung auf der Dominsel dagegen, wo das im Jahre 1000 errichtete Bistum seinen Sitz hatte, pulsierte das Leben: Neben dem Dom gab es dort eine Burg, das Gebiet war eng mit Wohnhäusern bebaut, regelmäßig fanden Jahrmärkte statt. Im Laufe der Zeit wandelte sich der Charakter der Dominsel. Heute ist sie eine ruhige Enklave des religiösen Lebens und wird gern von Touristen besucht.

Der Breslauer Ring ist einer der größten Marktplätze in Europa (175 x 205 m), in Polen gleicht ihm nur der Krakauer Markt (220 x 220 m) und auch in Westeuropa finden sich kaum ähnliche Anlagen. Von jeder Ecke des Platzes gehen im rechten Winkel zwei Straßen ab, zwei weitere Querstraßen liegen auf der östlichen (ehem. Hintermarkt, heute ul. Kurzy Targ) und nördlichen Seite (ehem. Stockgasse, heute ul. Więzienna). Auch von der südlichen Seite ging ursprünglich eine Straße ab, von der sich nur ein Durchfahrtstor erhalten hat (ehem. Dorotheengasse, heute Przejście Pokutnicze).

Die Mitte des Rings war seit dem 13. Jahrhundert bebaut, im Westen standen die

Tuchhallen, die Verkaufsbuden für die wertvolleren Waren, die Wohnhäuser der Leinweber, die Brot- und Schusterbänke und die Waage, während sich auf der Südseite das älteste Kaufmannshaus befand. 1299 begann man hier das Rathaus zu errichten. Zwischen diesen Bauten verlaufen in ost-westlicher Richtung drei Gassen, in denen jeweils bestimmte Waren angeboten wurden, die Sukiennice (ehem. Elisabethstraße, davor Tuchhausgasse), Przejście Garncarskie (ehem. Topfkram, davor Leinwandreißergang) und Przejście Żelaźnicze (ehem. Eisenkram, davor Reichkrä-

Stadthaus, gegenwärtig Neues Rathaus, Postkarte, um 1920; oben: zeitgenössische Fotografie

mergang). Die heutige Bebauung stammt größtenteils aus dem 19. Jahrhundert, ist aber teilweise auch im Zuge des Wiederaufbaus in der Nachkriegszeit entstanden. Die gesamte Westseite des inneren Ringblocks wird vom ehemaligen **Stadthaus**, dem heutigen **Neuen Rathaus** eingenommen. Hier befanden sich früher ein Restaurant, eine Bibliothek, das städtische Archiv und verschiedene Büros. Es wurde 1860–1863 von Friedrich August Stüler im neogotischen Stil an Stelle der Großen und Kleinen Waage

Erhaltene Teile des Portals und Erkers der Großen Waage, die in die ul. Sukiennice eingebaut wurden

Der Handel mit bestimmten Waren erforderte überdachte Verkaufsräume, die Schutz gegen schlechtes Wetter, Regen und Wind boten. Deshalb entstanden kleine Läden, die nach dem Angebot geordnet dicht beieinander lagen, als erstes die so genannten Tuchhallen. Bis heute verläuft nördlich vom Rathaus eine schmale Gasse, an der einst Verkaufsbuden lagen. Die sorgfältig freigelegten quadratischen Platten in ihrem Pflaster kennzeichnen die Stellen, an denen sich die mächtigen Pfeiler befanden, auf die sich die Überdachung der Gasse stützte.
Die Tuchhallen wurden im 19. Jahrhundert abgetragen, an ihrer Stelle ist eine kleine Straße mit Geschäften entstanden, die mit der berühmten Pariser rue de Rivoli verglichen wird.

An Stelle der heutigen Przejście Żelaźnicze (ehem. Eisenkram, davor Reichkrämergang) befanden sich die Kramläden, in denen teilweise importierte Luxusartikel verkauft wurden, wie z.B. Seife aus Venedig, Eisenwaren, Wachs, Backobst, Nüsse und Gewürze. Die heutige Przejście Garncarskie (ehem. Topfkram, davor Leinwandreißergang) war im 15. Jahrhundert entstanden und hieß damals Schmetterhaus. Hier wurden Leinenstoffe, Backwaren und Schuhe verkauft. Weil die Säle im Obergeschoss der Tuchhallen und den Bauten am Topfkram zu den wenigen größeren öffentlichen Räumen in Breslau gehörten, wurden hier Hochzeitsfeste und Zunftfeiern veranstaltet, Darbietungen der Fechtkunst gezeigt und später auch Theaterstücke aufgeführt.

Eisenkram, Postkarte, um 1905; unten: Topfkram, Postkarte, um 1920

Westseite des Rings

Stadtwaage (nicht erhalten), Grafik, 1824

Springbrunnen auf dem Paradeplatz

aus den Jahren 1521 und 1540 errichtet. Vom ursprünglichen Bau haben sich nur Teile des Portals und eines Erkers erhalten, die an der Sukiennice (ehem. Tuchhalle) eingemauert wurden. Im neuen Rathaus haben heute unter anderem der Bürgermeister und der Stadtrat ihren Sitz.

Im Westen liegt die größte unbebaute Fläche des Rings, der sog. **Plac Paradny** (ehem. Paradeplatz) oder Plac Gołębi (ehem. Taubenplatz). Hier huldigten die Stadtbürger den Monarchen, die Breslau besuchten und führten Turniere zu ihrer Ehre durch. An einem solchen Festspiel nahmen 1454 der polnische König Wladyslaw der Jagiellone und der böhmische König Georg von Podiebrad teil. Aber auch Hinrichtungen wurden auf dieser Seite des Platzes vollstreckt. So ließ Kaiser Sigismund von Luxemburg 1420 den Prager Bürgermeister, den Hussiten Johann Krasa, hier auf dem Scheiterhaufen verbrennen. 1571 wurde das Gebäude der Stadtwaage errichtet, das sich aus vier Arkaden zusammensetzte, die eine durchbrochene Kuppel trugen. An ihrer Stelle wurde 1847 ein Denkmal für den preußischen König Friedrich den

Großen enthüllt. Die Brunnenanlage, die heute in der Mitte des Paradeplatzes steht, ist unter den Einwohnern Breslaus sehr umstritten. Die städtischen Behörden versichern, sie sei nur vorübergehend aufgestellt worden. Im Winter wird hier eine beliebte Eisbahn angelegt.

Auf der südlichen Seite des Rings, in der Nähe des Haupteingangs ins Rathaus, stand erst die Hauptwache der Polizei und seit 1861 das Denkmal für den preußischen König Friedrich Wilhelm III. Heute befindet sich hier das 1956 aus Lwów (Lemberg) nach Breslau gebrachte **Denkmal für Aleksander Graf Fredro**, einem polnischen Komödienschriftsteller aus der Romantik, das 1879 von Leonard Marconi entworfen worden war.

Denkmal von Aleksander Graf Fredro; unten: Südseite des Rings

Vor einigen Jahren wurde auf dem Boden vor dem Rathauseingang ein Mosaik verlegt, das das Haupt des Hl. Johannes, das Wahrzeichen des Stadtpatrons, zeigt.

Zwischen dem so genannten Alten Rathaus und dem östlichen Rathauseingang

Pranger auf dem ehemaligen Gerichtsplatz vor dem Rathauseingang; oben: Figur des Henkers auf dem Pranger

Nordseite des Rings, Postkarte, um 1900

liegt auf der östlichen Seite des Marktplatzes der frühere Gerichtsplatz, auf dem sich ein zunächst hölzerner, seit 1492 ein steinerner Pranger befand. Er wurde während des Zweiten Weltkrieges zerstört, doch in den 1970er Jahren rekonstruiert.

Die vier Seiten des Rings tragen bis heute ihre traditionellen Namen: im Süden liegt die **„Goldene-Becher-Seite"**, im Osten die **„Grüne-Röhr-Seite"**, die nördliche Seite wird **„Gemüsemarkt"** oder **„Naschmarkt"** genannt und die westliche ist die **„Sieben-Kurfürsten-Seite"**.

Die Bebauung des Breslauer Marktplatzes entstand seit dem 13. Jahrhundert aus Backstein. Bereits während der Anlage der Stadt wurden große Grundstücke abgesteckt (60 x 120 Fuß – also 18,84 m breit und 37,68 m tief), auf denen nach und nach romanische Häuser errichtet wurden (noch zu sehen im Hof des Gebäudes am Ring 6). Nach dem großen Brand von 1363 entstanden zweigeschossige gotische Häuser, deren Keller aus den Untergeschossen der romanischen Bebauung bestanden. Ein solcher Keller aus

Haus „Zur Goldenen Krone"; unten: Bürgerhaus „Zu den Greifen"

Die historischen Namen der vier Seiten des Rings stammen entweder von den Waren, mit denen an der jeweiligen Stelle gehandelt wurde oder von einzelnen Häusern. Der Name „Grüne-Röhr-Seite" erinnert an einen Brunnen, der sich einst im östlichen Teil des Rings befand.

romanischer Zeit, mit einem Gewölbe, das sich auf Säulen stützt, ist auf der südlichen Marktseite im Haus Nr. 16 in einem Café zu sehen. Die gotischen Häuser mit ihren dreieckigen Giebeln wurden in der Epoche der Renaissance umgebaut. **Das Haus „Zur Goldenen Krone"**, gestiftet vom Kaufmann Johann von Holtz und 1521–1528 errichtet, fällt durch seine Renaissanceattika auf. Es befindet sich an der Ecke des Marktes bei der Einmündung der ul. Oławska (ehem. Ohlauer Straße; Rynek 29). 1589 entstand das ❷ **Bürgerhaus „Zu den Greifen"** (Rynek 2) mit sei-

Portal des Bürgerhauses „Zu den Greifen"

Bürgerhaus „Zur Goldenen Sonne"; unten: Barocksaal mit Deckenmalereien

nem Renaissanceportal und einer Fassade, die nach dem Entwurf des Breslauer Baumeisters Friedrich Gross entstanden ist. Gross stand deutlich unter dem Einfluss des niederländischen Bildhauers Gerhard Hendrik. Löwen schmücken den unteren Bereich des Giebels, darüber sind Greife zu sehen, weiter oben gekrönte Adler und schließlich Pfaue, denen leider die Schwänze fehlen.

Das Breslauer Schloss am linken Oderufer war aufgrund seines schlichten Baus als Residenz kaum geeignet, deshalb waren in den Bürgerhäusern an der westlichen Seite des Rings, zum Beispiel in den beiden im Barockstil umgebauten Häusern Nr. 6 und 8, oft hohe Herren zu Gast. In der Hofeinfahrt des **Hauses „Zur Goldenen Sonne"** von 1727

Haus „Zur Blauen Sonne"

Bürgerhaus „Zu den Sieben Kurfürsten"

(Rynek 6) wurden Fragmente eines romanischen Vorgängerbaus, im Keller Teile der gotische Balkendecke freigelegt. Im Erdgeschoss sind Bruchstücke des Renaissancegewölbes und in der Fassade Pfeiler aus dieser Zeit erhalten, außerdem gibt es Fragmente von Deckengemälde und Wandmalereien. Im Obergeschoss ist auf dem Plafond eines Barocksaals die römische Göttin Juno dargestellt. Die außergewöhnlich reiche Ausstattung des Hauses, die während der Restaurierungsarbeiten teilweise unter späteren Umbauten freigelegt wurde, hat einen besonderen Grund: Dieses Gebäude beherbergte – genauso wie das benachbarten **Haus „Zur Blauen Sonne"** (Rynek 7) – zahlreiche europäische Herrscher und ihre Höfe.

Als Gäste erwähnen die Geschichtsschreiber Johann von Luxemburg 1327, Karl IV. 1348, Wenzel IV. 1381, Sigismund von Luxemburg 1420, Albrecht II. 1438, den ungarischen König Matthias Corvinus 1460, den böhmischen und ungarischen König Wladyslaw II. der Jagiellone 1511, den späteren Kaiser Ferdinand I. 1527, Maximilian II. 1563, Kaiser Rudolf II. 1577 und Kaiser Ferdinand II. 1617. Die Entscheidung über den Friedensvertrag zwischen Preußen und Österreich, der den ersten Schlesischen Krieg beendete, wurde vom Balkon des Hauses „Zur Goldenen Sonne" (Rynek 6) verkündet. Vor dem Haus „Zu den Sieben Kurfürsten" huldigten die Breslauer Bürger gleich zweimal einem neuen Herrscher – 1527 Kaiser Ferdinand I. und 1563 Kaiser Maximilian II.

Die Fassade des ❸ **Hauses „Zu den Sieben Kurfürsten"** (Rynek 8) schmücken Darstellungen der Kurfürsten und von Kaiser Leopold I., die im späten 18. Jahrhundert angefertigt und erst 1991 restauriert wurden. Im Erdgeschoss befindet sich ein Barockportal. Es lohnt, einen Blick auf den Hof zu werfen, auf dem sich Bauten aus dem

Portal des Bürgerhauses „Zu den Sieben Kurfürsten"

frühen 16. Jahrhundert mit steinernen Portalen und Fensterumrahmungen befinden, ein Portal trägt die Jahreszahl 1507. Das Gebäude am Markt 18, an der Südseite des Rings, ist die Rekonstruktion eines Barockbaus.

Um 1900 wurden viele Breslauer Wohnbauten in Warenhäuser umgewandelt, allein auf der südlichen Marktseite entstanden zwölf Kaufhäuser. Die meisten Kaufhäuser wurden im Stil des Historizismus oder der Sezession errichtet, besonders interessant ist das ❹ **Warenhaus der Gebrüder Barasch** (1902–1904), heute Kaufhaus Feniks. Es liegt an der Ostseite des Marktes, bei der Abzweigung der ul. Kurzy Targ (ehem. Hintermarkt,

Warenhaus der Gebrüder Barasch, Postkarte, 1904; unten: Fotografie, 1905

Kaufhaus „Feniks" (ehemaliges Warenhaus der Gebrüder Barasch)

Rechts: Ehemaliges Warenhaus „Louis Levy Jr.“

Ehemaliges Warenhaus „Philippi“

Gebäude der Bank Zachodni WBK, das „Hochhaus“; unten: Detail des Reliefs

davor Hühnermarkt). Den ursprünglichen Bau dominierte ein riesiges Jugendstilfenster, auffällig war auch die gewaltige Kugel (Durchmesser 6,50 m) auf dem Dach, die einen Globus mit den Umrissen der Kontinente darstellte. Dieses Gebäude verlor durch die Umbauten von 1929 viel von seinem ursprünglichen Reiz.

Zu Beginn des 20. Jahrhunderts planten Breslauer Architekten die Modernisierung des Marktplatzes. In diesem Zusammenhang ist 1904 das **„Warenhaus Louis Levy Jr.“** im Neorenaissancestil entstanden (Rynek 39/40,

Ostseite), zur Zeit beherbergt der Bau im Erdgeschoss ein Restaurant. Das ehemalige **Warenhaus „Philippi"** an der südwestlichen Platzecke (Rynek Nr. 12) wurde im neobarocken Jugendstil errichtet. Zu den Meisterwerken gehört das Renaissancehaus **„Zur Goldenen Krone"**, das 1905 ebenfalls in ein Warenhaus im Jugendstil umgebaut wurde. Es wurde nach den Zerstörungen des Zweiten Weltkrieges so rekonstruiert, wie es vor dem Umbau ausgesehen hatte. Ein modernes Gebäude ist das **Hochhaus** – heute Sitz einer Bank (Bank Zachodni WBK; Nr. 9–11) an der Ecke zum Salzring, das deutlich über die Traufhöhe der Häuserfront herausragt. Es wurde nach einem Entwurf von Heinrich

Rump 1929–1931 errichtet, die Muschelkalkfassade schmücken beim Eingang Reliefs, die an altägyptische Kunst erinnern.

Viele Häuser auf dem Ring, besonders auf der nördlichen und südlichen Seite, wurden nach schweren Kriegszerstörungen wieder aufgebaut. Das barocke **Haus „Zum Goldenen Hund"** (Rynek 41) auf der Ostseite mit seinem auffälligen Erker ist erst 1993 rekonstruiert worden. Mehrere Bauten beziehen sich nur vage auf ihre historischen Vorgänger. Zu den interessantesten Beispielen gehören das **Haus „Zum Goldenen Adler"**

Nordseite des Rings, Fotografie, 1954

Bürgerhaus „Zum Goldenen Hund" mit sein Wappen

Haus „Zum Goldenen Adler"

Südseite des Rings. Erstes Haus von links „Zum Alten Galgen", das daneben stehende Bürgerhaus (Ring 18) wurde nach 1945 rekonstruiert

(Rynek 4), dessen Barockportal von Johann Lukas Hildebrandt von dem 1886 abgetragenen Schreyvogelschen Palais stammt, sowie das mehrfach umgebaute **Haus „Zur Blauen Sonne"** (Rynek 7) mit seinen schönen Jugendstilornamenten, durch das man in die gleichnamige moderne Einkaufsspassage gelangt. An der Südseite befindet sich das **Haus „Zum Alten Galgen"** (Rynek 19), das nach dem Krieg an Stelle eines Renaissancebaus errichtet wurde. Im Hof des **Hauses „Zum Goldenen Krug"** (Rynek 22) befand sich früher eine Brauerei, die durch einen unterirdischen Gang mit dem Rathaus verbunden war. Die Fassade dieses Hauses wurde in den Formen des frühen 19. Jahrhunderts rekonstruiert. Das **Gebäude „Zum Grünen Kürbis"** (Rynek 23) ziert Bauschmuck aus der Renaissance. Das **Haus „Zum Goldenen Becher"** (Rynek 27), ein

Südseite des Rings, in der Mitte das Haus „Zum Grünen Kürbis"

Bürgerhäuser wurden im Mittelalter mit Namen und Hauszeichen versehen, weil kaum jemand lesen konnte. Diese Art der Kennzeichnung hielt sich bis Ende des 18. Jahrhunderts.

Südseite des Rings. Erstes Haus von links „Zum Goldenen Becher", daneben das ehemalige Kaufhaus „Stein & Koslowsky"

Warenhaus der frühen Moderne, entworfen von Karl Grosser, wurde 1958 wieder aufgebaut. Auch auf der Ostseite des Rings befinden sich viele sehenswerte Bauten. Im **„Alten Rathaus"** (Rynek 30) hatte der Stadtvogt seinen Sitz – deshalb steht ganz in seiner Nähe der spätgotische Pranger. Das Gebäude am Ring 33 war das **Haus des Bankiers Heimann**, es hat ein schönes Treppenhaus aus dem 19. Jahrhundert und eine eklektizistische Innenausstattung, heute befindet sich hier der Sitz einer Bank. Daneben ist das **Haus „Zum Goldenen Stern"** (Rynek 34) von 1914 zu sehen, und unter der Nr. 35 finden wir das **Haus „Zum Goldenen Anker"**. Auch viele Häuser an der Nordseite mussten in der Nachkriegszeit rekonstruiert werden. Von links beginnend, sehen wir hier

Ostseite des Rings, „Altes Rathaus"

Nordseite des Rings. Von rechts: Haus „Zur Heiligen Dreifaltigkeit", Haus „Zum Goldenen Pelikan" und Haus „Zum Goldenen Hirsch"

das **Haus „Zur Heiligen Dreifaltigkeit"** (Rynek 42) von 1775, das benachbarte **Gebäude „Zum Goldenen Pelikan"** (Rynek 43) von 1734 und das **Bürgerhaus „Zum Goldenen Hirsch"** (Rynek 44), in dem sich einst die gleichnamige Apotheke befand, an die nur noch eine lateinische Inschrift aus dem Jahre 1624 in der Diele erinnert. Im ersten Jahrzehnt des 20. Jahrhunderts wurden die Gebäude Nr. 48, 49 und 50 zu drei **Warenhäusern** umgestaltet. Sie übernahmen die Breite ihrer Vorgängerbauten und die Linie der gemeinsam geführten Ziergiebel in Renaissance- bzw. Barockformen. Die Architekten Schlesinger & Benedict sowie Richard und Paul Ehrlich betonten so die Beziehung zwischen den Besitzern dieser modernen

Nordseite des Rings, Häuser Nr. 48, 49 und 50

Nordseite des Rings. In der Mitte das Haus „Zur Goldenen Palme", links davon das Haus „Zum Schwarzen Adler", unten: Detail des Bauschmucks am Haus „Zum Schwarzen Adler"

Kaufhäuser, die meist jüdischer Herkunft waren, und dem alten Stadtpatriziat. Unter mehreren ähnlich gestalteten Bauten fällt das prächtige **Haus „Zur Goldenen Palme"** (Rynek 58) von 1906 auf, in dem sich heute die öffentliche Wojewodschafts- und Stadtbibliothek befindet. Im benachbarten **Haus „Zum Schwarzen Adler"** (Rynek 59) sind noch alte Renaissancegewölbe zu finden,

Da der Breslauer Marktplatz größtenteils bereits in der Nachkriegszeit wiederaufgebaut worden war, wurde der Bau der „Passage zur Blauen Sonne" (Rynek 7) hinter dem gleichnamigen Haus an der Westseite Ende des 20. Jahrhunderts zu einer regelrechten Sensation. Hier ist es gelungen, historische Bauformen (Renaissanceportale und -kartuschen, gotischer Mauerverband) mit einer modernen Verkleidung durch eine

Passage „Zur Blauen Sonne"

leichte Glaskonstruktion zu verbinden. Interessant ist auch das Zusammenspiel der Jugendstilelemente mit dem Baustoff Glas. Blickt man von der Nordseite des Marktes in Richtung ul. św. Mikołaja (ehem. Nikolaistraße), so ist hinter dem Turm der Elisabethkirche das 1999 errichtete Renaissance Business Centre zu sehen. Die Architekten Dorota und Kazimierz Śródka haben sich hier für ein architektonisches Spiel entschieden – im Gegensatz zu einer traditionellen Fassade stehen geschlossene steinerne Fensterformen vor einer gläsernen Wand.

Renaissance Business Centre

einige gotische Details sind im Haus Nr. 60, Ecke ul. Odrzańska (ehem. Oderstraße) erhalten geblieben.

5 RATHAUS

Schon im 13. Jahrhundert standen in der Mitte des Marktplatzes die Tuchhallen, an die sich nördlich die Verkaufsstände und im Süden das älteste Kaufmannshaus anschlossen. 1299 wurde mit dem Bau des Rathauses begonnen, das zunächst nur aus einer zweischiffigen Halle bestand, die Teil des heutigen **Bürgersaals** ist. Sein neuzeitliches Gewölbe entstand 1615/1616 beim Umbau

Rathaus, Süd- und Ostfassade

GRUNDRISS PATERRE

1. Bürgerhalle
2. Ehemaliges Stadtgefängnis
3. Eckkammer
4. Ausstellungsräume
5. Vogtkanzlei (Grüne Stube)
6. Vogtkammer
7. Gerichtssaal (Vogtdinghalle)
8. Ratsstube
9. Ratskanzlei

GRUNDRISS OBERGESCHOSS

1. Großer Saal
2. Westschiff des Großen Saals
3. Erker im Südschiff
4. Ratsältestenstube
5. Schatzkammer
6. Südost-Erker
7. Fürstensaal (ehemalige Ratskapelle)
8. Kapellerker

GRUNDRISS PATERRE

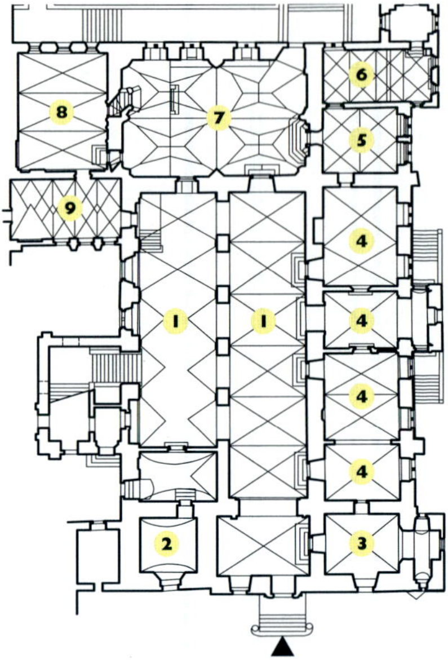

GRUNDRISS OBERGESCHOSS

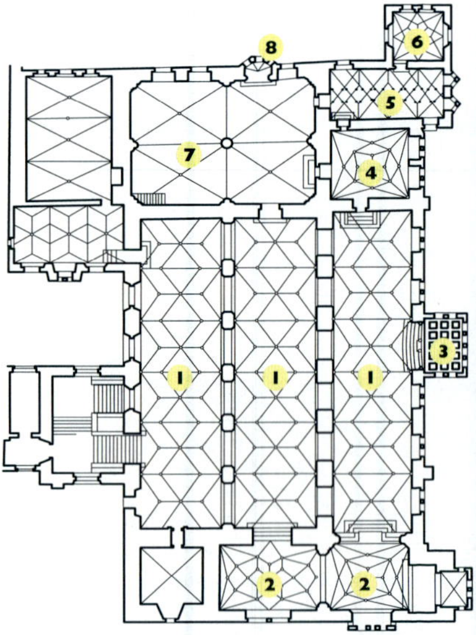

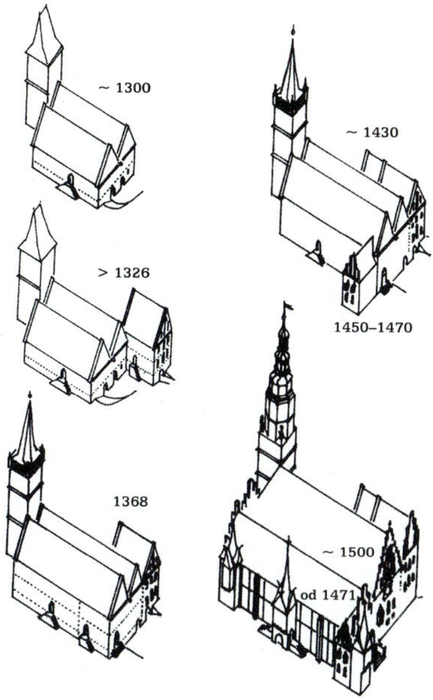

Architekturgeschichte des Rathauses nach O. Czerner

Rathaus, Detail des Stadtplans von Friedrich B. Werner, um 1745

durch den Architekten und Festungsbaumeister Valentin von Säbisch. In den Jahren 1328–1333 wurde nordöstlich an den Bürgersaal die **Ratsstube** angebaut, ein Raum mit drei Spitzbogenfenstern und einem Kreuzrippengewölbe aus dem 15. Jahrhundert. Westlich des alten Kaufmannshauses wurde ein Turm errichtet. In der Ratsstube sind heute Fragmente von Wandmalereien aus der Renaissance, ein Kachelofen aus dem späten 17. Jahrhundert und zwei Gemälde des berühmten schlesischen Barockmalers Michael Willmann zu sehen, *Das Paradies* und *Die Flucht aus Ägypten*.

Im Zuge einer Erweiterung im 14. Jahrhundert entstand im ersten Geschoss über dem Bürgersaal der so genannte **Große Saal** und über dem Gerichtssaal die Ratskapelle bzw. der Fürstensaal. 1345 wurde das Privileg zur Errichtung einer **Kapelle** erteilt, für die zunächst der Erker des **Fürstensaals** genutzt wurde. Die Kapelle war Johannes dem Täufer und dem Evangelisten Johannes geweiht. Die plastische Gestaltung des Erkers ist typisch für das dritte Viertel des 14. Jahrhunderts. In einer ähnlichen For-

Ratsstube

Renaissanceportal im Gerichtssaal

Tympanon des Portal, das vom Großen Saal in den Fürstensaal führt

Großer Saal

mensprache wurde das Portal gestaltet, das in den benachbarten Großen Saal führt, es ist mit den Wappen von Breslau, Schlesien und Böhmen geschmückt. Auch die Gestaltung des Portals, das vom Gerichtsplatz aus in den Gerichtssaal führt, weist Elemente des späten 14. Jahrhunderts auf. Im Kapellerker stand ursprünglich ein Reliquienschrein der Hl. Dorothea, der Stadtpatronin von Breslau. Die farbigen Glasfenster wurden 1992 geschaffen.

Südlich vom Fürstensaal liegen Räume aus dem 15. Jahrhundert – die **Ratsältestenstube** und die **Schatzkammer** mit einem Erker. Die Vogtdinghalle, also der **Gerichtssaal**, konnte direkt vom Gerichtsplatz, auf dem der Pranger stand, betreten werden. Sie wurde während des folgenden Bauabschnitts östlich des ehemaligen Kaufmannshauses errichtet. Das Sterngewölbe im Gerichtssaal stützt sich auf einen achteckigen Pfeiler. Das Hohe Gericht nahm während der Verhandlungen auf einem Podest im nördlichen Teil des Raumes Platz. Von diesem Podest aus führt ein wunderschönes Renaissanceportal von 1528 in die Ratsstube. Zwei Portale an der rechten (südlichen) Seite verbinden den Gerichtssaal mit zwei Räumen, die erst im 15. Jahrhundert entstanden waren, der Grünen Stube und der Vogtei. In den 70er Jahren des 15. Jahrhunderts begannen örtliche Werkstätten unter Hans Berthold und

Fürstensaal, ehemalige Ratskapelle; unten: Erker im Großen Saal

Das Gewölbe im Großen Saal schmücken 52 gemeißelte Konsolen und 161 Schlusssteine, die drei thematischen Gruppen zugeordnet sind. Als erstes wird die Tierwelt dargestellt, mit einheimischen (Pferd, Hirsch), exotischen (Elefant, Kamel) und phantastischen Wesen (Drachen, Einhorn). Dann folgt die Welt der Menschen, und zwar in Form von Bildnissen (Bürger, Patrizier, Narr, Astrologe) und politischen Inhalten (mit Breslau und Schlesien verbundene Wappenzeichen). Als drittes schließt sich die überirdische Welt an, es sind Heilige, biblische Propheten, die vier Evangelisten und Christussymbole zu sehen.

Peter Franczke mit dem Bau des südlichen Teils des Rathauses, des so genannten Südtrakts. Seine endgültige Gestaltung verdanken wir zwei Meistern aus Sachsen und der Oberlausitz – Briciuss Gauske und Paul Preusse. Gleichzeitig entstand westlich des Hauptgebäudes ein Erweiterungsbau unter

einem Sternengewölbe. Ein Erker von 1504 weist dagegen das seltene Netz-Kristallgewölbe auf. Im Zuge dieser Bauarbeiten entstand ein Erker an der südöstlichen Ecke und der Süderker mit seiner Kassettendecke, der vom Großen Saal aus zugänglich ist. Eine

Reliquienschrein der Hl. Dorothea

interessante Brüstung trennt den südlichen Erker vom Großen Saal, zu ihren Seiten stehen außergewöhnlich detailgetreue Plastiken von Rittern mit heruntergelassenen Visieren. Ähnlich prächtig ist das Portal gestaltet, das in die Ratsältestenstube führt. Das Wappen des ungarischen Königs Matthias Corvinus wird hier von zwei „wilden Männern" gehalten, Schildhalter dieser Art waren in der

Plastische Dekoration am Erker im Großen Saal; daneben: Tympanon des Portals, das vom Großen Saal in die Ratsältestenstube führt

Spätgotik üblich. Die Ratsältestenstube wird von einer teilweise rekonstruierten hölzernen Intarsienvertäfelung (um 1563) und einem Gemälde von 1668 geschmückt, auf dem die Portraits der Ratsherren und Schöffen zu sehen sind. Von hier gelangt man in die Schatzkammer des Rathauses und weiter in einen Eckerker, der unter einem besonders prachtvollen Gewölbe ruht, seinen Schlussstein ziert das Wappen des böhmischen Königs Wladyslaw II. des Jagiellonen.

An der **Ostfassade** des Rathauses lassen sich die drei Bauphasen deutlich ablesen.

Detail des plastischen Schmucks an der Ostfassade des Rathauses

Ratsältestenstube mit den Portraits der Stadträte und Schöffen

Teil der Ausstellung in der Schatzkammer des Rathauses

Pokal von Hans Strich

In der Schatzkammer des Rathauses wird der Breslauer Schatz aus Bremen gezeigt, der am 16. Mai 2006 aus einem Bremer Auktionshaus nach Breslau kam. Er wurde für 1,3 Millionen Euro gekauft, ein großer Teil der Summe bestand aus Spenden von Breslauern. Der Schatz umfasst 44 einzigartige Kunstwerke: liturgisches Gerät, Tafelaufsätze und Leuchter – größtenteils von berühmten Breslauer Goldschmieden geschaffen. Zu den wertvollsten Exponaten gehören ein Becher, der 1601 vom Meister der Breslauer Goldschmiedezunft, Caspar Pfister, für den Breslauer Landesschöffen Michael Fürst auf Kupferberck, angefertigt wurde, der Kaiserbecher von Hans Strich sowie ein Satz von zwölf Apostellöffeln aus vergoldetem Silber, die der Breslauer Goldschmied Christoph Stimmel geschaffen hat. Das Ende jedes Löffelstiels ist mit einer kleinen plastischen Apostelfigur verziert – daher ihr Name.

Ostfassade des Rathauses, Tympanon über dem Eingang in den Gerichtssaal; unten: Teil des Erkers

Der rechte Teil mit den drei schmalen Spitzbogenfenstern wurde zuerst errichtet, es handelt sich dabei um den alten Ratssaal aus den 30er Jahren des 14. Jahrhunderts. Sein Giebel stammt aus dem 15. Jahrhundert. Der mittlere Teil der Fassade mit dem Eingang in den Gerichtssaal entstand Mitte des 14. Jahrhunderts. Auf dem Portal ist das Wappen des böhmischen Königs Johann von

Die Ostfassade war ursprünglich die repräsentative Seite des Rathauses. Hier befand sich der Haupteingang (Eingang in den Gerichtssaal), vor dem bis heute der Pranger steht. Dementsprechend befinden sich in diesem Teil des Rathauses die Räume für den Vogt und den Rat, im Obergeschoss liegen die Kapelle und die Schatzkammer.

Ostfassade des Rathauses

Uhr an der Ostfassade des Rathauses

Luxemburg zu sehen. Der Erker im Obergeschoss wird von Engeln gehalten, darunter ist das Wahrzeichen des Breslauer Stadtpatrons zu sehen – der Kopf von Johannes dem Täufer auf einem Tuch. Diesen Teil der Fassade schließt ein Giebel ab, den ein ungewöhnlich reich geschmücktes, manieristisch verschlungenes Maßwerk ziert, gekrönt von schlanken Türmchen. Zwischen dem unteren Teil der Fassade und ihrem Giebel befindet sich eine astronomische Uhr von 1580 mit vergoldeten Sternzeichen, ägyptischen Symbolen für die Jahreszeiten, einer Darstellung der Sonne und einer Kugel, die die Mondphasen anzeigt. Am linken Rand der Fassade liegt die Seitenwand des im späten 15. Jahrhundert entstandenen Südtrakts mit

Südfassade des Rathauses

Details des Frieses unterm Gesims an der Südfassade des Rathauses

einem reich verzierten Erker im Obergeschoss.

Die **Südfassade** wurde nach einem größeren Umbau zur Hauptfront des Rathauses. Ihren symmetrischen Aufbau betonen die drei Erker im Obergeschoss, die der sächsisch-lausitzer Meister Briciussus Gauschke schuf. Durch die Bekrönung der Erker mit hohen, spitzen Helmen erinnert diese Seite des Rathauses an ein Schloss. Im Vergleich dazu wirken die romanischen Dekorationen am Giebel des Gerichtssaals und der darüber liegenden Schatzkammer mit ihren Biforien und der plastischen Figur des Hl. Christophorus fast anachronistisch.

Einst schmückten diesen ältesten Teil der südlichen Fassade auch die Figuren der Heiligen Barbara, Elisabeth, Andreas und Laurentius. Auf dem abschließenden Gesims von 1485 werden Szenen eines seltsamen Ritterturniers dargestellt, bei dem Bürger mit hölzernen Schwertern das wahre Rittertum nachäffen; auch eine Jagdszene und andere bürgerliche Vergnügungen sind zu sehen. Der Fries zeigt wun-

Tympana der Fenster im Obergeschoss der Südfassade des Rathauses; oben: Skulptur des Hl. Christophorus auf einer Stützkonsole über der Vogtkammer

derbar das Alltagsleben der Stadtbürger, in dem Ernsthaftigkeit und Narrenpossen eng beieinander lagen. Auf einem zweiten, ein Stockwerk tiefer gelegenen Fries sind miteinander kämpfende Tiere und weitere Jagdszenen zu erkennen, hier werden Fabeln von Äsop illustriert. Die Tympana (1483) über den Fenstern des Obergeschosses zieren schlesische und Breslauer Wappen. 1891 wurden zwischen den Fenstern und an den Ecken des Erkers Figuren aufgestellt, die unterschiedliche Schichten der städtischen Gesellschaft symbolisieren. Für diese Darstellungen standen Persönlichkeiten aus Kultur und Politik Modell, so trägt zum Beispiel der Mönch das Gesicht von Richard Plüddemann, dem damaligen Baustadtrat und bekannten Architekten. Die auffälligsten Figuren aber in dieser Galerie, der Zecher und seine keifende Ehefrau, die sich am Eingang zum Schweidnitzer Keller befinden, hatten keine Vorbilder unter den damaligen Berühmtheiten.

Mönch (Richard Plüddemann, Baustadtrat) – Skulptur an der Rathausfassade

Der Zecher und seine keifende Ehefrau – Plastiken am Eingang zum Schweidnitzer Keller

Schweidnitzer Keller, Postkarte, um 1930

Der **Schweidnitzer Keller**, 1303 erstmals erwähnt, war lange Zeit der beliebteste Bierausschank in Breslau. Anders als sein Name vermuten lässt, kam das Bier größtenteils aus der Brauerei, die sich hinter dem gegenüberliegenden Haus Rynek 22 befand. Durch einen unterirdischen Tunnel wurde das Bier in den Schweidnitzer Keller gebracht. Erst seit 1332 wurde hier auch das Schweidnitzer Bier verkauft, später auch Bier aus Goldberg, Striegau, Prag, Mannheim, Merseburg und sogar Warschau. In dem Keller wurden Gäste aller Stände bewirtet, es gibt einen „Bürgerkeller", einen „Bauernkeller" und die „Bucht", in der sich die Studenten trafen. Traditio-

nell wurde hier das Bier in besonders großen Krügen, den sog. gläsernen Igeln, ausgeschenkt und die Kleider der Kellner erinnerten an die Gewänder von Geistlichen. Auch heute liegt unter diesen Kellergewölben ein gutes Restaurant.

Die **westliche Rathausfassade** entstand Anfang des 16. Jahrhunderts, davon zeugen die Jahreszahlen 1504 auf dem Erker und 1536 an einem der Renaissancefenster. Das Eingangsportal stammt von 1616. Der 66 m hohe Rathausturm wurde im 15. Jahrhundert errichtet, aber erst später (1558/1559) mit einem Renaissancehelm und Figuren von Legionären verziert. Das Breslauer Wappen unter der Turmuhr von 1536 ist das älteste erhaltene Stadtwappen.

Westlich des Rathauses stand früher ein Denkmal des preußischen Königs Friedrich Wilhelm III., heute wird dort Aleksander Fredro geehrt. Im Mittelalter aber wurde an dieser Stelle mit Fischen gehandelt – kein besonders würdevoller Ort!

Westfassade des Rathauses und das Wappen unter der Uhr an der Westfassade

Das Stadtwappen Breslaus besteht aus fünf Feldern. Es zeigt einen Löwen, das Symbol des böhmischen Königs, den schlesischen Adler, den Buchstaben „W", der an Wratislav, den legendären Gründer der Stadt erinnert, den Kopf des Evangelisten Johannes auf einer umgekehrten Krone – Patron der Ratskapelle – und den Kopf Johannes des Täufers in einer Schüssel – Patron des Doms und der Stadt.

Vom Turm der Elisabethkirche – aus einer Höhe von ungefähr 90 m – kann man das wunderbare Stadtpanorama bewundern. Man muss nur die 302 Stufen hinaufsteigen.

Elisabethkirche; unten: Wächterzwerg vor der Elisabethkirche

Die Elisabethkirche ist ein Mausoleum der wohlhabendsten Breslauer Bürgerfamilien. Zahlreiche Epitaphien, Tafeln und Grabmale aus verschiedenen Epochen vom Mittelalter bis zum Klassizismus haben sich hier erhalten.

6 DIE ELISABETHKIRCHE

Das großartigste Gebäude im Stadtzentrum ist seit dem 14. Jahrhundert die **Elisabethkirche**, von deren Turm aus man einen wunderbaren Blick über die Altstadt genießen kann.

Die erste Erwähnung des Gotteshauses stammt aus dem Jahre 1253, als die Kirche und das Hospital St. Elisabeth noch den Kreuzherren mit dem roten Stern unterstanden. Eine unabhängige Pfarrkirche St. Elisabeth wird allerdings schon 1254 erwähnt, 1257 wurde sie geweiht. Die Kreuzherren hatten die Schirmherrschaft über die Pfarrgemeinde bis zur Reformation inne, als die Kirche an die Protestanten überging (1525–1945). Gegenwärtig ist sie eine römisch-katholische Garnisionskirche. Aus der ersten Bauetappe im 13. Jahrhundert

Der hohe Turm der Elisabethkirche war von Beginn an ein attraktiver Aussichtspunkt. Von hier aus bewunderte 1538 König Ferdinand I., der spätere Kaiser, das Breslauer Stadtpanorama und er war von dem weiten Blick begeistert – genauso wie beinahe 300 Jahre später der österreichische Erzherzog Joseph. Weil der Turm ein wichtiger Beobachtungspunkt war, wurde er bei jeder Belagerung der Stadt von den feindlichen Truppen beschossen. In den Friedenszeiten wachte hier die Feuerwehr – wurde ein Brand entdeckt, so hängte der Posten eine bestimmte Fahne heraus. Auf dem Turm hing seit 1507 die Glocke der „zwölf Apostel", die mit ihren 11 Tonnen damals eine der dreißig schwersten Glocken weltweit war. Als sie 1914 sprang, wurde sie zusammen mit vielen anderen Breslauer Glocken für den Bedarf der deutschen Armee eingeschmolzen.

Gewölbe im Südschiff

Südschiff

Die Elisabethkirche musste nach den Brandzerstörungen von 1975 und 1976 jahrelang restauriert werden. Erst 1997 wurde sie von Papst Johannes Paul II. während seines Besuchs in Breslau erneut geweiht. Gleichzeitig verlieh er der Kirche den Ehrentitel einer basilica minor.

1. Tafel zur Erinnerung an den herabstürzenden Turm
2. Epitaph H. Schultz von Wolkowitz
3. Epitaph Ch. Rindfleisch
4. Epitaph U. von Hemmerdey
5. Epitaph P. Rindfleisch
6. Turm
7. Kapelle Uthmann
8. Kapelle N. Gatke
9. Kapelle Dompnig
10. Kapelle Dumlosy
11. Kapelle Pfintzing
12. Kapelle Familie Heugel
13. Kapelle Sauermann
14. Kapelle Familie Schmedechin
15. Kapelle St. Anna
16. Kapelle Familie Rehdiger von Stries
17. Kapelle Prockendorf
18. Sakristei
19. Grabmal N. von Uthmann dem Jüngeren
20. Epitaph L. Pfintzing
21. Epitaph C. Hesseler von Waldau
22. Grabmal F.W. Brecher
23. Epitaph H. von Uthmann--Rathen
24. Grabmal H. von Rybisch
25. Sakramentshäuschen
26. Epitaph J. Crato von Crafftheim
27. Grabmal U. von Schaffgotsch
28. Grabmal J.G. Wolf
29. Grabmal N. von Rehdiger II.

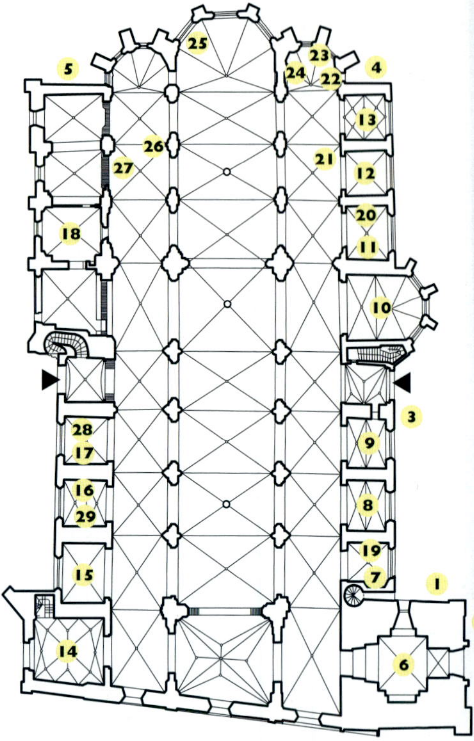

stammen romanische Architekturfragmente im östlichen Teil der Kirche, die heute unter dem Fußboden liegen. Seine gegenwärtige Form nahm der Sakralbau im 14. Jahrhundert an, der Hauptaltar wurde 1387 geweiht. Der Turm, der zuletzt entstandene gotische Bauteil, wurde 1482–1486 durch einen spitzen Helm gekrönt, der dann 1534 durch einen Renaissancehelm ersetzt wurde. Die Elisabethkirche ist ein klassisches Beispiel für die so genannte schlesische architektonische Schule – sie ist eine Basilika aus Backstein, deren Schiffe durch flach gemauerte Arkaden gegliedert werden. Der lang gestreckte Kirchenraum erweckt den Eindruck eines Tunnels, mit 29 m ist er einer der höchsten in Schlesien. Er wird hauptsächlich durch die Fenster im geschlossenen polygonalen Chor erhellt.

Hauptschiff, Orgelempore

Das Äußere des Baukörpers wirkt sehr geschlossen, weil sich die Stützbögen unter den Dächern der Seitenschiffe verbergen. Die Bauplastik aus Sandstein beschränkt sich auf die Stützkonsolen des Kreuzrippengewölbes im Presbyterium. Im 16. Jahrhundert wurde das Kirchendach mit roten und grünen Ziegeln gedeckt, die ein auffälliges Schachbrettmuster ergeben. Bis heute beeindrucken die spätgotischen Formen die-

Hauptschiff

ser Kirche, obwohl sie auch zahlreiche Unglücksfälle trafen. So stürzte zum Beispiel 1529 der Turmhelm herab, woran ein Flachrelief an der Ostseite des Turmes erinnert.

Tafel zur Erinnerung an den herabstürzenden Turm

Auf dem 1452-1482 errichteten Turm befand sich ursprünglich noch ein Helm, durch den die Elisabethkirche eines der höchsten Gebäude im damaligen Europa war.
Die Turmspitze wurde jedoch 1529 durch ein heftiges Unwetter zerstört. Da die Kirche damals schon protestantisch war, wurde dieses Unglück von den Katholiken als göttliche Strafe für die Abkehr vom alten Glauben verstanden. Für die Protestanten dagegen war das Ereignis ein Wunder, sie behaupteten, dass Engel die fallende Turmspitze festgehalten hätten, so dass niemanden etwas passiert sei. Zeitgenössische Chroniken berichten, dass damals eine Katze umkam, ein Bierkrug zerschlagen und einige Dächer in der Nähe des Kirchhofs leicht beschädigt wurden.

Orgel (nicht erhalten), Fotografie, um 1926

1649 stürzte das Gewölbe der Kirche teilweise ein, und zwei Brände beschädigten 1975 und 1976 den Turm und den gesamten westlichen Teil des Baus. Dabei gingen viele Ausstattungsstücke verloren, unter anderem die herrliche Barockorgel, von der nur die Emporenbrüstung erhalten geblieben ist. An den äußeren Kirchenmauern befinden sich zahlreiche Grabmale aus der Spätgotik und Renaissance. Am interessantesten ist das Epitaph für Hans Schultz von Wolkowitz an der Südwand des Turmes, das 1505 im Stil von Veit Stoß gestaltet wurde. Auf dem Epitaph für Christoph Rindfleisch und seine

Balustrade der Orgelempore

Epitaph Hans Schultz von Wolkowitz

Gemahlin (1508, links vom Südeingang) stützen der thronende Gottvater, Maria und Christus die betenden Eheleute. Sehenswert ist auch das spätgotische Grabmal für Ursula von Hemmerdey (gest. 1496) an der Ostwand der südlichen Kapellen mit einer Darstellung der Verstorbenen in Gesellschaft der Hl. Ursula und der Gottesmutter, möglicherweise ein Werk Jacob Beinharts, des bekanntesten Breslauer Bildhauers der Spätgotik. An der gegenüberliegenden Seite, nördlich vom Chor, befindet sich das Epithaph von Peter Rindfleisch (gest. 1535), auf dem die

Epitaph Peter Rindfleisch

Epitaph Ursula von Hemmerdey

Spätgotisches Sakramentshäuschen

Kanzel

Auferstehung Christi dargestellt ist – eines der frühesten Werke der Renaissance in Breslau. Zu den besten Beispielen der frühbarocken Kunst gehört das Epitaph für Thomas Schörer von 1645, das sich zwischen den Strebepfeilern der Kapelle der Familie Dumlos an der südlichen Seite der Kirche befindet.

Im Innern der Elisabethkirche ist unter den mittelalterlichen Kunstschätzen das spätgotische Sakramentshäuschen im Presbyterium am beeindruckendsten, dessen hoher spitzer durchbrochen gearbeiteter

Turm 1453–1455 von Jost Tauchen nach dem Muster ähnlicher Werke von Meister Wolfgang aus Wien gestaltet wurde. Die Kanzel ist ein Werk von Paul Rohn dem Älteren. Der Hauptaltar entstand 1653, ihn bekrönt eine Figur des auferstandenen Christus. Bis 1945 befand sich im Altar ein Gemälde von Michael Willmann, dem schlesischen Rembrandt, heute hängt hier eine Kopie des

Bildnisses der Muttergottes von Częstochowa (Tschenstochau). Zur ursprünglichen Ausstattung der Kirche gehört auch das hölzerne Gestühl aus dem 15. Jahrhundert, das allerdings im 16. und 18. Jahrhundert stark umgestaltet wurde, sowie zahlreiche Epitaphe und Grabsteine aus der Renaissance. Am östlichen Rand des Südschiffes befindet sich das Grabmal von Heinrich von Rybisch –einem berühmten Breslauer Patrizier und Humanisten, der 1544 starb. Es handelt sich um eines der wertvollsten Beispiele schlesischer Grabkunst in Form eines Sarkophags. Es entstand in zwei Phasen, das Flachrelief des Sarkophags wurde noch zu Lebzeiten des Stifters in einer süddeutschen Werkstatt angefertigt. Die großartige architektonische Fassung mit einem auf Marmorsäulen gestützten Baldachin schuf der Bildhauer Andreas Walther. Schon kurz nach der Fertigstellung des Grabmals weckte es dermaßen den Neid der Zeitgenossen, dass es einmal mit Wagenfett beschmiert wurde. Rechts neben Rybischs Grabmal befindet sich das Epitaph für Hieronymus III. Uthmann von Rathen, ein Werk des Breslauer Renaissancekünstlers und Stadtarchitekten Friedrich Gross. Auf einer Alabastertafel wird der Traum des Elias darstellt. Weiter auf der rechten Seite sehen wir das klassizistische Denkmal für Friedrich Wilhelm Brecher und seine Ehefrau, 1775 nach einem Entwurf von Karl Gotthard Langhans errichtet. In der daneben liegenden Kapelle befindet sich das gemalte Epitaph für Johann Götz von Schwanenfliess (gest. 1677). An einem Pfeiler in der Südwand hat sich das teilweise aus Alabaster gefertigte Epitaph für Caspar Hesseler von Waldau erhalten. Der Amsterdamer Bildhauer Gerhard Hendrik stellte hier 1589 die Szene von Jonas und dem Walfisch dar. Geht man weiter durch das Südschiff in Richtung Westen, so stößt man am dritten Pfeiler auf das Grabmal für Daniel Schilling von 1557, auf dem die Taufe Christi und der im Grabe liegende Christus zu erkennen sind. In der dritten Kapelle von Süden finden wir das klassizistische Denkmal für Beta Sophie von

Grabmal Heinrich von Rybisch; unten: Grabmal Casper Hesseler von Waldau

Grabmal Friedrich Wilhelm Brecher

Epitaph Sebald Sauermann

Schlechtendal aus dem Hause Böhm von 1802. Am Pfeiler gegenüber vom Eingang zieht das Epitaph für Sebald Sauermann von 1507 die Aufmerksamkeit auf sich. Die hier dargestellte Pietà und die zahlreichen Heiligen sind deutlich von Nürnberger Werkstätten beeinflusst. In der Kapelle am westlichen Rand befindet sich das Renaissancedenkmal für Nicolas von Uthmann dem Jüngeren von 1545. Der Bürgermeister kniet mit seinen drei Ehefrauen und 24 Kindern vor dem Hintergrund einer Kreuzigungszene und der Sil-

Epitaph Hans von Uthmann dem Jüngeren

houette von Jerusalem. Im Nordschiff ist in der zweiten Kapelle von Westen aus das Denkmal des berühmten Breslauer Patrziers und Kunstmäzen Nicolaus von Rehdiger II. von 1587 zu finden. Das Epitaph mit einem Kruzifix und sechs knienden Gestalten ist nur ein Fragment des ursprünglichen Kunstwerks, das beim teilweisen Einsturz der Kir-

Grabmal Nicolaus von Rehdiger II.

Grabmal Johann Georg Wolf

che 1649 zerstört wurde. In der nächsten, also dritten Kapelle befindet sich die barocke Gedenktafel für den fürstlichen Handelsrat Johann Georg Wolf (gest. 1722). Am Pfeiler neben dem Nordeingang ist eine gotische Madonnenfigur von 1498 zu sehen. An der gegenüber liegenden Wand finden wir weitere barocke Denkmale in Form einer Tafel mit literarischen Sentenzen aus dem 18. Jahrhundert. Weiter in östlicher Richtung steht an der Nordwand ein Denkmal, dass Ulrich von Schaffgotsch, den 1561 verstorbenen Herren von Schloss Kynast (Chojnik), in einer auffällig stolzen Haltung zeigt. Am letzten östlichen Pfeiler im Nordschiff befindet sich

Gotische Madonnenfigur

Grabmal Ulrich von Schaffgotsch

Epitaph Johannes Crato von Crafftheim

Epitaph Ludwig von Pfintzing dem Jüngeren

das beste manieristische Kunstwerk Breslaus, das kleine Grabmal für den Lieblingsarzt von gleich drei Kaisern, den berühmten Humanisten Johannes Crato von Crafftheim (gest.1585) und seine Gemahlin Maria (gest. 1585). Die in Alabaster gefertigte ungewöhnliche Darstellung vom Letzten Gericht schuf Gerhard Hendrik. Zwei architektonische Epitaphe mit Szenen der Kreuzigung und des Gebets Christi auf dem Ölberg befinden sich am östlichen Ende des Schiffs. 2004 wurde in der Kapelle an der nordwestlichen Ecke der Kirche eine wertvolle und interessante Wandmalerei freigelegt. Die Fresken, die unter anderem den Hl. Christophorus und die Hl. Jungfrau Maria darstellen, waren bis dahin unter der weißen Farbe verborgen gewesen, mit der die protestantischen Hausherren im 16. Jahrhundert das Innere der Kirche übertüncht hatten. Es handelt sich hierbei um die beste Wandmalerei der Frührenaissance in Schlesien.

Auch die Kunstschätze aus der Elisabethkirche sollen erwähnt werden, die zur Zeit in Museen aufbewahrt werden. Dazu gehören u.a. der Altar aus der Prockendorfkapelle mit einer Verkündigungsszene mit Einhorn von 1470–1480, die berühmte Schöne Madonna (um 1400) und die Kreuzigung aus der Kapelle der Familie Dumlos (ebenfalls um 1410), die im Warschauer Nationalmuseum aufbewahrt werden. Eine Kreuzigungsgruppe, die ursprünglich über dem Lettner und später über dem Eingang zur Sakristei gehangen hat, befindet sich jetzt im Nationalmuseum in Breslau. Ein Kreuzigungsaltar von 1498, der im Ostabschluss des Südschiffes stand, wird nun im Nationalmuseum in Warschau gezeigt. Zu den verblüffendsten Arbeiten gehören das großartige Letzte Abendmahl und ein im Ausdruck ungewöhnlich realistischer und dramatischer Kreuzweg, um 1500 entstanden, sowie ein weiterer Kreuzigungsaltar, nun im Nationalmuseum in Warschau zu sehen. Alle drei Kunstwerke kommen aus der Kapelle der Familie Krappe, die auch Taufkapelle oder Kirchlein des Ölbergs genannt wurde. Diese Kapelle befand sich in der südwestlichen Ecke der Kirche, 1839 wurde sie abgetragen. Eigens für die Elisabethkirche bestellte man 1462 einen großen Altar bei Hans Pleydenwurff, einem der besten Nürnberger Meister. Leider brannte dieses Werk schon 1497 ab, nur zwei Tafeln sind erhalten geblieben – eine Darstellung der Darbringung im Tempel, heute im Nationalmuseum Warschau, und ein zweites Gemälde mit der Kreuzigungsszene, das sich im Germanischen Nationalmuseum in Nürnberg befindet. Einige Kunstschätze aus der Elisabethkirche gingen während des Krieges unwiederbringlich verloren, so zum Beispiel die Pietà von 1384.

Südlich neben der Elisabethkirche stand die einzige oktogonale Kapelle in ganz Schlesien, die Kapelle zum Hl. Maternus, noch vor 1358 erbaut, die 1848 abgetragen worden

Verkündigung mit dem Einhorn (gegenwärtig im Nationalmuseum in Warschau), Fotografie, um 1925

Denkmal für Pastor Dietrich Bonhoeffer vor der Elisabethkirche

Elisabethkirche, die nicht erhaltenen Kapelle des Hl. Maternus ist zu sehen, Grafik, um 1649

Torbogen des ehemaligen Eingangs auf den Friedhof

Altaristenhäuser, rechts „Gretel", links „Hänsel"

war. An ihrer Stelle befindet sich heute das Denkmal für Pastor Dietrich Bonhoeffer –Theologe der Bekennenden Kirche, aktiv im deutschen Widerstand gegen den Nationalsozialismus, hingerichtet im Konzentrationslager Flossenbürg. Die Maternus-Kapelle war die Leichenhalle für den Friedhof, der die Elisabethkirche umgab. Neben dem Kirchhof standen die kleinen Wohnhäuser der Altaristen, die in der Kirche Messen lasen. Zwei dieser Altaristenhäuser sind erhalten geblieben – ❼ **„Hänsel" und „Gretel"**. Sie wurden im Stil der Renaissance bzw. des Barocks umge-

Kirche St. Maria Magdalena

der Bogen des ehemaligen Friedhofstores verbindet sie miteinander. In „Hänsel" befindet sich das Atelier des berühmten Breslauer Bildhauers Eugeniusz Get Stankiewicz, in „Gretel" hat die Gesellschaft der Freunde der Stadt Breslau ihren Sitz.

8 DIE KIRCHE ST. MARIA MAGDALENA

Kurz nach 1226, als die ehemalige Breslauer Pfarrkirche St. Adalbert an die Dominikaner gefallen war, entstand als neue **Pfarrkirche St. Maria Magdalena**. Von 1525 bis 1945 war sie protestantisch, heute ist sie die Kathedrale der polnisch-katholischen Kirche (Altkatholiken). Schon der erste Bau wurde aus Steinen errichtet, Fragmente der romanischen Säulenbasen und Dienstsäulen sind im Südschiff erhalten geblieben, sie sind an der Südwand und der nordwestlichen Ecke der heutigen Kirche unter Glasplatten zu sehen. Der gotische Bau wurde unter dem berühm-

Plastik der Hl. Maria Magdalena am Westportal der Kirche

Kirche St. Maria Magdalena; unten: Kirche St. Maria Magdalena, Grafik, um 1736

ten schlesischen Baumeister Pieszko vor 1359 errichtet und noch in den 80er Jahren des 14. Jahrhunderts erweitert – es entstand eine mächtige schlesische Basilika mit einfachem Chorabschluss. Die Kirche umgibt eine Kette von Wehrbögen, eine für Schlesien sonst unübliche Bauform. Die gewaltige zweitürmige Fassade, die an eine Kathedrale erinnert, ist ein guter Orientierungspunkt in der Stadt. Ursprünglich wurden die Türme von Renaissancehelmen bekrönt, 1459 wurden sie durch einen Gang miteinander verbunden.

1. Kleine Kapelle der Bettler
2. Kapelle der Goldschmiede
3. Kapelle der Maler
4. Nördliche Vorhalle
5. Kapelle Familie Banke
6. Kapelle Artzat
7. Südwestliche Vorhalle
8. Kapelle der Barbiere und Bader
9. Kapelle Goltberg
10. Kapelle Familie Rothe
11. Kapelle Dompnig
12. Kapelle der Bäcker
13. Südliche Vorhalle
14. Kapelle der Wirte
15. Kapelle der Schneider
16. Kapelle der Schmiede
17. Elbinger Portal
18. Epitaph M. Schebitz
19. Epitaph M. Irmisch
20. Epitaph P. Hornig
21. Epitaph Ch. Sachs
22. Grabmal G. von Kupferberg
23. Grabmal A.K. von Artzat
24. Grabmal O. Pestaluzzi
25. Sakramentshäuschen
26. Barockes Treppenhaus

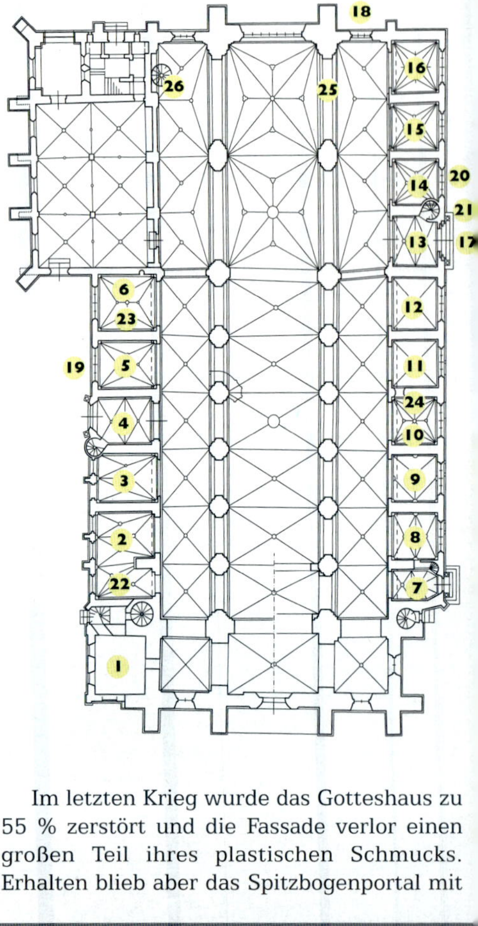

Im letzten Krieg wurde das Gotteshaus zu 55 % zerstört und die Fassade verlor einen großen Teil ihres plastischen Schmucks. Erhalten blieb aber das Spitzbogenportal mit den Figuren von Maria Magdalena und Johannes dem Täufer.

> Die kleine Brücke zwischen den Türmen wurde im Zweiten Weltkrieg zerstört und erst in den letzten Jahren wiederhergestellt. Der Legende nach schleichen hier des Nachts die Geister von nicht allzu frommen und fleißigen Damen umher, die nicht heiraten wollten, weil sie keine Lust hatten, einen eigenen Haushalt zu führen.

In die Südwand wurde 1546 ein romanisches Portal eingemauert, das aus der Elbinger Abtei stammte, die 1529 abgerissen worden war, weil man einen türkischen Überfall fürchtete. Das Portal stammt mit Sicherheit vom Ende des 12. Jahrhunderts, es ist unmittelbar von norditalienischen Vorbildern beeinflusst und weist als erstes Portal nördlich der Alpen eine Archivolte auf, eine plastisch gestaltete Arkade mit figuralen Darstellungen zur Kindheit Jesu. Das Tympanon zeigt auf der einen Seite die Kreuzabnahme, auf der anderen das Entschlafen Mariens – es befindet sich gegenwärtig im Breslauer Architekturmuseum. Ähnlich wie bei der Elisabethkirche sind auch an den Außenwänden von St. Maria Magdalena zahlreiche Grabmale zu finden.

Brücke zwischen den beiden Türmen der Kirche St. Maria-Magdalena; unten: romanisches Portal von der Abtei auf dem Elbing

Die Abtei auf dem Elbing geht auf eine Stiftung Peter Wlasts zurück, des mächtigsten Breslauer Bürgers im 12. Jahrhundert, der zahlreiche Kirchen erbauen ließ. Auf Initiative Heinrichs von Rybisch wurde sie niedergerissen, dabei wurde auch das Grabmal Wlasts und seiner Gemahlin zerstört.

Ein Meisterwerk ist das spätgotische Epitaph von 1508 für Matthias Schebitz und seine Gemahlin mit einer Darstellung der Kreuzabnahme, das sich an der Ostwand befindet. Links vom Eingang an der Nordseite der Kirche ist das Epitaph von Margaretha Irmisch von 1518 zu sehen. In Komposition und Stimmung verrät der hier gezeigte Abschied Christi von Maria den Einfluss der Renaissance. Daneben, am Strebepfeiler in der Ecke der ehemaligen Bibliothek, befindet sich eine Madonnenfigur mit dem Kinde von 1499. Sehenswert ist auch das an der südlichen Kirchwand, rechts vom Elbinger Portal, hängende spätgotische Epitaph von Paul Hornig und seiner

Epitaph Matthias Schebitz

Kirche St. Maria Magdalena, Hauptschiff

Apostelfigur aus der ehemaligen Ausstattung der Kirche (gegenwärtig im Nationalmuseum in Breslau), Fotografie, um 1925

Grabmal eines Kindes

Gattin. Die hier dargestellte Kreuzigungsszene entstand nach 1510 unter dem künstlerischen Einfluss von Veit Stoß und Martin Schongauer. Auf der rechten Seite befindet sich das Grabmal von Christoph Sachs und seinen beiden Ehefrauen mit der Szene des Gebets auf dem Ölberg aus dem frühen 17. Jahrhundert, deren Formensprache auf Verbindungen zur Schule des berühmten niederländischen Bildhauers Gerhard Hendrik hinweist.

Im Innern der Maria-Magdalenen-Kirche fehlt heute ein großer Teil der Ausstattung. Er befindet sich im Nationalmuseum in Breslau (Apostelfiguren, um 1730; Figurengruppe Gang nach Golgotha aus der ehemaligen Ölbergkapelle, um 1500) bzw. im Warschauer Museum (Figur der Madonna mit dem Kinde, 3. Viertel des 14. Jahrhunderts; Kreuzigungsgruppe vom Lettner, um 1410; Relief mit dem Hl. Lukas, der das Bildnis Marien malt, um 1483 von Meister Jacob Beinhart). Trotzdem sind in der Kirche zahlreiche interessante Kunstwerke zu finden, die meisten in den 16 Zunftkapellen, die um den Baukörper angeordnet sind. Beginnen wir den Rundgang an der nördlichen Seite: In der ersten Kapelle von Westen aus können wir das Epitaph für Georg II. von Kup-

ferberg von 1600–1605 sehen, eine großartige Arbeit des Amsterdamer Bildhauers Gerhard Hendrik im Stil des Manierismus. Obwohl die ursprünglichen Holzfiguren und die zentrale Gestalt des gekreuzigten Christus fehlen, beeindruckt das Werk zumindest durch seinen vielfarbigen Marmor und die Höhe – das sich auf einen stilisierten Baumstamm stützende Grabmal misst über 7 Meter. In dieser Kapelle sind

außerdem einige Grabplatten erhalten, Teile des ursprünglichen Bauschmucks und ein Sarkophag aus dem 18. Jahrhundert, der ursprünglich in der Krypta gestanden hatte. Auch in der benachbarten Kapelle wurden Grabmale zusammengetragen, die sich an verschiedenen Stellen in der Kirche befunden hatten. In dieser Kapelle stand einst ein berühmter Altar mit einem Flachrelief, das

Epitaph Georg II. von Kupferberg

Grabplatten, die in die Maria-Magdalenen--Kirche gebracht wurden; unten: sog. Dompnig-Kapelle, ursprünglich an der Straßenecke ul. Łaciarska und św. Marii Magdaleny, gegenwärtig in der Maria-Magdalenen--Kirche

Epitaph am Pfeiler im Nordschiff

den Hl. Lukas zeigt, der die Madonna malt, entstanden nach einer Grafik von Veit Stoß. Diese Arbeit befindet sich jetzt im Nationalmuseum in Warschau. Als ein Meisterwerk gilt auch das Epitaph für Adam Kaspar von Artzat, gestorben 1677, das an der Nordseite der östlichsten Kapelle, rechts vom Südeingang, zu sehen ist. Die allegorischen Figuren von Hoffnung (links unten), Ruhm (die Gestalt trägt ein Tuch mit Inschrift) und Ehre (die in der Nische sitzende Gestalt) schuf Matthias Rauchmüller. In derselben Kapelle befindet sich das Alabasterepitaph für Wilhelm Piples von etwa 1575, das Friedrich Gross zugeschrieben wird. Auf dem herrlichen Renaissancegrabmal an der gegenüberliegenden Wand wird ein Geistlicher mit einer Tafel darstellt – es ist das Denkmal des letzten, 1520 gestorbenen katholischen Pfarrers der Kirche. Geht man weiter in Richtung Hauptaltar, so sieht man am östlichen Ende des Kirchenschiffs eine frühbarocke schmiedeeiserne Wendeltreppe, die zur Bibliothek über der Sakristei führt. Die Anfänge dieser Bibliothek gehen

Grabmal Adam Kaspar von Artzat

Manieristisches Epitaph am Pfeiler im Südschiff

Treppenhaus, das in die Bibliothek führt; unten: Gedenktafel für Johannes Hess

Johannes Hess kam aus Nürnberg. Der Breslauer Bischof Johannes V. Thurzo schätzte ihn und ernannte ihn 1513 zum Notar der bischöflichen Kanzlei. Hess war ein Schüler und Freund Martin Luthers. Nachdem er vom Breslauer Stadtrat zum evangelischen Pfarrer ernannt worden war, hielt er am 21. Oktober 1523 in der Maria-Magdalenen-Kirche die erste protestantische Predigt in Breslau. Zum 400. Jahrestag diese Ereignisses wurde an der östlichen Chorwand außen eine Gedenktafel angebracht.

bis in die Zeit des ersten Pastors Johannes Hess zurück, sie bildet den Grundstock der Sammlung Alter Drucke der Breslauer Universitätsbibliothek. Der Hauptaltar wurde erst im Nachhinein aus verschiedenen Einzelteilen zusammengesetzt, seine Figuren stammen von einem Altar von Paul Rohn aus dem 17. Jahrhundert. Rechts neben dem Altar steht ein steinernes Sakramentshäuschen (um 1380) mit Szenen der Aus-

Bibliothek der Maria--Magdalenen-Kirche, Grafik, um 1650

Gotisches Sakramentshäuschen

peitschung, Kreuzigung und Auferstehung Christi. Das Taufbecken war einst von einem sehenswerten barocken Gitter von 1569–1576 umgeben, sein Deckel stammte von Friedrich Gross, er ist nicht erhalten

geblieben. Der Sockel des Taufbeckens wurde von Hans Fleiser angefertigt, er wird im Breslauer Nationalmuseum aufbewahrt. Die Kapellen im Südschiff sind leider größtenteils nicht mehr original ausgestattet. Beispielsweise sind in der dritten Kapelle von Westen aus, der Kapelle der Familie Goltberg, nur Reste des Epitaphs für Heinrich Müller erhalten – einstmals ein Bronzeguss mit der Szene der Darbringung Christi im Tempel, ein Werk des niederländischen Bildhauers Hans Fleiser. An der Ostwand der vierten Kapelle von Westen ist nur noch ein Teil des Denkmals für Oktavius Pestaluzzi zu finden, das inzwischen zerstörte Brustbild des jungen Mannes war 1679 von Matthias Rauchmüller geschaffen worden.

Im Krieg zerstörtes Epitaph von Octavius Pestaluzzi; daneben: Zustand vor 1945

Unter den vielen Fragmenten der ursprünglichen Ausstattung gibt es eine Ausnahme: Die Figur der Mutter Gottes von Jacob Beinhart (1490), in der dritten Kapelle von der Ostseite aus, ist in einem ungewöhnlich guten Zustand erhalten geblieben.

Das schönste Kunstwerk im Innern der Maria-Magdalenen-Kirche ist jedoch die Kanzel von 1579–1581, ein Werk des Breslauer Bildhauers und Architekten Friedrich Gross. Sie besteht aus Gabbro (Forellenstein) vom Berg Zobten, schlesischem Sandstein und Alabaster aus Lemberg. Der Kanzelkorb stützt sich auf Engelsfiguren, die Seitenreliefs stellen im Hintergrund den Fall von Jericho sowie die Entrückung des Propheten Elias, David und Goliath sowie Daniel in der Löwengrube dar. Die äußerst prächtige Bekrönung zierten einst die Symbole der vier Evangelisten, bis heute sind die Figuren der alttestamentarischen Propheten erhalten geblieben. Die Kanzel ist so auffällig mit Symbolen versehen, weil die Kirche St. Maria Magdalena Vorreiterin der Reformation war. Von hier aus verbreitete sich der Protestantismus in Breslau, bereits seit 1523 predigte hier Johannes Hess.

Gotische Madonnenfigur

Relief an der Kanzel: Daniel in der Löwengrube

Kanzel

Der Salzmarkt heute; unten: Ausschnitt aus dem Stadtplan von Friedrich B. Werner, um 1745

DER SALZRING

Der Hauptmarkt wurde durch den **Plac Solny** (ehem. Blücherplatz, davor Salzring) erweitert. Im Mittelalter hielten hier die mit Salz beladenen Fuhrwagen, später entstanden am Platz prächtige Stadtpalais. Trotz der Veränderungen beim Wiederaufbau der stark zerstörten Anlage hat sie eine ganz besondere Atmosphäre bewahrt. In der Mitte steht neben einer abstrakten Skulptur ein Springbrunnen an der Stelle des früheren Denkmals für Feldmarschall Gebhard Leberecht von Blücher – zwischen den vielen Blumenständen kaum zu sehen.

Der größte Bau auf dem Salzring ist die 9 **Alte Börse** an der südlichen Platzseite, die an Stelle des Renaissancehauses der Rehdiger errichtet wurde, in dem sich 1642 die Kaufmannsgilde niedergelassen hatte. Das Gebäu-

Denkmal auf dem Salzmarkt; daneben: Salzmarkt, Postkarte, um 1900

Von einem der Häuser am Salzmarkt aus hielt 1453 der berühmte Johannes Capestrano, der später heilig gesprochen wurde, seine leidenschaftlichen Predigten gegen die Ketzerei. Obwohl sie mehrere Stunden dauerten und er lateinisch oder italienisch sprach, strömten die Stadtbewohner in Scharen herbei. Die äußerst erregten Bürger erreichten gegen den Widerstand des Stadtrates, dass in Breslau ein weiteres Kloster errichtet wurde – das Bernhardinerkloster in der Neustadt. Doch kam es auch zu antisemitischen Pogromen, bei denen 41 Juden auf dem Salzmarkt verbrannt wurden.

Ostseite des Salzmarkts

de der Börse entstand 1820–1825 zunächst als Kaufmannsklub nach einem Entwurf von Karl Ferdinand Langhans. Der stattliche Portikus vor dem klassizistischen Bau mit den großartigen Portalen und dem mächtigen, weit vorgezogenen Kranzgesims erinnert an Renaissancepaläste in Florenz oder Rom. So sollte mittels der Architektur symbolisch der Kapitalismus des 19. Jahrhunderts mit der Macht italienischer Geschlechter zur Zeit der Renaissance in Zusammenhang gebracht werden. Ein sehr großer Raum (300 m^2) im Obergeschoss, der auf 28 Säulen ruht, wurde als Ballsaal genutzt. 1843 wurde im Erdgeschoss die Börse eröffnet. Als später die Neue Börse eröffnet wurde, verlor dieses Gebäude seine bisherige Funktion und es zogen verschiedene Ämter ein, unter anderem das Städtische Bauamt.

An der Nordseite des Salzmarktes fällt der Kontrast zwischen dem **barocken Bürgerhaus**

Der Feldmarschall Gebhard Leberecht von Blücher, dessen Denkmal im 19. Jahrhundert auf dem Salzmarkt stand, war ein Held der Napoleonischen Kriege. Das Denkmal, das heute an dieser Stelle steht, symbolisiert lodernde Flammen – es erinnert an die antisemitischen Pogrome von 1453.

Fassadenschmuck der Alten Börse; links: Gebäude der Alten Börse

Nordseite des Salzmarkts, Apotheke „Zum Mohren" und barockes Bürgerhaus

Bürgerhaus „Zum silbernen Helm"

Haus der Familie Artzat

Nr. 4 (um 1700) und der benachbarten modernistischen **Mohrenapotheke** von Adolf Rading aus dem Jahre 1927 auf. Die Dachterrasse und die Fassade aus gebogenen Glasfliesen sind typische Merkmale moderner Architektur. Lohnenswert ist ein Blick in den Hof von Haus Nr. 4 – hinter dem originalen Barocktor befindet sich ein überwölbter Flur mit einem Treppenhaus aus dem 18. Jahrhundert, im Hof sind der hohe Giebel eines gotischen Hauses und hölzerne Veranden aus dem 19. Jahrhundert zu sehen, die im alten Breslau häufig vorkamen, heute aber kaum noch erhalten sind.

DIE UMGEBUNG DES RINGS

Zu den interessantesten Bürgerhäusern in der Nähe des Marktes gehören das ⑩ **Haus Zum Silbernen Helm** mit Stukkaturen aus dem späten 17. Jahrhundert in der ul. Kuźnicza 12 (ehem. Schmiedebrücke), das **Haus der Familie Artzat** in der ul. Malarska 30 (ehem. Malergasse) von etwa 1700 und das ⑪ **Haus Rybisch** im Renaissancestil in der ul. Ofiar Oświęcimskich 1 (ehem. Junkernstraße), in dessen Portal sich ein Flachrelief mit der ungewöhnlichen Darstellung einer Geburt befindet. In den 1990er Jahren wurde das Viertel um die Elisabethkirche gründlich saniert, im Ergebnis sind hervorragende Hotels, Restaurants und teure Boutiquen, aber auch neue Einkaufspassagen entstanden. Ein interessantes Ensemble von Gebäuden aus unterschiedlichen Epochen

Portal des Hauses Heinrichs von Rybisch, Portrait des Besitzers und Geburtsszene

zwischen dem 14. und dem Beginn des 21. Jahrhunderts befindet sich an der ul. Kiełbaśnicza (ehem. Herrenstraße), die hinter der Westseite des Marktes verläuft. Das Art-Hotel liegt in einem gotischen Bürgerhaus Ecke ul. Kiełbaśnicza (ehem. Herrenstraße) und Malarska (ehem. Malerstraße), in dem zuvor eine Druckerei gewesen war. Sehenswert sind auch das neu errichtete Renaissance Business Centre und das Centrum Wratislavia an der Ecke zur ul. Mikołaja (ehem. Nikolaistraße). Auch einige Häuser an der westlichen Straßenseite der ul. Kiełbaśnicza (ehem. Herrenstraße) sollen erwähnt

Das prächtigste Bürgerhaus der Stadt war im 16. Jahrhundert die Residenz des Heinrich von Rybisch. Im Hof des Hauses gab es einen Springbrunnen und einem Ziergarten, doch nur das Portal ist erhalten geblieben. Rybisch, einer der reichsten Partizier Breslaus, war kaiserlicher Rat. Seine Familie war aus Sachsen nach Breslau gekommen. Die Einwohner der Stadt empfanden sein Haus als Zeichen von Stolz und Hochmut.

Bebauung der ul. Kiełbaśnicza

Ulica Kiełbaśnicza, vom Salzmarkt aus gesehen

Zum ersten Mal wurde 1982 ein Zwerg auf eine Wand gemalt – er symbolisierte den Widerstand gegen den Kommunismus. Die Breslauer gewannen die Zwerge lieb, deshalb können wir sie heute an vielen Orten in der Stadt antreffen.

werden: hinter der breiten Barockfassade des Hauses Nr. 29 verbergen sich zwei schmale gotische Häuser und ein aus rotem Backstein errichtetes Gebäude im Neorenaissancestil zieren Sgraffiti Nr. 20. Der Blick auf die ul. Kiełbaśnicza (Herrenstraße) vom Salzmarkt aus, begrenzt durch den hohen Turm der Elisabethkirche, gehört zu den schönsten in der Stadt.

Parallel zur ul. Malarska (Malergasse), die die ul. Kiełbaśnicza (ehem. Herrenstraße) kreuzt, liegen die ⓬ **Stare Jatki** (ehem. Alte Fleischbänke), einer von zwei Orten, an denen im mittelalterlichen Breslau Fleisch

Zwergenfleischer in den Fleischbänken; unten: Fleischbänke und das Denkmal *Zu Ehren der geschlachteten Tiere*

verkauft werden durfte. Dieses Gewohnheitsrecht wurde in einem Dokument von 1261 bestätigt. Ihre heutige Form erhielten die Fleischbänke im 14., 16. und 18. Jahrhundert. Insgesamt 48 kleine Häuser standen zu beiden Seiten des schmalen Gässchens. Diese Häuser bestanden aus einem Laden, der sich mit einer Arkade zur Straße öffnete, im hinteren Bereich wurden die Waren gelagert und in den beiden oberen Stockwerken lag die enge Wohnung des Fleischers. Bauschmuck aus Renaissance und Barock sind an den Häusern Nr. 18 bis 24 noch deutlich zu sehen, barocke Formen kann man von der ul. Malarska (ehem. Malergasse) aus an den Gebäuden Nr. 2, 12, 13, 14 finden. Auffällig sind die auf verzierte Konsolen gestützten Schornsteine, die außerhalb der Gebäude errichtet wurden, um im Innern Platz zu sparen. Auf einem dieser Kamine hat sich eine Verzierung in Sgrafittotechnik erhalten. Die schmalen Holzdächer über den Arkaden der ehemaligen Läden sind Repliken

Ehemaliges Großhandelshaus „Victoria" in der ul. Rzeźnicza

ihrer Vorgänger aus dem 18. Jahrhundert. Die Fleischbänke wurden im 19. Jahrhundert in Geschäfte umgewandelt, seit längerer Zeit schon sind hier bekannte Breslauer Kunstgalerien ansässig. 1997 wurde im östlichen Teil der Straße das Denkmal *Zu Ehren der geschlachteten Tiere* eingeweiht. Die Bronzefiguren der Tiere wurden von verschiedenen Künstlern gestaltet, ihre Reihe soll – so der Ideengeber – noch erweitert werden.

In der ebenfalls westlich des Marktes gelegenen ul. Rzeźnicza (ehem. Büttnerstraße) befinden sich die schönsten Jugendstilkaufhäuser von Breslau: das **Großhandelshaus**

Ehemaliges Kaufhaus der Firma Schlesinger; links: skulpturale Fassadendekoration

Ehemaliges Warenhaus Rudolf Petersdorff

Ulica Wita Stwosza (Albrechtstraße); links: das Palais Hatzfeldt, Postkarte, um 1940

„Victoria", jetzt Herbapol, von 1900 in der Nr. 26/27, sowie das ⓭ **Handelshaus der Firma Schlesinger** von 1901 im Haus Nr. 32/33. Ein hervorragendes Beispiel für die Architektur des 20. Jahrhunderts im Stadtzentrum ist das Kaufhaus ⓮ „Kameleon", früher **Warenhaus Rudolf Petersdorff**. Es wurde 1927/28 in der ul. Szewska (ehem. Schuhbrücke) errichtet, ganz in der Nähe der Kirche St. Maria Magdalena. Der Entwurf stammte von dem großen expressionistischen Architekten Erich Mendelsohn. Nach wie vor faszinieren die Fassaden aus Travertin (Kalktuff), Bronze und Glas sowie der vorgeschobene Eckrisalit, der an den Deckaufbau eines Hochseeschiffs erinnert. Hierfür wurden riesige gebogene Scheiben verwendet, die in dieser Form bis heute einmalig sind. Die avantgardistische äußere Form des Gebäudes wurde dank der neuartigen Skelettkonstruktion möglich. Die aerodynamische Architektur steht zwar im Gegensatz zu der Würde der Altstadt, doch beziehen sich die vorstehenden Gesimse des Kaufhauses auf die waagerechte Gliederung der Türme der gotischen Kirche St. Maria Magdalena. Die hell erleuchteten Schaufenster waren in der Vergangenheit das strahlendste Licht im eng bebauten mittelalterlichen Stadtzentrum.

Auch die **ul. Wita Stwosza** (ehem. Albrechtstraße), früher nach dem Hl. Adalbert benannt, lohnt einen Besuch. Berichten aus dem frühen 16. Jahrhundert zufolge war sie die reichste Straße der Stadt. „Zur vollkommenen Schönheit fehlt ihr nur das eine, dass sie nicht wie sonst alle andern schnurgerade verläuft".

Diese Krümmung erklärt sich daraus, dass die Straße dem Verlauf eines Handelsweges folgt, den es schon vor der Stadtgründung gegeben hatte. Geht man an der rechter Hand liegenden Kirche St. Maria Magdalena vorbei, so gelangt man zum klassizistischen **Palais der Fürsten von Hohenlohe**, das über den Fenstern des oberen Stockwerks durch ein Fries mit figuralen Flachreliefs gesch-mückt wird. Auf der linken Straßenseite sehen wir hinter dem **neobarocken Bankgebäude** von 1906 den einzigen

Detail des Frieses am Palais der Fürsten von Hohenlohe

Schmuck des Bankgebäudes in der ul. Wita Stwosza

erhaltenen Bauteil des während des Krieges zerstörten 15 **Hatzfeldt-Palais**, einen Säulenportikus vor dem modernen eingeschossigen Pavillon einer Kunstgalerie. Das Palais war nach dem Entwurf von Karl Gotthard Langhans 1764–1773 an Stelle eines Palastes von Christoph Hackner aus dem Jahre 1716 errichtet worden, der seinerseits den gotischen Palast der Fürsten von Oels ersetzt hatte. Das Hatzfeldt-Palais war der erste klassizistische Bau in Breslau, mit seinen vier hohen Stockwerken setzte es neue Maßstäbe.

Portikus des Palais Hatzfeldt

An der gegenüberliegenden Straßenseite stand bis Ende des 19. Jahrhunderts das beeindruckende barocke Schreyvogelsche Palais. An seine Stelle wurde 1888 das heute nicht mehr erhaltene Postgebäude gesetzt. Doch blieb das daneben liegende Hotel, heute Lothus, früher **Deutsches Haus**, von 1903 erhalten, errichtet im schlichten neoromanischen Stil. Den Abschluss der Straße bildet die Fassade der Adalbert-Kirche mit ihrem spätgotischen Stufengiebel.

Hotel „Lothus"

DIE UNIVERSITÄT UND IHRE UMGEBUNG

Der nördliche Teil der Altstadt zwischen dem ehem. Ritterplatz, heute plac Biskupa Nankera, der ul. Uniwersytecka (ehem. Ursulinenstraße) und der entlang der Oder verlaufenden ul.Grodzka (ehem. Burgstraße) hat einen ganz eigenen Charakter. Die mächtigen Anlagen der ehemaligen Klöster, die zahlreichen Kirchen und Stadtpalais und der alles dominierende Komplex der Universitätsbauten unterstreichen die historische Besonderheit dieses Viertels.

Krämerin, Reliefplastik an der Markthalle

Der Ausbau des mittelalterlichen Stadtkerns führte im 13. Jahrhundert zur Verlagerung des Fürstensitzes von der Dom- und Sandinsel an das südliche Oderufer. Das Gebiet der sog. fürstlichen iuridicii, das dem Fürsten unterstand und aus dem Stadtrecht und der städtischen Gerichtsbarkeit ausgenommen war, fand hier von Norden durch die Oder einen natürlichen Schutz. Die Burg stand auf der Böschung am Fluss, sodass sich die nahe Brücke von hier aus leicht kontrollieren ließ. Dank der Bemühungen der Herrscher, später auch der Städter selbst, konnte Breslau über Jahrhunderte seine strategische Bedeutung und die wichtige Rolle für den Handel beibehalten. Zwischen Brieg und Glogau, also auf einem Abschnitt von etwa 100 km, konnte die Oder nur über die Brücken

Die Anfänge der Burg auf der linken Uferseite sind mit Heinrich I. dem Bärtigen verbunden, der an der Oder ein hölzernes Herrenhaus errichten ließ.
Der Burgkomplex setzte sich aus dem Palast, der Küche und dem Herrenhaus zusammen, er war von Verteidigungsmauern umgeben und in seiner Mitte befand sich ein dreieckiger Hof.

Burg am linken Oderufer (nicht erhalten), Grafik, um 1668

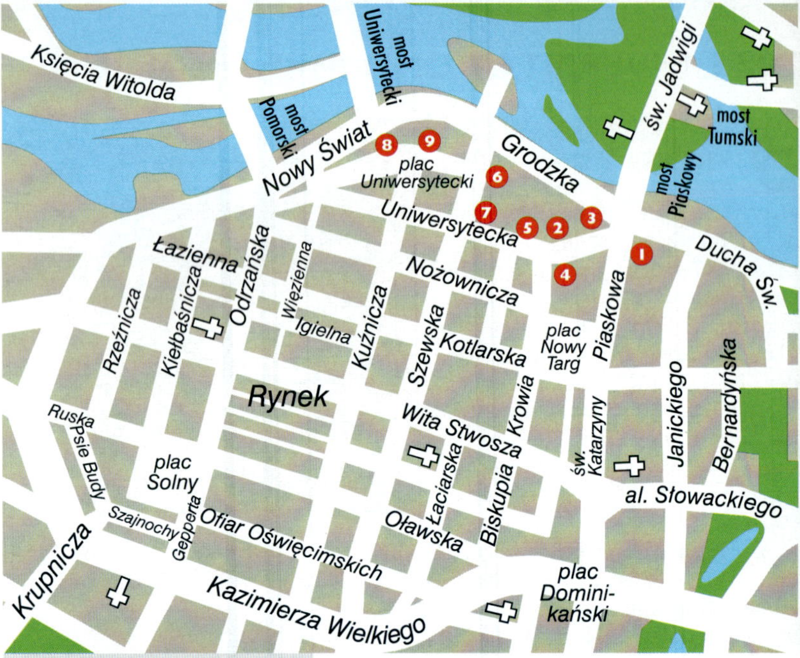

1. Markthalle
2. Kirche St. Vinzenz
3. Norbertinerkloster
4. Haus der Trebnitzer Nonnen
5. Kirche und Kloster der Ursulininnen
6. Ossolineum
7. Kirche St. Matthias
8. Universität
9. Universitätskirche Zum Allerheiligsten Namen Jesu

in Breslau überquert werden – das sicherte der Stadt die Kontrolle über den Handel und den hiesigen Herren Bedeutung für das gesamte Umland.

Unter der fürstlichen Protektion entstanden in diesem Stadtteil mehrere Klöster, darunter das Franziskanerkloster mit der Jakobuskirche. In seiner Nähe ließen sich die Klarissinnen nieder, deren Kirche St. Klara und Hedwig zur Grabstätte der Piastenherzöge wurde. Schließlich entstand noch das Kloster der Kreuzherren mit dem Roten Stern mit der Matthiaskirche. Im Westen des fürstlichen Gebiets entstand der Burgkomplex, in seiner Nähe errichteten die fürstlichen Familien aus Brieg und Oppeln ihre Höfe, die sog. Kurien, und ließen sich die Äbte der reichsten schlesischen Klöster nieder. Hier wurden auch Grundstücke für Juden bereitgestellt, die den Herzog und seinen Hof mit Luxuswaren aus dem Ausland versorgten und ihm oft Kredite gewährten. Doch auch die südlich gelegene Stadt entwickelte sich weiter und ihre Bebauung erreichte bald das fürstliche Gebiet.

Trotzdem blieb dieses Viertel lange mit der staatlichen Macht verbunden. Besonders deutlich wurde das unter den Habsburgern – im Schloss residierten zunächst die Herrscher, später wurde an seiner Stelle das Jesuitenkollegium errichtet und barocke Klöster entstanden in der nahen Umgebung. Hier fanden die gegenreformatorischen Bestrebungen der katholischen Habsburger gegenüber der lutheranischen Stadtmacht ihren städtebaulichen Ausdruck. Nachdem Schlesien unter die preußische Herrschaft geraten war, ging von diesem Stadtteil für kurze Zeit der Widerstand gegen die neue lutheranische Staatsmacht aus, doch nach der Säkularisierung 1810 wurde das Viertel wieder zum Bollwerk des Staates. In den mächtigen Klosteranlagen wurden Institutionen von Polizei und Rechtsprechung, Gymnasien und die Universität untergebracht, die alle bis ins Kleinste der staatlichen Kontrolle unterstanden. Das heutige Universitätsviertel überrascht, ähnlich wie die Dominsel, durch einen ganz eigenen Charakter, der sich zwischen dem

Nördlicher Teil der Altstadt, Blick von Westen, im Vordergrund die Universität, hinten rechts der Neumarkt

Neumarkt, Bürgerhäuser und Neptunbrunnen, während des Zweiten Weltkrieges zerstört, Postkarte, um 1900

Sandzeughaus, Grafik, um 1736

Bereits Ende des 19. Jahrhunderts wurde in der Breslauer Presse gelegentlich gefordert, den Handel auf offenen Plätzen aus hygienischen Gründen aufzugeben und moderne Markthallen zu bauen. Der Handel wurde nun vom nahe gelegenen Neumarkt in die neu errichtete Halle verlegt.

Mittelalter und dem 19. Jahrhundert herausgebildet hat.

❶ MARKTHALLE

Im nordöstlichen Teil der Altstadt, direkt bei der Oderbrücke zur Sandinsel, an der Kreuzung der Straßen ul. Piaska (ehem. Sandstraße) und Św. Ducha (ehem. Heilig-Geist-Straße), wo früher die Leubuser Bischöfe ihren Sitz hatten, standen seit 1511 das Sandzeughaus und der Stadtspeicher. Das Sandzeughaus war Teil des alten städtischen Verteidigungssystems, Teile einer Bastei und der Mauern sind an der Rückseite der Markthalle zu finden. Nördlich davon, direkt an der Oder, lagen die mittelalterliche Kirche und das Hl.-Geist-Hospital, die im Zuge des neuzeitlichen Umbaus der Stadtbefestigung zwischen 1591 und 1597 abgetragen wurden. An Stelle des Zeughauses entstand 1906–1908 die **Markthalle** nach einem Entwurf des Stadtarchitekten Richard Plüddemann. Parallel dazu wurde eine zweite, beinahe identisch aussehende Markthalle an der Kreuzung der Straßen ul. Piłsudskiego (ehem. Gartenstraße) und Zielińskiego (ehem. Höfchenstraße) errichtet, die nicht erhalten geblieben ist. Die Markthalle am ehemaligen Zeughaus knüpft symbolisch an die Architektur ihres Vorgängerbaus an. Ihre Rustikafassade und der Mauerverband erinnern an

Kanonenkugeln, die zur Erinnerung an das ehemalige Sandzeughaus in den Turm der Markthalle eingemauert wurden; unten: Markthalle

Inneres der Markthalle

eine Festung, in den Eckturm wurden steinerne Kanonenkugeln eingemauert. Im Innern aber wurde nach dem Entwurf des Ingenieurs Friedrich Küster eine europaweit neuartige Form von Eisenbetonbindern angewendet, die gleichzeitig die Dachkonstruktion und das umlaufende innere Zwischengeschoss tragen. Ganz modern ist der Kontrast zwischen dem rohen Eisenbeton und der Außengestaltung des Baus aus Klinkern und Sandstein. Aus Sandstein besteht auch das Eingangsportal mit einer Darstellung des Breslauer Stadtwappens.

Richard Plüddemann (1846–1910), Stadtarchitekt, entwarf etwa 100 öffentliche Bauten, darunter die Markthalle.

❷ KIRCHE ST. VINZENZ

Das Gebiet am östlichen Rand des herzöglichen Territoriums, nah an der Oder gelegen, erhielten schon um 1230 die Franziskaner. Die **Kirche St. Vinzenz** (bis 1530 Franziskanerkirche zum Hl. Jakobus) ist heute die griechisch-katholische Kathedrale. Eine aus Stein errichtete Franziskanerkirche wurde erstmalig 1254 erwähnt, im Untergeschoss des heutigen Baus haben sich Basen von kleinen Säulen aus der ehemaligen Krypta erhalten, außerdem ist hier der Umriss der Klostermauern zu erkennen.

Heinrich II. der Fromme, der Stifter des Franziskanerklosters, war 1241 in der Schlacht bei Liegnitz gegen die Mongolen gefallen und wurde in der Krypta der Klosterkirche beigesetzt. Seit dieser Zeit ist die Kirche fünfmal umgebaut worden, ihre endgülti-

Kirche St. Vinzenz

Kirche St. Vinzenz, Grabmal Heinrichs II. des Frommen (gegenwärtig im Nationalmuseum in Breslau), Postkarte, um 1930

Kirche St. Vinzenz, Inneres, Fotografie, um 1930

In den ersten Jahrzehnten des 13. Jahrhunderts entstand in der katholischen Kirche eine Bewegung zur Erneuerung des religiösen Lebens, ausgelöst durch Franz von Assisi, den Gründer des Franziskanerordens. Schon ein Jahrzehnt nach der päpstlichen Bestätigung der Ordensregel fand die Gemeinschaft der Minderen Brüder starke Unterstützung bei den polnischen Piasten. Heinrich der II., der Fromme, Sohn der später heilig gesprochenen Herzogin Hedwig, verheiratet mit der gottesfürchtigen Herzogin Anna, ließ noch vor 1240 die Franziskaner nach Breslau kommen, in die größte Stadt seines Herrschaftsbereichs. Die seelsorgerische Tätigkeit der Mönche konzentrierte sich vor allem auf die Stadtbürger. Bei Konflikten mit der kirchlichen Macht verteidigten die Franziskaner mehrfach die Rechte der Bürger. 1382 wurde Breslau im Zuge eines Streits zwischen den Bischöfen und der Stadt, der unter dem Namen „Bierkrieg" bekannt wurde, mit dem Interdikt belegt, es durften also keine Messen abgehalten und den Einwohnern keine Sakramente erteilt werden – die Franziskaner brachen dieses Verbot. Ein weiteres Mal verhängte Bischof Johannes Roth 1503 das Interdikt über der Stadt, weil hier unrechtmäßig einige Geistliche und Schüler des Priesterseminars gefangen gehalten wurden, auch damals lasen die Franziskaner weiterhin Messen in der „verbannten Stadt", und zwar sogar auf dem Hauptmarkt.

Die Franziskaner konnten auch sehr gut die aufgebrachte Stimmung unter den Breslauer Bürgern zu Beginn der Reformationszeit nachvollziehen, in deren Folge viele Mönche ihren Orden verließen und das Kloster verödete. Schließlich übertrug der Stadtrat das Kloster den Norbertinern, auch Prämonstratenser genannt, als Entschädigung für ihre verlorene Abtei auf dem Breslauer Elbing.

ge Gestalt erhielt sie zu Beginn des 15. Jahrhunderts, der Turm wurde nach 1444 errichtet. An den Wänden der dreischiffigen Basilika sind noch die Basen von Lisenen des Vorgängerbaus aus dem frühen 13. Jahrhundert zu sehen. Entsprechend der franziskanischen Regel war die Form der Kirche sehr schlicht, sie hatte ein einfaches geschlossenes Presbyterium und wies keinerlei plastischen Schmuck auf. Der Langchor wurde in seiner heutigen Gestalt 1360–1380 errichtet, ihn zieren 18 Schluss- und Kragsteine mit Darstellungen des Jüngsten Gerichts und der Auferstehung. Dieser Bauschmuck wurde hier angebracht, weil sich in der Kirche der Sarkophag von Herzog Heinrich II. dem Frommen befand, der nun im Breslauer Nationalmuseum ausgestellt wird. Der Herzog wurde entsprechend dem damaligen Brauch so dargestellt, wie er vor dem Jüngsten Gericht erscheinen sollte – in seiner Rüstung, mit einer Lanze in der Hand, zu seinen Füßen ein besiegter mongolischer Kämpfer. Die Beisetzung im Chor einer Klosterkirche und die Gebete der Franziskaner sollten zur Erlösung des Herzogs beitragen. Die Entscheidung seiner Familie, gerade hier ihren heldenhaften Ahnen beizusetzen, den Sohn der Hl. Hedwig, zeugt vom hohen Rang der Franziskaner.

Der gotische Innenraum der Kirche wurde im 14. und 15. Jahrhundert vollständig mit Wandmalereien bedeckt, die optisch die Regelmäßigkeit des Mauerverbandes

Kirche St. Vinzenz, Hauptschiff

Kirche St. Vinzenz

Hochberg-Kapelle

Kirche St. Vinzenz, Norbertinerkloster sowie Kirche und Kloster der Ursulininnen, links Kirche St. Matthias und das Kloster der Kreuzherren mit dem Roten Stern (heute Ossolineum)

„ausbesserten". 1530 übernahmen die Norbertiner das Kloster und weihten die Kirche dem Hl. Vinzenz, der bereits Patron ihres Klosters auf dem Breslauer Elbing gewesen war. Der bayrische Bildhauer Franz Zeller schuf in den Jahren 1662–1665 das Chorgestühl, reiche plastische Darstellungen auf den Rückenlehnen illustrierten das Leben des Hl. Norberts. Das Gestühl befindet sich heute im Presbyterium des Breslauer Doms. Ebenfalls im 17. Jahrhundert wurde das Westportal (1672) mit einer Figur des Hl. Norberts errichtet. 1699 entstand die barocke südliche Vorhalle, vor die kurze Zeit später eine Mariensäule gestellt wurde. Abt Ferdinand von Hochberg stiftete eine Kapelle, die 1723–1728 nach einem Entwurf des städtischen Baumeisters Christoph Hackner an der Südseite der Kirche entstand. Eine Kuppel ruht über diesem Bau, ihr elliptischer Tambour wird von Heiligenfiguren betont. Das Innere der Kapelle schmücken Stuckarbeiten und teilweise erhaltene Malereien. An ihrer Ausgestaltung, die sich an die beiden berühmten Barockkapellen des Breslauer Doms, die Kurfürsten- und die Elisabethkapelle anlehnt, arbeiteten die Meister Johann Karinger, Johann Georg Urbansky, Johann Albrecht Siegwitz und der berühmte Stuckateur Ignatius Provisore, die Fresken schuf Wenzel Lorenz Reiner.

Ehemaliges Norbertinerkloster, heute Gebäude der Philologischen Fakultät

❸ DAS NORBERTINERKLOSTER

Das nördlich der Kirche gelegene Franziskanerkloster, später **Norbertinerkloster**, seit 1810 Sitz des Landesgerichts, jetzt Sitz der Philologischen Fakultät der Breslauer Universität, war Ende des 17. Jahrhunderts im frühbarocken Stil errichtet worden. Die ausgewogene, durch Pilaster in Kolossalordnung unterteilte Fassade des Klosters, die Hans Fröhlich aus Oppau entworfen hatte, steht im Kontrast zum gotischen Chor der Kirche. Der Remter im Westflügel, heute Nehring-Saal genannt, ist das Werk des italienischen Stuckateurs Giovanni Signo. Seine reiche Dekoration ist keiner religiösen Thematik gewidmet, sondern stellt Putten, Obst- und Blumengirlanden und Allegorien der Jahreszeiten dar.

Gegenüber der Kirche St. Jakobus und St. Vinzenz, südlich vom ehemaligen Ritterplatz, heute plac Nankera, fällt ein Gebäude mit großen Glasvitrinen vor einer gemauerten Wand auf. Es handelt sich hierbei um eines der wenigen zumindest teilweise erhaltenen romanischen Häuser in Breslau, das ❹ **Haus der Trebnitzer Nonnen** aus dem 13. Jahrhundert. An der Mauer ist der wendische Verband gut zu erkennen – zwischen zwei längst lie-

Neobarocker Anbau an das Gebäude der Philologischen Fakultät, sog. Rospondówka (benannt nach dem Polonisten Stanisław Rospond)

Haus der Trebnitzer Nonnen

genden Ziegeln (Läufer) wird einer quer gesetzt (Binder). Der Bau diente einigen Historikern zufolge den Trebnitzer Zisterzienserinnen als Herberge, heute befindet sich hier eine Fotogalerie.

5 KIRCHE UND KLOSTER DER URSULININNEN

Auf der nördlichen Seite des Platzes sind die **Kirche und das Kloster der Ursulininnen** zu sehen, die die Anlage von den Klarissinnen, dem Frauenorden der Franziskaner, übernommen hatten. Dies war bereits die dritte Stiftung der Herzogin Anna, der Gemahlin von Heinrich II. dem Frommen, die 1257 die Klarissinnen aus ihrem heimatlichen Prag nach Breslau holte. Das Kloster wurde in den Jahren 1257–1270 errichtet. Die Gemeinschaft hatte von Beginn an einen elitären Charakter,

Kirche und Kloster der Ursulininnen

Garten des Klosters der Ursulininnen

da nur Töchter aus wohlhabenden und einflussreichen adligen Familien aufgenommen wurden. Auch die Oberinnen kamen in der Regel aus führenden schlesischen Fürstenhäusern. Ende des 17. Jahrhunderts nahm die Äbtissin Brygida Wambowska einen barocken Umbau des Klosters nach dem Entwurf von Johann Georg Knoll in Angriff. Ein barocker Turm und die neue Fassadengestaltung verbargen die mittelalterliche Struktur des Baus. Kurz nach der Säkularisierung der Klostergüter 1810 durch den preußischen König übernahmen die Ursulininnen das Kloster und richteten hier ein bis heute von ihnen geleitetes allgemeinbildendes Gymnasium ein. Im Obergeschoss des ehemaligen Klosters befindet sich die so genannte „Abtei", in deren Biedermeierschränken aus der Mitte des 19. Jahrhunderts sich zahlreiche Erinnerungsstücke befinden, die mit der Geschichte des Ordens in Verbindung stehen. In einer gläsernen Vitrine ist ein Modell des Klosters zu sehen, das um 1810 entstanden ist und den Bau noch im Zustand vor den zahlreichen Umbauten des 19. Jahrhunderts zeigt. An den Wänden hängen Bildnisse der Äbtissinnen der Ursulininnen aus dem 19. Jahrhundert. Im Erdgeschoss des Gebäudes befindet sich der Remter, zu dessen barocker Ausstattung zwei in Marmor gefasste Kupfergefäße für Wein und Bier gehören. Von einem Pult aus wurden traditionell während des Essens religiöse Schriften verlesen.

Von der ursprünglichen Klosteranlage hat sich hinter der Barockfassade nur die **Kirche St. Klara**, heute das **Mausoleum der Breslauer**

Herzogin Anna, die Frau Heinrichs II. des Frommen, Tochter des böhmischen Königs, Stifterin vieler Kirchen und Klöster, stand lange Zeit im Schatten ihrer Schwiegermutter – der Hl. Hedwig von Meran. Bekannt ist eine Zeichnung aus der *Hedwigslegende*, auf der dargestellt ist, wie Anna mit Entsetzen sieht, dass Hedwig ihre Kinder in dem Wasser wäscht, in dem zuvor Nonnen ihre Füße gewaschen hatten.

Bild aus dem Zyklus *Lebensbeschreibung der Hl. Klara*

A. Kirche St. Klara (Mausoleum)
B. Kapelle St. Hedwig
1. Gemälde *Vision des Hl. Franz Xaver*
2. Gemälde *Tod der Hl. Ursula*
3. Urne mit dem Herzen der Herzogin Karolina
4. Grabplatte der Herzogin Anna, Tochter Heinrichs V. (†1343)
5. Grabplatte der Herzogin Anna, Frau Heinrichs II. (†1265)
6. Grabplatte des Herzogs Heinrich VI.
7. Grabplatte des Herzogs Heinrich V. des Dicken
8. Grabplatte des Herzogs Heinrich III. des Weißen
9. Grabmal Heinrichs VI.
10. Grabplatte Ofkas, Tochter des Posener Herzogs (†1298)
11. Grabplatte der Herzogin Hedwig, Tochter Heinrichs II. (†1318)

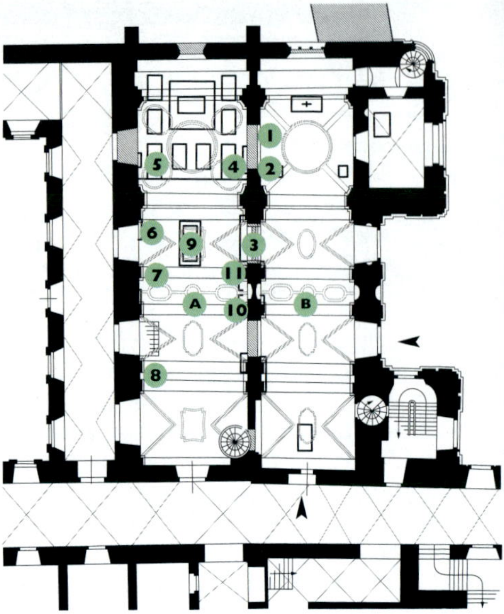

Grabplatte der Herzogin Anna, der Tochter Heinrichs V.

Piasten mit der Hedwigskapelle erhalten. Diese Kirche war schon im 13. Jahrhundert die Grablege der Breslauer Piastenfamilie. Hier wurde 1265 Herzogin Anna beigesetzt, die Witwe Heinrichs des Frommen, sowie mehrere Breslauer Herzöge, darunter Heinrich III., Heinrich V. und Heinrich VI., der keine Nachkommen hinterließ und nach dessen Tod das Fürstentum an die böhmische Krone fiel. Aber auch zahlreiche Äbtissinnen des Klosters, meist aus dem Piastengeschlecht stammend, fanden hier ihre letzte Ruhestätte.

In der Mitte des Kirchenschiffs, im Mausoleum, befindet sich das Grabmal des Breslauer Herzogs Heinrich VI. (gest. 1335). Die Platte (um 1350) stellt den Herzog in der Fülle seiner irdischen Macht dar, mit Schwert und Schild, in herzöglicher Rüstung und Kopfbedeckung. Er ruht auf einem Kissen, bereit, den Urteilsspruch des Jüngsten Gerichts anzunehmen. Eine Inschrift auf dem Grabmal gibt sein Sterbedatum an und betont, dass das Breslauer Herzogtum mit dem Ableben von Heinrich VI. an die böhmischen Luxemburger überging und unterstreicht die engen

Beziehungen des Klosters nach Böhmen. Einfacher sind die anderen Grabplatten im Mausoleum gestaltet, für Herzog Heinrich V. den Dicken (gest. 1296), Heinrich III. den Weißen (gest. 1266) und für einige Töchter der schlesischen und großpolnischen Piasten und Äbtissinnen des Klosters, so die Stifterin Herzogin Anna (gest. 1265). Zu den interessantesten Grabplatten gehört die der Herzogin Hedwig (gest. 1318), Tochter von Heinrich II., auf der sie im Nonnengewand mit einem Wappenschild darstellt ist. Über dem Portal, das das Mausoleum mit der Hedwigskapelle verbindet, befindet sich eine silberne Urne mit dem Herzen der Herzogin Karolina (gest. 1707), der letzten piastischen Prinzessin. An der Südwand des Mausoleums hängen zwei barocke Gemälde (um 1740), eines zeigt das Bildnis von Herzog Heinrich II. dem Frommen, das andere seine Gemahlin Anna. An der anderen Wand können zwei Gemälde bewundert werden, die der berühmteste schlesische Barockmaler Michael Willmann 1694 schuf: *Der Tod der Hl. Ursula* und *Die Vision des Hl. Franz Xaver*. Die Tochter des Malers hatte sie dem Kloster geschenkt, nachdem sie ihm 1695 beigetreten war.

Grabmal Heinrichs VI.

Herzogin Karolina, die im calvinistischen Geiste erzogen worden war, war heimlich zum Katholizismus übergetreten. Nach dem Scheitern ihrer Ehe lebte sie in Breslau und widmete sich ganz der Wohltätigkeit und dem Gebet im Kloster der Klarissinnen. Die Herzogin wurde in der Hedwigskapelle in Trebnitz beigesetzt, ihr Herz aber in einer silbernen Urne im Mausoleum der Breslauer Piasten bestattet. 1998 wurden ihre Gebeine nach Breslau überführt und ins Mausoleum gebracht, wo sie nun in der Urne ruhen, die seit 1945 leer gewesen war.

Mausoleum der Breslauer Piasten

Wappen der Kreuzherren mit dem Roten Stern

In der langen Geschichte des Klosters kam es auch einmal zu Vorfällen, die schließlich ein Eingreifen des Papstes erforderten.
Im Jahre 1515 beschlossen die Franziskaner, deren Kloster nur durch eine Mauer von dem der Klarissinnen getrennt war, ihre finanzielle Lage aufzubessern, indem sie sich von den Einnahmen ihrer reichen Nachbarinnen bedienten. Die damalige Oberin Margarete von Tost, aus dem Hause der Oppelner Herzöge, wehrte sich aber dagegen. Als die Mönche am 2. Februar mit 18 Schützlingen in das Kloster eindrangen, floh Margarete in den Palast ihres Bruders, des Oppelner Herzogs (heute ul. Szewska 49/Schuhbrücke – Historisches Institut der Universität Breslau). Der Vorsteher des Franziskanerklosters verfolgte sie und als er sie schon zu fassen drohte, drehte sich die tüchtige Frau um, „ergriff das gute Väterchen und warf es so in den Rinnstock, dass es ganz und gar im Dreck versank".
Die lachenden Zuschauer kommentierten das so: *In nomine Domini, Mönche und Nonnen geraten sich in die Haare.* Solche Ereignisse hatten natürlich ihren Einfluss auf die Sympathien der Breslauer Einwohner für die keimenden Ideen der Reformation.

Zaułek Ossoliński (Ossoliński--Gasse)

6 OSSOLINEUM

Direkt an der Oder, westlich des Klosters der Ursulininnen, von ihm durch die schmale, leicht gebogene Gasse Ossoliński getrennt, befindet sich die Anlage des ehemaligen **Klosters der Kreuzherren mit dem Roten Stern**, heute das Staatliche Ossoliński Institut, das **Ossolineum**. Der Hospitalsorden wurde in Prag von der Hl. Agnes gegründet, ihre Schwester Anna, Witwe von Heinrich II. dem Frommen, holte sie nach Breslau.

In der Stiftungsurkunde wurden die Aufgaben der klösterlichen Gemeinschaft der Kreuzherren beschrieben: Sie sollte sich um die Kranken und Armen kümmern und ein Hospital betreiben. Im mittelalterlichen Hospital wurden die Kranken, Alten und Waisen gepflegt und seelsorgerisch betreut, hier fanden aber auch Wanderer und Pilger Unterkunft. In dieser christlichen Gemeinschaft trugen alle die gleiche Kleidung und aßen das gleiche. Im Laufe der Zeit wandelte sich aber der Orden, bis er während der Gegenreformation ein wichtiges Zentrum des religiösen Lebens wurde und einen wichtigen Einfluss auf Bildung und Kultur ausübte. Der Philosoph, Arzt und Theologe Johannes Scheffler, einer der wichtigsten Vertreter der deutschen Mystik, bekannt als Angelus Silesius, stand den Kreuzherren sehr nahe. 1618 kamen die ersten Jesuiten nach Breslau, bei den Kreuzherren fanden sie Unterkunft, Verpflegung und die Möglichkeit, die Bibliothek zu nutzen. Nach der Säkularisierung entstand hier Anfang des 19. Jahrhunderts das katholische Matthias-Gymnasium, das viele berühmte Persönlichkeiten absolvierten, so die großartigen Dichter der Romantik Joseph von Eichendorff (1788–1857), Otto von Haugwitz (1790–1842) und Joseph von Zedlitz (1790–1862), der Historiker Joseph Jungnitz (1844–1919) und der bekannte Schriftsteller und Bienenkundler Jan Dzierżoń (1811–1906).

Plastisches Detail an der Nordfassade des Ossolineums

Ossolineum, ehemaliges Kloster der Kreuzherren mit dem Roten Stern

Überreste der Agneskirche, ul. Szewska

Büste des Begründers des Ossolineums, Józef M. Ossoliński, auf dem nördlichen Hof

Ossolineum, Lesesaal

Der Bruderschaft gehörten zunächst einige Bauten in der Nähe des heutigen Ossolineums, so die Matthiaskirche, das dazugehörige barocke Klostergebäude und das gotische, an der Straße gelegene Hospital, das Anfang des 19. Jahrhunderts umgebaut worden war. Auch die mittelalterliche Agneskirche, die sich an der westlichen Seite der ul. Szewska (ehem. Schuhbrücke) befand und die Mühlen auf der Insel Tamka (ehem. An der Matthiaskunst) am nördlichen Ende dieser Straße unterstand den Kreuzherren. Außerdem verwahrten die Mönche den Schlüssel zum alten Matthiastor, das

Das Ossolineum, das bis heute in dem ehemaligen Kloster seinen Sitz hat, war eine Privatstiftung, deren Bedeutung für die polnische Nationalkultur von unschätzbarem Wert ist. Sie entstand im österreichischen Teilungsgebiet in Lwów (Lemberg) 1817 als Bibliothek, wissenschaftliches Institut und Verlag. Während der Teilungszeit war sie ein Zentrum der polnischen Kultur. Nach dem Zweiten Weltkrieg, als Lwów (Lemberg) der Sowjetunion angeschlossen wurde, bemühten sich die wenigen dort verbliebenen polnischen Intellektuellen, die Sammlung des Ossolineums wenigstens teilweise nach Breslau zu bringen, um so auch die wissenschaftlichen und kulturellen Traditionen dieser Stadt weiterführen zu können. In der Sammlungen der Bibliothek wird u.a. die Handschrift des polnischen Nationalepos *Pan Tadeusz* von Adam Mickiewicz aufbewahrt.

Nördlicher Innenhof des Ossolineums

im Barock umgebaut und 1862 abgetragen wurde. Im Untergeschoss des Tores befand sich ursprünglich ein Zeughaus, weiter oben eine Bibliothek und ein astronomisches Observatorium. Ihre heutige Gestalt erhielt die Klosteranlage Ende des 17. Jahrhunderts durch den Prager Architekten Jean-Baptiste Mathey (Mathieu), der auch die Franziskuskirche für die Kreuzherren mit dem Roten Stern neben der Karlsbrücke in Prag entworfen hatte. In der Endphase beteiligten sich womöglich auch Christoph und Kilian Ignaz Dientzenhofer am Bau des Breslauer Klosters. Seine nördliche Fassade (an der Seite der Oder) wurde besonders prächtig gestaltet. Das Kloster gilt als der Barockbau der Stadt, der die deutlichsten Anklänge an die römische Architektur aufweist. Es besteht aus zwei Flügeln mit Giebeln, zwischen denen sich der niedrigere Bau der Prälatur befindet, der Sommerwohnung des Hochmeisters. Über der Prälatur erhebt sich eine achtseitige Laube, die von einer Balustrade bekrönt wird. Von dieser Terrasse aus eröffnet sich ein wunderbarer Blick über die Oderinseln. Von der Flussseite aus fällt dagegen die symmetrische dreigeteilte Fassade des Klosters auf, deren seitliche Giebel von den schmiedeeisernen Kreuzen des Hospitalordens bekrönt werden.

Der Haupteingang ins Kloster führte über die ul. Szewska (ehem. Schuhbrücke) durch ein

Eingang ins Ossolineum von der ul. Szewska

Brunnen auf dem Hof des Ossolineums

Portal, das die Jahreszahl 1695 trägt. Hier befindet sich heute das 2004 angefertigte große Holztor mit dem Wappen der Familie Ossoliński. Durch den Eingang kommt man auf den **nördlichen Klosterhof**, auf dem ein barocker Brunnen von 1704 steht. Ursprünglich war dies ein Wirtschaftshof, die breiten Laubengänge im Erdgeschoss führten zum Pferdestall und zur Remise, die später, als der Bau schon vom Matthias-Gymnasium genutzt wurde, in eine Aula und Vorlesungssäle umgestaltet wurden. Ein Raum im Obergeschoss des Nordflügels, der sog. Kuppelsaal wurde mit einer besonders schönen plastischen und malerischen Ausgestaltung von Johann Jacob Eybelwieser versehen. Er wurde nach dem Zweiten Weltkrieg rekonstruiert, teilweise sind die Ma-

Kuppelsaal, Gemälde einer der Komtureien der Kreuzherren; daneben: Inneres der Kuppel

lereien noch gut erhalten, an anderen Stellen aber lassen sie sich nur noch erahnen. An den Wänden des Kuppelsaals und im Gewölbe über dem Erdgeschoss haben sich Stuckaturen von Akanthusblättern und Glockenblumen erhalten. Die Gemälde über den Fenstern zeigen Ansichten der schlesischen Ordenshäuser in Münsterberg, Schweidnitz, Kreuzburg und Bunzlau (heute Ziębice, Świdnica, Kluczbork, Bolesławiec) und von vier böhmischen Komtureien. Die Bilder im Erdgeschoss stellen den Gedanken des Hl. Kreuzes dar, unter anderem sind der Heiligen Petrus und Heilige Andreas zu sehen, die als Nachfolger Christi gekreuzigt wurden. Auch im Kuppelgewölbe wurden die Symbolik des Kreuzes und die Apotheose der Kreuzherren als Gründer des Klosters dargestellt.

Der Ossolineum Verlag ist das älteste polnische Verlagshaus, er ist seit 1817 ununterbrochen in Betrieb. Die seit 1919 herausgegebene Serie „Biblioteka Narodowa" (Nationalbibliothek) ist die älteste polnische Publikationsreihe. In ihrem Rahmen erschienen über 500 Meisterwerke der polnischen und internationalen Literatur.

Gewölbe des Kuppelsaals

Ein **zweiter Eingang** führt heute von Osten, von der Gasse Ossoliński in das Gebäude, aber auch auf einen Hof zwischen der Matthiaskirche und dem Kloster, der früher teilweise als Klostergarten genutzt wurde. Hier stand der 1911 abgetragene Flügel des Dormitoriums, des klösterlichen Schlafsaals. An der Mauer, die den Hof von der ul. Szewska (ehem. Schuhbrücke) trennt, wurde 1922 eine Gedenktafel für die im Ersten Weltkrieg gefallenen Schüler und Professoren des Matthias-Gymnasiums angebracht, die der bekannte Breslauer Bildhauer Theodor von Gosen gestaltet hatte. Im Jahre 2005 kehrte das Denkmal wieder an seinen alten Platz zurück.

An einer Ecke der Klosteranlage, direkt beim plac Nankera (ehem. Ritterplatz), befindet sich das mittelalterliche, aus dem 13. Jahrhundert stammende **Hospital der Kreuzherren**, das 1807 umgebaut und später als Pfarrhaus der Kirche genutzt wurde. Heute befindet sich hier das Büro des Ossolineums. Hinter den klassizistischen Formen verbergen sich noch mittelalterliche Mauern, davon zeugt der gotische Giebel auf der Nordseite.

Ossolineum von Süden aus gesehen

7 ST. MATTHIASKIRCHE

Die **St. Matthiaskirche**, die ehemalige Klosterkirche der Kreuzherren mit dem Roten Stern, ist ein gotischer Bau auf dem Grundriss eines Kreuzes. Der ältere Teil im Westen (bei der ul. Szewska/Schuhbrücke) entstand zwischen 1253 und 1270, während das Presbyterium, der öst-

St. Matthiaskirche, oben rechts der Südflügel des Ossolineums

liche Bauteil, in der ersten Hälfte des 14. Jahrhunderts errichtet wurde. Damals wurden auch die Wände des Kirchenschiffs erhöht – an seiner westlichen Seite kann man bis heute die unterschiedlichen Mauerverbände erkennen. In den 80er Jahren des 14. Jahrhunderts wurde der südliche Arm des Transepts (Querschiff) errichtet, um 1400 folgte der nördliche Arm. Der älteste Bauteil aus der gotischen Epoche ist das Südportal. Die Matthiaskirche ist nicht der einzige kreuzförmig Sakralbau in Breslau, einen ganz ähnlichen Grundriss weisen die ungefähr gleichzeitig entstandenen Kreuzkirche und die Adalbertkirche auf. In der letzten Bauetappe, im 15. Jahrhundert, wurde der Turm errichtet, der sich zwischen dem südlichen Querschiff und dem Chorraum befindet. Im 15. oder 16. Jahrhundert wurde die Kirche im Norden durch die Sakristei erweitert, das Schiff wurde 1596 noch einmal umgebaut. Die Sakristei und die Kapelle zum Hl. Kreuz wurden dann um 1660 weiter ausgebaut. Zum gotischen Bauschmuck gehören die Schlusssteine des Chorgewölbes

St. Matthiaskirche

mit den Symbolen der vier Evangelisten und die Schlusssteine im südlichen Querschiff, auf einem wurde die Hl. Barbara mit einem Turm dargestellt. Die Schlusssteine im Hauptschiff tragen die Namen des Baumeisters und die Jahreszahl des Umbaus: „Bartholomeus Mandel fecit 1596". Die Innenausstattung der Kirche wurde leider während des letzten Krieges stark zerstört. Zu den wertvollsten Kunstwerken gehören heute die Reste der steinernen manieristischen Kanzel von 1607, von der u.a. Angelus Silesius predigte, und der barocke Barbaraaltar (1679) im südlichen Querschiff aus der Werkstatt des Leubuser Meisters Matthias Steinl. Ebenfalls sehenswert sind ein neogotischer und ein neobarocker Altar, ein Rokokoaltar (um 1750) mit den Figuren des Hl. Nepomuk und Hl. Christophorus, der sich im nördlichen Querschiff befindet und das Rokokokruzifix (ebenfalls um 1750) im Hauptaltar. Die Glasfenster der Kirche wurden 2007 geschaffen, sie stellen unter anderem die *Verkündigung* und den Hl. Matthias dar.

Südlich der Kirche, auf dem Gelände des ehemaligen Friedhofs, steht eine typisch schlesische Skulptur – die Figur des schlesischen Schutzheiligen Johannes von Nepomuk (1723) von Johann Georg Urbansky, einem böhmischen Bildhauer, der sich in Breslau niedergelassen hatte. Auf dem Sockel geben Reliefs die Geschichte des Heiligen wieder, der auf Geheiß von König Wenzel IV. in die Wellen der Moldau gestoßen worden war. Die Gestalt von Nepomuk ist in einer dynamischen Pose gehalten, ganz im Sinne des Barocks, in den Händen trägt er ein Kruzifix.

Der Hl. Johannes von Nepomuk lebte im 14. Jahrhundert in Böhmen. Er war der Beichtvater der Königin Sofia, der Frau Wenzels, des böhmischen Königs. Nepomuk weigerte sich, dem König, der seine Frau der Untreue verdächtigte, das Beichtgeheimnis zu verraten. Dafür wurde er gefoltert und in die Moldau geworfen.

Mit der Matthiaskirche ist Angelus Silesius (Johannes Scheffler) eng verbunden, der Dichter, Mystiker, Philosoph, aber auch Arzt gewe-

Kragstein mit dem Symbol des Evangelisten Lukas

Figur des Hl. Johannes von Nepomuk

sen war. An ihn erinnert eine Tafel an der Südwand der Kirche.

Gedenktafel für Angelus Silesius (Schlesischer Engel, eigentl. Johannes Scheffler)

Johannes Scheffler kam in Breslau zur Welt, hier verbrachte er auch seine Schuljahre. Nachdem er als Leibarzt am herzöglichen Hof in Oels (Oleśnica) gelebt hatte, kehrte er nach Breslau zurück. Hier trat er zum Katholizismus über und ins Kloster ein, damals nahm er den Namen Angelus Silesius an. In Schlesien, das im fieberhaften Kampf der Gegenreformation stand, war man von Schefflers Übertritt zum Katholizismus sehr erschüttert. Kaiser Ferdinand III. von Habsburg verlieh Scheffler den Titel eines Hofmedicus. Das Leben des Dichters verknüpfte sich dauerhaft mit dem Kloster der Kreuzherren mit dem Roten Stern und dem katholischen Matthias-Gymnasium, in der Matthiaskirche fand er 1677 seine letzte Ruhestätte. Seine Lieder werden bis heute von den Gläubigen beider Konfessionen gesungen, seine Werke wurden in die meisten Sprachen der Welt übersetzt und sind Teil der Weltliteratur.

Am 20. Februar 1638 kamen heimlich zwei Jesuiten nach Breslau, die Brüder Wazin und Pfeilschmidt. Noch im selben Jahr begannen sie ihre ersten 12 Schüler zu unterrichten. Das jesuitische Gymnasium wurde bereits 1645 in den Rang eines Kollegiums erhoben, gegen Ende des 17. Jahrhunderts lernten hier 700 Schüler. Auf diesen pädagogischen Erfolg der Jesuiten stützten sich ihre Bemühungen um die Eröffnung einer Universität.

8 UNIVERSITÄT

Die schlesische Hauptstadt wurde im 16. Jahrhundert ein wichtiger Ort für die Missionstätigkeiten der Jesuiten. Ein erster Jesuit, Pater Victor, legte dem Breslauer Domkapitel eine kaiserliche Verfügung vor, die die Gründung eines Kollegiums in der Stadt bereits im Jahre 1562 erlaubte. Aber erst nach der politischen Niederlage Breslaus im Laufe des Dreißigjährigen Krieges wurde 1638 unter kaiserlichem Druck eine jesuitische Mittelschule in den Klostergebäuden an der Matthiaskirche gegründet. 1659 übereignete der Habsburger Kaiser Leopold I. den Jesuiten das Gelände des ehemaligen Schlosses. Im Osten dieses Gebietes, am Rande des mittelalterlichen jüdischen Stadtviertels, begannen sie 1688 den Bau einer Kirche, bereits seit 1671 gestalteten sie das Schlossgebäude zu einer Schule um. Es entstand eine Lehreinrichtung, deren räumlichen

Universität, nicht verwirklichtes Bauprojekt nach einer Zeichnung von Friedrich B. Werner, um 1760

Kaiserlicher Adler am Portal der Universität

Bedingungen und Unterrichtsniveau die Anforderungen an eine humanistische Mittelschule deutlich übertrafen. Also versuchte man nun, in Breslau eine Universität zu berufen, gegen den Widerstand der Stadtmächte, die eine verstärkte Rekatholisierung durch die Jesuiten fürchteten. Ihre Entstehung verdankt die Breslauer Universität vor allem Pater Friedrich Wolf von Lüdinghausen. Er kam aus dem polnischen Livland, lernte an den polnischen Jesuitenschulen in Krakau und Posen und im tschechischen Prag. Dank seiner Bemühungen öffnete 1702 die Universität „Academia et Universitas Leopoldina" endlich ihre Tore.

Breslauer Universität

Personifikation der Gerechtigkeit am Mathematischen Turm

Der Brunnen von Hugo Lederer in der Gestalt eines nackten Mannes wurde 1904 enthüllt. Einer Anekdote zufolge wurde die Skulptur von der Geschichte eines Studenten inspiriert, der beim Kartenspiel alles verlor – außer seinem Florett.

Der mächtige Barockbau der **Breslauer Universität**, das ehemalige Jesuitenkollegium, schließt die Altstadt im Norden ab. Er wurde an Stelle des ehemaligen Fürstenschlosses errichtet, das zu Beginn des 13. Jahrhunderts am linken Oderufer erbaut worden war. An Stelle der heutigen Toreinfahrt der Universität befand sich früher das sog. Kaisertor, ein altstädtisches Stadttor, das gleichzeitig ins Schloss führte. Der Grundriss des Universitätsgebäudes, das sich in Richtung Westen verjüngt, wurde durch die Form

Fechterbrunnen auf dem Universitätsplatz

des ehemaligen Schlosses und die eines Baublocks im alten jüdischen Viertel bedingt. In den Jahren 1728–1741 wurde die Universität wahrscheinlich nach dem Entwurf von Christophorus Tausch errichtet, Baumeister war der Österreicher Johann Blasius Peintner. Nach den ursprünglichen Vorstellungen sollte sich der Bau bis zur ul. Szewska (ehem. Schuhbrücke) erstrecken, das hätte eine Länge von 220 m bedeutet. Dieser Plan konnte zwar nicht verwirklicht werden, dennoch war die Universität damals das längste barocke Gebäude in Mitteleuropa. Über dem Westflügel und Haupteingang erhebt sich der Mathematische Turm, doch wurden weder der in der Mitte geplante Glockenturm, noch der östliche Flügel und ein Turm, der dort symmetrisch zum Mathematischen Turm einen vertikalen Akzent bilden sollte, errichtet.

Mathematischer Turm

Das Gebäude setzt sich aus drei Teilen zusammen. In den Westflügel führt der Haupteingang von der Stadtseite aus. Hier liegt im Erdgeschoß das ehemalige Oratorium Marianum, der Musiksaal. Die Kaisertreppe führt in den zweiten Stock zur Aula Leopoldina und weiter hinauf zum Mathematischen Turm, in dem das Universitätsmuseum eingerichtet ist. Von der Aussichtsplattform auf dem Turm kann man einen großartigen Ausblick auf die Altstadt und die Oderinseln genießen. Der östliche Teil des Gebäudes, in dem früher die Lehrer wohnten und sich nun das Rektorat befindet, ist mit der Universitätskirche durch den schmalen

Figuren schmücken das Hauptportal der Universität

St. Joseph-Konvikt (Steffensches Haus)

Im Gebäude des St. Joseph-Konvikts rief im Februar 1813 Henrich Steffens, Philosoph und Rektor der Breslauer Universität, zur Bildung eines Freiwilligenverbandes auf, der sich am Kampf gegen Napoleon beteiligen sollte. Als Mitglied dieses Verbandes kam er bis nach Paris.

Südflügel verbunden, in dem sich ein zweites Treppenhaus und die Universitätsapotheke befinden. Zum barocken Bauensemble der Universität gehört auch das ehemalige **St. Joseph-Konvikt**, auch **Steffensches Haus** genannt. Dieser Bau wurde südlich der Kirche 1734/1735 als Vierflügelanlage um einen quadratischen Innenhof errichtet, er beherbergte 80 Zöglinge des Jesuitenkollegiums.

Das Hauptportal der Universität zieren barocke Steinfiguren, die die vier Kardinaltugenden Gerechtigkeit, Stärke, Weisheit und Mäßigkeit personifizieren, 1736 von Johann Albrecht Siegwitz geschaffen. Die vier Figuren auf der Terrasse des Mathematischen Turms stellen die vier ursprünglichen Fakultäten Theologie, Recht, Medizin und Philosophie dar, sie sind ein Werk von Franz Joseph Mangoldt. Durch ein kunstvoll geschnitztes Tor, das der zweiköpfige kaiserliche Adler

Hauptportal der Universität

Orgelprospekt im Oratorium Marianum; unten: Detail der Dekoration

schmückt, gelangen wir zum Haupttreppenhaus der Universität. Gleich rechts vom Eingang befindet sich das ehemalige **Oratorium Marianum** – seit der Auflösung des Jesuitenordens 1773 aufgrund seiner hervorragenden Akustik als Musiksaal genutzt. Hier gaben neben vielen anderen Karol Lipiński, Franz Liszt, Henryk Wieniawski, Johannes Brahms und Edward Grieg Konzerte. Der Saal ist im Stil des Barocks gestaltet, er hat eine Musikempore und seine Wände sind durch Pilaster unterteilt. Die Deckengemälde von Johann Christoph Handke aus Olmütz wurden nach der Zerstörung im Zweiten Weltkrieg in vereinfachter Form rekonstruiert, sie deuten die ursprüngliche Komposition nur noch an. In die höheren Stockwerke führt die **Kaisertreppe**, deren zwei symmetrische spiegelgleiche Treppenarme sich auf den Zwischengeschossen verbinden. Die architektonische

Oratorium Marianum

Kaisertreppe

Detail des Portals, Teil der Haupttreppe

Gestaltung des schmalen Treppenhauses ist äußerst interessant, da die bogenförmigen Gewölbe, Treppen und Wände solcherart in ungewöhnlichen ellipsenförmigen Krümmungen geführt werden, dass die Illusion eines monumentalen Raums entsteht. Malereien von Felix Anton Scheffler schmücken das Gewölbe des Treppenhauses. Sie zeigen die Apotheose der Habsburgischen Macht und allegorische Darstellungen der schlesischen Fürstentümer von Schweidnitz-Jauer, Oppeln-Ratibor, Troppau-Jägerndorf, Oels, Neisse, Teschen, Breslau, Liegnitz, Brieg, Glogau,

Eingang in die Aula Leopoldina

Aula Leopoldina

Wohlau, Münsterberg, Sagan sowie der freien Standesherrschaften Trachenberg, Groß Wartenberg, Pleß, Beuthen, Carolath und Militsch. Auf Gemälden werden wichtige Persönlichkeiten, Stadtpanoramen und eine typisch schlesische Landschaft dargestellt. Im ersten Stock kann der schönste barocke Saal der Stadt bewundert werden, die **Aula Leopoldina**, die ihren Namen zu Ehren des Stifters der Universität Kaiser Leopold I. erhalten hat. Dieser Raum sollte öffentlichen Disputen und Zeremonien, wie der Überreichung akademischer Auszeichnungen dienen. Er ist mit sehr reichen plastischen und malerischen Dekorationen geschmückt, die die kaiserliche Macht verherrlichen und gleichzeitig die wichtigsten Tugenden, die von der jesuitischen Akademie gefördert werden, betonen.

Der Saal besteht aus drei Teilen – dem Podium, dem Auditorium und der Musikempore. Über dem Podium thront die Gestalt von Kaiser Leopold in Rüstung und mit Lorbeerkranz. Zu seinen Seiten sind zwei allegorische Figuren für studentische Tugenden zu sehen, CONSILIO, die für Bedachtsamkeit und Vernunft steht, und INDUSTRIA – Unternehmungssinn und Fleiß. Zu Füßen des Herrschers haben sich zwei Laster dazugesellt – – DISCORDIA, die Zwietracht und STULTITIA, die Dummheit. An den Rändern des

Figur des Habsburgers Leopold I. in der Aula Leopoldina

Details der Dekoration im Podium, Allegorien der Tugenden

Kaiser Joseph I.; unten: Details der Ausstattung des Podiums

Podiums stehen Statuen der Söhne des Kaisers, Joseph I. und Karl VI. Putten über ihren Köpfen zeigen, wie die christlichen Tugenden umgesetzt werden können, nämlich durch Liebe und Gottesfurcht, AMORE und TIMORE, dargestellt mit einen Zweig und einem auf eine Schlange gerichteten Schwert, sowie Beharrlichkeit und Tapferkeit, CONSTANTIA und FORTITUDINE, gekennzeichnet durch Quader, Löwenfell und Keule. Seitlich befinden sich die beiden Logen für den Rektor und den Kanzler der Universität.

Als Gegenstück zum Kaiser sind die Darstellungen auf der gegenüberliegenden Seite des Saals, an und über der Musikempore, mit Schlesien verbunden. An der Balustrade der Empore steht die Büste von Graf Johann Anton von Schaffgotsch, des Oberlandeshauptmannes in Schlesien, der aus einem der mächtigsten hiesigen Geschlechter stammte. Schaffgotsch hatte im Namen des Kaisers den Grundstein der Universität gelegt. Im Gewölbe über der Musikempore thront SILESIA, die Allegorie Schlesiens in Gestalt einer Frau unter einem Baldachin, Putten zu ihren Füßen halten die bischöflichen Insignien. Neben ihr sind VIADRUS, der Gott der Oder und WRATISLAVIA, die Personifizierung der schlesischen Hauptstadt dargestellt. Die Szene findet unter einer in Illusionsmalerei gestalteten Kassettendecke statt. Engelchen tragen das schlesische Wappen, ein Füllhorn symbolisiert den Reichtum des Landes und das Privileg der Universitätsgründung. Die Frauengestalten an der Balustrade stehen für Ehre und Wohlwollen, sie ehren die Förderer der Universität. Von der

Musikempore mit der Büste des Johann Anton von Schaffgotsch

Funktion der Musikempore zeugt das gemalte Engelsorchester.

Die Malereien im Deckengewölbe der Aula zeigen, dass das irdische Wissen eine Ausstrahlung Gottes ist. Über dem Podium haben sich die himmlischen Beschützer und Patrone der Universität versammelt, so hält der Hl. Leopold, der Schutzheilige des Stifters, ein Modell der Abtei Klosterneuburg und eine Ansicht der Leopoldina in der Hand. Über dem Auditorium wird die Apotheose der göttlichen Weisheit in Gestalt einer Frau gezeigt, über der eine Taube schwebt, das Symbol des Heiligen Geistes. Um diese Figur gruppieren sich zahlreiche Heilige, weiter unten, näher an der illusionistisch gemalten Architektur, dann die Personifikationen der sieben freien und der fünf praktischen Künste. Die sinnbildlichen Darstellungen über den Fenstern glorifizieren die Klugheit, weiter unten werden an den Fensterseiten achtzehn berühmte Weise und Gelehrte dargestellt, darunter Ver-

Gewölbe der Aula; daneben: Detail des Gewölbes – Hl. Leopold mit dem Modell der Abteil Klosterneuburg und Ansicht der Leopoldina

Portrait des Rektors Franz Wentzl

treter des Alten Testaments, Theologen, die sich mit dem Neuen Testament beschäftigt haben, Philosophen, Verteidiger des wahren Glaubens und Kenner des kanonischen Rechts, antike Philosophen und Rhetoriker. Die Wandmalereien werden durch acht ovale Ölgemälde von Persönlichkeiten ergänzt, die mit der Gründung und Entwicklung der Leopoldina verbunden waren, darunter das Portrait des Rektors Franz Wentzl, der einen Entwurf der Universität in den Händen hält.

Die Kaisertreppe führt ins **Universitätsmuseum** hinauf, das in der ehemaligen Sternwarte von 1790 eingerichtet wurde. Einige astronomische Messgeräte können in der Ausstellung betrachtet werden. Auf dem Fußboden ist der hier verlaufende Meridian mit einer Linie gekennzeichnet: 17 Grad, 2 Minuten und 5 Sekunden östlicher Länge. Diese Angabe wurde ganz genau durch einen Seidenfaden bestimmt, den zu einer bestimmten Stunde ein Sonnenstrahl traf. Der astronomischen Symbolik entsprechend, schließt den Turm ein Sphärenglobus ab.

Im Südflügel befindet sich die ehemalige **Universitätsapotheke**, heute der Universi-

Ehemalige Universitätsapotheke, Portal; daneben: Plafond

tätsklub, in die man durch ein reich verziertes hölzernes Barockportal mit Intarsienarbeiten kommt. Allerdings wurden die Medikamente früher durch das Fenster neben dem Eingangstor ausgegeben. Am Gewölbe der Apotheke sind die wundersamen Heilungen von Kranken durch Christus zu sehen, umgeben von pflanzenförmigem Stuckaturen und Darstellungen von Pelikan und Phönix, die das Opfer und die Wiedergeburt symbolisieren. Das barocke Treppenhaus, mit Gipsfiguren in den Nischen, führt in die Obergeschosse, wo Marmorfußböden die langen Korridore schmücken. Ein barockes Ziergitter trennt die ehemalige Rektorenwohnung ab, heute befindet sich hier das Rektorat der Universität.

Universitätskirche

9 UNIVERSITÄTSKIRCHE ZUM ALLERHEILIGSTEN NAMEN JESU

Die Universitätskirche Zum Allerheiligsten Namen Jesu gehört zur Anlage des ehemaligen Jesuitenkollegiums und ist genauso wie die Universität auf dem Gelände des alten Fürstenschlosses entstanden. Teile einer gotischen Mauer, ein Überbleibsel des mittelalterlichen Schlosses, sind noch an den Wänden der Sakristei zu sehen. Der Bau des Gotteshauses begann 1688 unter der Leitung von Matthäus Biener, nach dessen Tode 1692

Universitätskirche, Überrest der mittelalterlichen Burg; links: Ostfassade der Kirche

1. Kapelle Hl. Ignatius Loyola
2. Kopie der *Pietà* von Michelangelo
3. Sakristei
4. Kapelle der Allerheiligsten Jungfrau Maria
5. Kapelle St. Anna
6. Kapelle St. Francisco de Borja
7. Kapelle St. Judas Thaddäus
8. Kapelle der Schmerzensmutter
9. Kapelle St. Franz Xaver
10. Kapelle St. Joseph
11. Kapelle der Schutzengel
12. Kapelle St. Hedwig
13. Südliche Vorhalle
14. Kapelle St. Sebastian

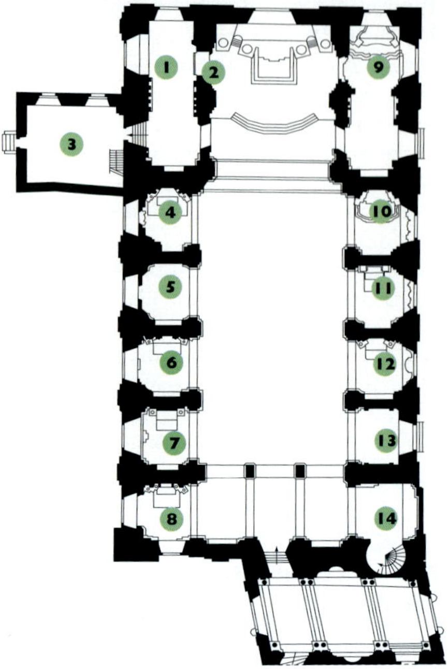

übernahm sein Schwiegersohn Johann Georg Knoll die Bauarbeiten. Im Kontrast zu der einfachen äußeren Form steht die prächtige Gestaltung im Innern. Johann Georg Rottmayer, der eng mit dem kaiserlichen Hof verbunden war, schuf 1703–1706 im Gewölbe der Kirche eine illusionistische, dreidimensional erscheinende Malerei, die den Namen Jesu und die Jesuiten verherrlicht. Die plastische Ausstattung entstand 1722–1734 unter der Leitung des Jesuitenpaters Christophorus Tausch, eines Schülers von Andrea Pozzo, und unter der Beteiligung des Architekten Johann Blasius Peintner, des Marmorierers Ignatius Provisore, des Stuckateurs Christoph Finale und der Bildhauer Johann Albrecht Siegwitz und Franz Joseph Mangoldt. Aufgrund ihrer üppigen barocken Innengestaltung, ihrer reichhaltigen Gliederung und der ineinander verflochtenen architektonischen, plastischen und malerischen Elemente gehört diese Kirche zu den prächtigsten

Universitätskirche, im Hintergrund die Universität

Orgelempore

in Schlesien, die hervorragend das barocke Ideal der Synthese der Künste illustriert. Das plastische Zusammenspiel wurde noch durch die Musik ergänzt, die von der Orgelempore kam und den gesamten Kirchraum ausfüllte. Vergoldete und versilberte Details

Putten von der Orgelempore

Hauptschiff

Skulptur des
Hl. Ignatius von Loyola;
daneben: Hauptaltar

Skulptur des Hl. Franz Xaver

fügen sich in die Farbkomposition des Innenraums ein, es gibt echten Marmor, aber auch auf Putz und Holz gemalte Imitationen, dreidimensionale plastische Formen stehen Illusionsmalereien gegenüber – all das lässt die Kirche sehr reich und kostbar erscheinen, ein wichtiger Aspekt der prokatholischen Überzeugungsarbeit der Jesuiten. Zwei Figu-

Detail
der Deckenmalerei,
Kreuzigung

ren am Eingang zum Presbyterium führen diesen Gedanken weiter: an der Nordseite steht der Hl. Ignatius von Loyola, der Begründer der Gesellschaft Jesu, und im Süden der Hl. Franz Xaver, der Apostel Indiens. Auch die Ikonografie des Hauptaltars mit der Szene der Darbringung im Tempel ist mit dem Namen Jesu verbunden. Die Seitenkapellen sind den Jesuitenheiligen und Heiligen geweiht, die mit der Familie von Jesus in Verbindung stehen (Muttergottes, Hl. Joseph, Hl. Anna, Schmerzensmutter), den Aposteln (Hl. Simon und Hl. Judas Thaddäus), der Patronin von Schlesien (Hl. Hedwig), Märtyrern (Hl. Sebastian) sowie Heiligen, die den Jesuiten nahe stehen (Hl. Franz Borgia und Hl. Aloysius von Gonzaga). In all diesen Kapellen stehen Barockaltäre. Interessant ist die Gipskopie der berühmten *Pietà* von Michelangelo aus der Peterskirche in Rom an der Nordseite des Chores.

Kapelle des Hl. Ignatius von Loyola

Kanzel

Kopie der *Pietà* von Michelangelo

Dombrücke, von der Sandinsel aus gesehen

DIE INSELN

Die Ursprungszelle der heutigen Stadt Breslau bildete eine Burg aus dem 10. Jahrhundert. Sie entstand auf einer Oderinsel, die nach dem dort errichteten Dom später Dominsel genannt wurde. Die Burg diente dem Schutz der Oderübergänge, außerdem war sie neben Gnesen und Posen einer der Hauptsitze des polnischen Königsreichs (*sedes regni prinzipalis*). Wenn die Dominsel heute auch nicht mehr von allen Seiten von Wasser umgeben ist, so ist sie doch eine Insel der Ruhe und Idylle im Meer der Großstadt geblieben.

Kurz nachdem 1813 die Stadtbefestigung abgetragen worden war, wurde der nördliche Oderarm zugeschüttet, der die Insel vom weiter im Norden gelegenen Stadtteil Elbing trennte; nur die Teiche im Botanischen Garten erinnern noch an den alten Fluss. Die Dominsel wurde bereits im Mittelalter als selbstständige bischöfliche Stadt mit eigener Gerichtsbarkeit beschrieben.

Wasserspeier an der Südfassade der Kathedrale St. Johannes des Täufers

Dominsel, im Hintergrund Sandinsel, Vorder- und Hinterbleiche

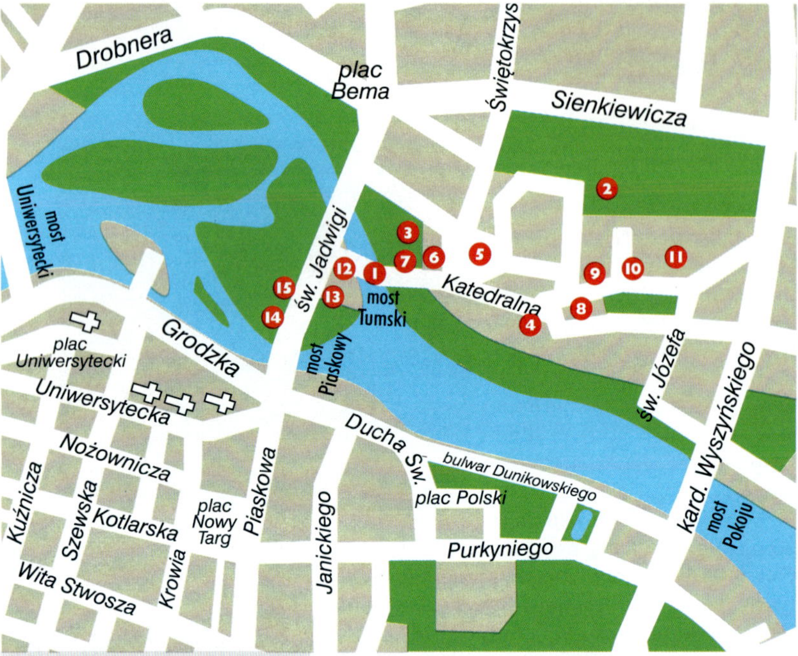

1. Dombrücke
2. Botanischer Garten
3. Martinskirche
4. Bischöfliche Palais
5. Hl. Kreuzkirche
6. Orphanotropheum
7. Kirche St. Peter und Paul
8. Kathedrale St. Johannes der Täufer
9. Ägidiuskirche
10. Kapitelhaus
11. Erzbischöfliches Höheres Priesterseminar
12. Kirche Maria auf dem Sande
13. Augustinerkloster
14. Jakobuskirche
15. Annenkirche

Die Insel ist ein beliebtes künstlerisches Motiv, vor allem aufgrund ihrer schönen Gebäude, die sich in der Oder spiegeln. Ende des 10. Jahrhunderts bildete die Dominsel das politische Machtzentrum der Stadt, hier entstanden die ersten Kirchen. Im Laufe der Jahrhunderte wuchs die Bedeutung der Kirche und sie wurde immer reicher, das führte unvermeidlich zu Konflikten zwischen geistlicher und weltlicher Macht. Auf der Dominsel galten weder das städtisches Recht noch die Urteile des Stadtgerichts, städtische Truppen durften hier nicht stationiert werden. Deshalb entstanden hier jahrhundertelang keine Befestigungsanlagen.

DOMINSEL

Die erste **Burg auf der Dominsel** wurde aus Holzbalken in einer Schichtkonstruktion errichtet. Der Baum, aus dem der älteste verwendete Balken gemacht wurde, war 985 gefällt worden. Aus dieser Zeit stammt auch das silberne Kreuz, das hier gefunden

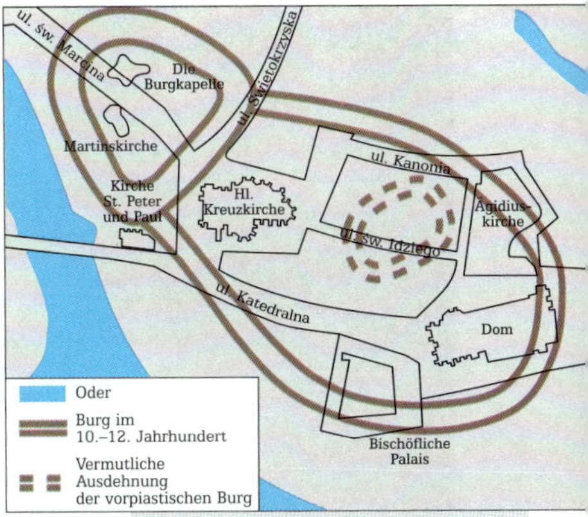

Ausdehnung der Burg auf der Dominsel (nach C. Buśko)

wurde, dessen Form auf die Beziehungen Breslaus zu Böhmen und Mähren verweist. Die Burg bestand aus einer kleinen ovalen Anlage mit einem Durchmesser von ungefähr 60 m und einem zweiten Oval in der Nähe des heutigen Doms. Um 1000 entstand die zweite, bereits zweiteilige Burg mit dem Sitz des Herzogs im kleineren westlichen Teil und dem Dom im Osten. Dazwischen befanden sich Wirtschaftsgebäude, Speicher und kleine Wohnhäuser, die oft eine Grundfläche von etwa 20–25 qm umfassten und deren Wände aus Flechtband bestanden. Diese geordnete Bebauung wurde von holzbedeckten Straßen unterteilt. Bereits im 11. Jahrhundert gab es im östlichen Teil der Burg ein steinernes Bauwerk, den ersten Dom des beim Gnesener Treffen im Jahre 1000 gegründeten Erzbistums Schlesien. Ende des 12. Jahrhunderts entstand in dem für den Machthaber bestimmten Burgteil im Westen das erste gemauerte Herzogsschloss sowie gemauerte Kapellen. Die St. Martinskapelle hat sich bis heute erhalten. Die Herzogsburg verlor 1288 an Bedeutung, damals entstand in ihrer direkten Nachbarschaft die von Herzog Heinrich IV. Probus gestiftete Kollegiatskirche zum Hl. Kreuz. In die Burg zogen die Kanoniker der Hl. Kreuzkirche ein. Die Insel wurde zweigeteilt: das Domkollegium befand sich im Osten und das Kollegium der Hl. Kreuz-

In dieser Burg auf der Dominsel verbarg sich während des Mongolenüberfalls 1241 der Selige Czeslaw, Dominikanerprior an der Adalbertkirche, die am linken Oderufer lag. Die Breslauer meinten, dass dank Czeslaws innigen Gebets die Burg errettet wurde. Die Stadt - und mit ihr die Adalbertkirche - wurde von den Mongolen zerstört.

Dominsel

Dombrücke

Statue des
Hl. Johannes
an der Dombrücke

Botanischer Garten

kirche im Westen. Beide Kirchengebäude werden durch die ul. Katedralna (ehem. Domstraße) miteinander verbunden, besonders gut sind die Wohnhäuser für die Geistlichen an ihrer Südseite erhalten. Die Kirchen dominieren weiterhin die Kleinstadt, die die Dominsel im Vergleich zum am linken Oderufer gelegenen Breslau bis heute geblieben ist.

❶ DOMBRÜCKE

Einen besonders schönen Blick auf diese Kleinstadt hat man vom Nordturm des Doms aus, auf den ein Aufzug hinauffährt. Von der Sandinsel aus führt die **Dombrücke** (most Tumski), auch „grüne Brücke" genannt, auf die Dominsel.

Erstmals wurde 1267 eine Brücke zwischen beiden Inseln erwähnt, sie lag einige Dutzend Meter nördlich der heutigen. In der Mitte der Brücke war die Grenze zwischen der städtischen und der kirchlichen Gerichtsbarkeit. Stadtbürger suchten Asyl auf der Dominsel, während umgekehrt Geistliche, denen eine Bestrafung durch das bischöfliche Gericht drohte, in die Stadt flohen. Die heutige Brücke entstand 1889 in Skelettbauweise. Von der am linken Oderufer gelegenen Stadt aus konnte man die Dominsel über drei weitere Brücken direkt erreichen, die heute nicht mehr vorhanden sind.

❷ DER BOTANISCHE GARTEN

Um die Atmosphäre der Dominsel genießen zu können, sollte man in die Hinterhöfe der Häuser an der Domstraße gehen. Auf der südlichen Straßenseite kommt man über die Eingänge Nr. 8 und Nr. 9 in Gärten, die in den letzten Jahren nach alten Vorlagen angelegt worden sind und sich bis zur Oder erstrecken. Außerdem lohnt es, in die schmale Gasse einzubiegen, die auf der gegenüberliegenden Straßenseite, nördlich des Doms, neben dem Chor der St. Ägidiuskirche, abzweigt. Sie führt an der Bibliothek des Priesterseminars aus dem 19. Jahrhundert vorbei zum Botanischen Garten. Dieser wurde im Jahre 1811 an Stelle der im 19. Jahrhundert abgetragenen Befestigungsanlagen angelegt, weitere Bauten an dieser

Stelle wurden im Zweiten Weltkrieg abgerissen. Der Botanische Garten verdankt seine Gründung Heinrich Robert Göppert, einem 1852–1884 tätigen Botaniker, der auch die Einrichtung der städtischen Grünanlagen in Breslau organisiert hatte. Heute gehört der Garten zur Breslauer Universität. Besonders schön ist seine malerische Lage am Fuße der massiven gotischen Hl. Kreuzkirche, nahe bei den alten Bauten und Brücken der Dominsel. Im historischen Palmenhaus von 1879 befindet sich eine sehenswerte Sammlung von Wasserpflanzen und Kakteen. Interessant ist auch das geologische Modell von 1856, das einen Steinkohleflöz aus dem Wal-

Büste von Carl von Linné im Botanischen Garten

Botanischer Garten

Naturkundemuseum

denburger Kohlegebiet zeigt. Auf einem kleinen Platz wurde in der Vorkriegszeit eine Büste von Carl von Linné aufgestellt, dieser schwedische Wissenschaftler hatte im 18. Jahrhundert als erster die Pflanzenwelt systematisiert.

Im Botanischen Garten befindet sich auch das Jugendstil-Gebäude des Naturkundemuseums, für das die zoologischen und botanischen Sammlungen der Universität den Grundstock bildeten. Es ist von der ul. Sienkiewicza (ehem. Sternstraße) aus zugänglich und beherbergt reiche Sammlungen von Korallentieren, Insekten, Schmetterlingen, Käfern, Vogeleiern und Skeletten, darunter ein Walfischskelett. In der nahe gelegenen ul. Mieszka I (ehem. Friedensburgstraße) liegt das neue Universitätsherbarium, in dem Tausende von Pflanzensammlungen aufbewahrt werden, darunter einzigartige Kräuterbücher, von denen die ältesten aus dem 17. Jahrhundert stammen.

Gotische Madonnenfigur in der Martinskirche

3 MARTINSKIRCHE

Die Dominsel kann man auch von den mosty Młyńskie aus (ehem. Gneisenaubrücke) betreten, dabei kommt man auf den Platz bei der **St. Martinskirche**. Diese Kirche, die erstmalig 1149 als Kapelle der Benediktiner urkundlich erwähnt wurde, ist heute der am

Martinskirche und Denkmal für Papst Johannes XXIII.

besten erhaltene Teil der ehemaligen Herzogsburg am rechten Oderufer. Im 13. Jahrhundert gehörten zur Burg neben der Martinskapelle drei weitere Sakralbauten: eine 18-seitige Kapelle, deren Überreste heute in den Fundamenten des Sitzes der Schwestern von Notre Dame liegen und die achtseitige Reliquienkapelle St. Peter, die sich unterhalb der ul. św. Marcina (ehem. Martinstraße) verbirgt. Außerdem gab es entlang des nördlichen Inselufers, wo sich heute das Haus der Schwestern von Notre Dame befindet, eine Reihe von Wohnhäusern. Diese Häuser wurden vermutlich nach und nach errichtet, beginnend unter Peter Wlast bis in die Zeit des Herzogs Heinrich IV. Probus. Die heutige St. Martinskirche wurde Ende des 14. Jahrhunderts auf den Grundmauern eines älteren Baus aus dem 13. Jahrhundert errichtet, von dem die unproportional großen Strebepfeiler erhalten sind. Ihr heutiges Aussehen erhielt die Kirche im Wesentlichen 1958–1964 beim Wiederaufbau nach den Kriegszerstörungen. Im Innern befinden sich verschiedene Werke gotischer Steinmetzer, ein gotischer Altar und ein Kruzifix.

Martinskirche

In den heute nicht mehr vorhandenen Gebäuden um die St. Martinskirche, befand sich bis 1912 eine Erziehungsanstalt für Blinde, in der um die Wende des 18. und 19. Jahrhunderts der bekannte Forscher der Geschichte Schlesiens Johann Georg Knie tätig war. Von Kindheit an blind, hatte er ein Studium abgeschlossen und ein Gerät gebaut, mit dem Blinde lesen und schreiben lernen konnten, noch lange bevor sich die Brailleschrift verbreitete.

Ulica Św. Marcina (ehem. Martinsstraße) und die Martinskirche, im Hintergrund Hl. Kreuzkirche, um 1913

Ulica Katedralna

Eine Gedenktafel erinnert daran, dass 1921–1938 hier Gottesdienste in polnischer Sprache abgehalten wurden.

Direkt vor der Kirche entstand 1968 das im damaligen sozialistischen Polen ungewöhnliche Denkmal für Papst Johannes XXIII., den Verfasser der berühmten Enzyklika *Pacem in terris*.

Die ul. Katedralna (ehem. Domstraße) wird vom mächtigen Massiv der St. Johannes-Kathedrale abgeschlossen. Zu beiden Seiten ist sie mit den alten, teilweise rekonstruierten Häusern der Kanoniker des Doms und der Hl. Kreuzkirche bebaut. Besonders sehenswert sind die Gebäude Nr. 5 (1606) und Nr. 9 mit dem lateinischen Sinnspruch

Ulica Katedralna, links Sitz der Kurie (ehem. Bischofspalais)

NON LOCIS VIRI SED LOCA VIRIS EFFICIUNTUR HONORATA (Nicht durch ihre Häuser werden die Herren, sondern die Häuser werden durch ihre Herren berühmt). Auf dem Weg zum Dom empfiehlt es sich, in die Höfe in der ul. Katedralna 8 und 9 zu sehen. Hier wurden Barockgärten angelegt und man hat einen schönen Blick auf die Stadt am linken Flussufer.

Ulica Katedralna, von der Kathedrale aus gesehen

❹ DAS BISCHÖFLICHE PALAIS

Ebenfalls auf der rechten Seite der ul. Katedralna (ehem. Domstraße) befindet sich unter der Nr. 11 das Palais des Propsts, heute die Residenz des Breslauer Erzbischofs. Das klassizistische Gebäude Nr. 15 ist das ehemalige Bischofspalais, jetzt Sitz der Kurie, seine heutige Form entstand beim Umbau 1795–1802. Hinter einer klassizistischen Empire-Fassade mit einem Säulenportikus, errichtet von Carl Gottfried Geissler, befindet sich im nördlichen Teil des Bauwerks das frühgotische Bischofspalais mit dem großen, auf nur einem Pfeiler ruhenden Saal. Auf dem Bürgersteig gegenüber des südwestlichen Domturms ist der Strebepfeiler eines mittelalterlichen Gebäudes zu sehen, das – wie man auf alten Stadtansichten erkennt – mit dem Dom durch einen erhöhten Gang verbunden war. Ende des 17. Jahrhunderts fügte ein italienischer Architekt der gotischen Palastanlage eine Reitbahn hinzu, die leider nicht erhalten ist.

Hl. Kreuzkirche, von Norden aus gesehen

❺ DIE HL. KREUZKIRCHE

Die **Hl. Kreuzkirche** ist zweifelsohne das auffälligste gotische Bauwerk in Breslau. Sie entstand im Zusammenhang mit dem Kampf der Geistlichkeit um die Vorherrschaft über die weltlichen Machthaber im Mittelalter. In Schlesien fand diese Auseinandersetzung ihren Höhepukt mit dem Streit zwischen Herzog Heinrich IV. Probus und Bischof Thomas II.,

Hl. Kreuzkirche, Längsschnitt

Oberkirche, Hauptschiff

der 1284–1287 beinahe zu einem Bürgerkrieg geworden wäre. Letztendlich konnte der Konflikt jedoch gütlich beigelegt werden und der Herzog stiftete 1288 als Zeichen der Versöhnung eine Kirche und stattete sie großzügig aus, nachdem ihr auf sein Betreiben in Rom der Titel einer Kollegiatskirche verliehen worden war.

Der Sage nach hatte man beim Bau eine Wurzel in Form eines Kreuzes gefunden. Deshalb wurde die zweigeschossige Kirche zweifach geweiht, die Unterkirche dem Hl. Bartholomäus, die Oberkirche dem Hl. Kreuz. Die Hl. Kreuzkirche war in der Reformationszeit eine Hochburg des Katholizismus, katastrophal endete für sie die Besetzung der Dominsel durch protestantische sächsische und schwedische Truppen 1632–1634. In der Kirche wurden Pferdeställe und Futterlager eingerichtet, ihre Ausstattung, darunter auch die kreuzförmige Wurzel, wurde geplündert und zerstört. Nach der Säkularisation der kirchlichen Güter 1810 wurden hier fast ein Jahrhundert lang Gottesdienste in polnischer Sprache abgehalten. Nach dem Zweiten Weltkrieg fanden in der Kreuzkirche Messen für die noch in Breslau verbliebenen Deutschen auf deutsch statt (1945–1956).

Das zweistöckige Bauwerk wurde 1290–1371 errichtet, sein Grundriss hat annähernd die Form eines griechischen Kreuzes. Im Jahre 1484 entstand ein schlanker Turm mit einem pyramidenförmigen Helm. Solche Helme waren damals recht häufig, sie sind aus Stadtansichten des 15. und 16. Jahrhunderts gut bekannt, doch ist dieser der einzige in Originalform erhaltene. Die Kirche erinnert an eine zweistöckige Schlosskapelle, wie z.B. Saint Chapelle in Paris. Sie diente dem Gebet für den verstorbenen Stifter des Gotteshauses, die niederen Hilfsgeistlichen beteten in der unteren St. Bartholomäuskirche, die Mitglieder des Heiligen-Kreuz-Kapitels dagegen in der Oberkirche. Das Gebäude weist eine ungewöhnliche stilistische Einheit auf, obwohl es in zwei Phasen errichtet wurde. Kurz nach 1290 entstand der Chorraum, zwischen Mitte des 14. Jahrhunderts und 1371 wurde das Langhaus errichtet und im Mittelschiff mit Sterngewölben, in den Seitenschiffen mit einem Springgewölbe versehen. Um 1400 wurden die beiden südlichen Vorhallen erbaut und in der zweiten Hälfte des 15. Jahrhunderts entstand der Kapitelsaal zwischen der Sakristei und dem Querschiff an der nördlichen Seite des Chores.

In die **Oberkirche** führt eine steile Treppe. Im außergewöhnlich schlichten Chorraum waren nur die Schlusssteine zurückhaltend verziert, mit Engelfiguren und Pflanzenmotiven. Hier befand sich bis 1944 das Hochgrab von Herzog Heinrich IV. Probus, heute ist es im Nationalmuseum zu sehen. Der Hauptaltar von 1503 wurde aus Przecław (ehem. Ottendorf) in die Hl. Kreuzkirche gebracht. Über einen Durchgang in der nördlichen Chorwand gelangt man in die Sakristei und den wunderschönen, mit einem Sterngewölbe bedeckten Kapitelsaal, in dem auf dem Schlussstein Heinrich IV. Probus mit den Wappenschildern Breslaus und des Herzogtums dargestellt ist. In der Nordwand des Langhauses fällt das gotische Portal mit dem Stiftertympanon auf, das Herzog Heinrich IV. und seine Gemahlin Mechthild vor einem sog. Gnadenstuhl zeigt, also die heilige Dreifaltigkeit anbetend. Dieses Tympanon entstand etwa 50 Jahre nach dem Tod des Herzogs (1290). Im nördlichen Querschiff befindet sich ein Altar mit der

Grabmal von Heinrich IV. Probus in der Oberkirche, Postkarte um 1925

Der Piastenherzog Heinrich IV. Probus war nicht nur ein begabter Politiker und ehrgeiziger Herrscher, sondern auch ein Dichter, der in deutscher Sprache schrieb. Er verlieh Breslau zahlreiche Handelsprivilegien und nutzte die Stärke dieser Stadt für seinen Versuch, die polnischen Territorien wieder zu vereinen. Diese waren unter den Vertretern des sich immer weiter verzweigenden Geschlechts der Piasten aufgeteilt. Leider starb er bereits im Alter von 33 Jahren, wahrscheinlich wurde er vergiftet.

Oberkirche, Stiftertympanon

Unterkirche

Unterkirche, Schlussstein in der Vorhalle

Nepomuk-Denkmal vor der Hl. Kreuzkirche

Darstellung der Kreuzauffindung durch die Hl. Helena, ein Gemälde von Johann Franz de Backer. Gegenüber ist ein monumentales neobarockes Gemälde von 1995 zu sehen, das ein Werk des schlesischen Barockmalers Johann Michael Rottmayr nachahmt, es stellt die Abnahme vom Kreuz dar. An der Ostwand des südlichen Querschiffs befindet sich das Renaissancegrabmal des Kanonikers Stanislaus Sauer von 1533. Die Kirchenfenster wurden 1989/90 geschaffen.

Die **Unterkirche** ist von der Südseite über einen Vorraum zugänglich, dessen Netzgewölbe an die Prager Parlerschule anknüpft. Mit dem Gewölbe entstand um 1400 auch der Schlussstein mit einer Büste der Hl. Hedwig, der Schutzpatronin Schlesiens, die ein Kirchenmodell trägt, ein wunderbares Beispiel für den sog. schönen Stil. Die Schlusssteine mit Adlern und einem Löwen im Querschiff der Unterkirche verbildlichen die Verherrlichung der politischen Familienbande und Ambitionen des Herzogs Heinrich IV., da hier seine Symbole mit denen ihn fördernder Piastenfürsten und des böhmischen Königs Ottokar II. verknüpft werden. Den kleinen

Adlern an den Schlusssteinen der Unterkirche gleicht der an einem der Giebel in der Südfassade der gotischen Kirche angebrachte Adler aus Kupferblech von 1, 20 m Höhe.

Einer der schönsten Orte auf der Dominsel ist der Platz vor der Kreuzkirche mit dem Denkmal für Johannes Nepomuk. Es wurde 1732 von Johann Georg Urbansky nach einem Entwurf des berühmten Jesuiten Christoph Tausch ausgeführt.

Adler
an der Südfassade
der Hl. Kreuzkirche

6 ORPHANOTROPHEUM

Westlich schließt das Gebäude des Waisenhauses, das Orphanotropheum, den Platz ab. Es war 1702–1715 von Johann Blasius Peintner errichtet worden, dank einer Stiftung des Fürsten Franz Ludwig von Pfalz-Neuburg, des mit den wichtigsten europäischen Herrscherfamilien verwandten Breslauer Bischofs, der auch die Kurfürstenkapelle im Dom gestiftet hatte. In dem mächtigen Gebäude wurde zunächst nicht nur ein Waisenhaus für adlige katholische Kinder untergebracht, sondern auch die Verwaltung der Kurie und des Vikariats. Die Mädchen und Jungen bekamen hier eine sorgfältige, ihrer gesellschaftlichen Stellung entsprechende Bildung sowie eine gewisse finanzielle Unterstützung, die nicht sehr hoch war, aber ihre Zukunft absicherte. Um den Ruf der Einrichtung und das Niveau der Aus-

Hl. Kreuzkirche,
Gedenktafel
für Nikolaus Kopernikus

Das ganze Leben des hervorragenden Astronomen Nikolaus Kopernikus (geb. 1473 in Thorn) war eng mit der katholischen Kirche verbunden. 1501 wurde er Kanoniker und Scholastikus an der Hl. Kreuzkirche in Breslau. Diese rein nominelle Funktion – er hat die Kirche wahrscheinlich niemals auch nur besucht – brachte ihm regelmäßige Einkünfte ein.

Orphanotropheum
(ehem. Waisenhaus)
und Nepomuk-Denkmal

Kirche St. Peter und Paul

Kathedrale St. Johannes der Täufer, Postkarte um 1910

Nordturm der Kathedrale

bildung zu erhöhen, stellte man häufig ausländische Lehrer an. Das Gebäude zeichnet sich durch die klare Komposition seiner Fassaden aus, die durch Pilaster gegliedert und mit einem vorstehenden Kranzgesims verziert sind.

7 KIRCHE ST. PETER UND PAUL

Zwischen dem Orphanotropheum und der Dombrücke befindet sich die kleine gotische **Kirche St. Peter und Paul**, die erstmalig 1174 als Eigentum des Lebuser Zisterzienserstifts erwähnt worden war. Der Sakralbau war von der Familie Wlast gestiftet und als Geschenk zusammen mit ausgedehnten Ländereien nördlich der heutigen Stadt den Zisterziensern übergeben worden. Für den Bau musste die Straßenanlage auf der Dominsel verändert werden. Als die Breslauer gegen die Truppen unter Georg von Podiebrad kämpften, war die Kirche St. Peter und Paul ein Brückenkopf der Verteidigung. Im 18. Jahrhundert wurde das Gotteshaus durch einen Übergang mit dem benachbarten Waisenhaus verbunden, für die Waisenkinder wurden hier täglich Messen gelesen. Die Sandsteinfigur an der Oderseite im Kirchhof stammt aus der Kirche Maria auf dem Sande.

8 KATHEDRALE ST. JOHANNES DER TÄUFER

Das wertvollste Baudenkmal auf der Dominsel ist der Johannes dem Täufer geweihte Dom. Die Gründung des Breslauer Bistums durch den Akt von Gnesen im Jahre 1000 hatte einen wesentlichen Einfluss auf die weitere Geschichte der Stadt. Dies wird dadurch deutlich, dass damals der Kopf von Johannes dem Täufer in das zentrale Feld des Breslauer Stadtwappens aufgenommen wurde. Johannes war der Schutzpatron der Diözese und der Kathedrale. Im Dom ruhen die bedeutendsten Breslauer Bischöfe, aber auch Vertreter königlicher Geschlechter. In der Kurfürstenkapelle wurde Elisabeth

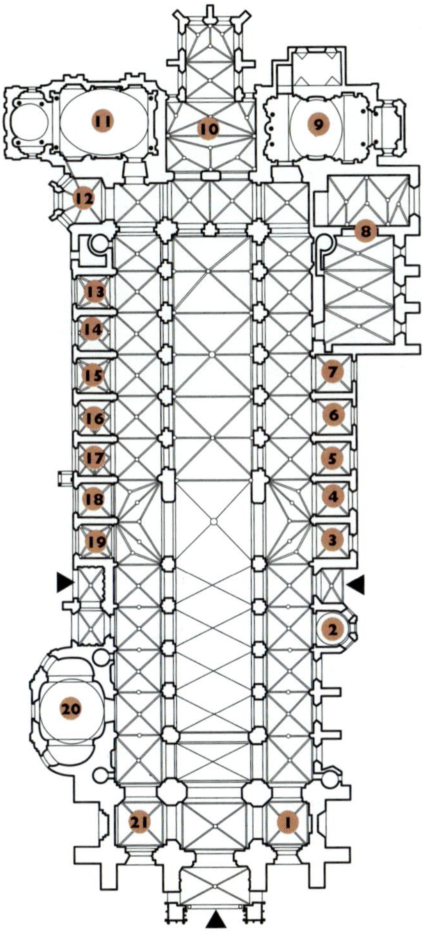

1. Hl. Kreuzkapelle
2. Kapelle des Allerheiligsten Sakraments
3. Kapelle St. Kasimir
4. Kapelle St. Hedwig
5. Kapelle St. Stanislaus
6. Kapelle St. Adalbert
7. Kapelle St. Joseph
8. Sakristei
9. Elisabethkapelle
10. Marienkapelle
11. Fronleichnamskapelle (Kurfürstenkapelle)
12. Kapelle St. Johannes der Täufer
13. Kapelle St. Peter und Paul
14. Kapelle St. Hedwig und Barbara
15. Kapelle St. Franziskus von Assisi
16. Kapelle St. Johannes der Evangelist
17. Kapelle St. Stanislaw Kostka
18. Kapelle St. Andrzej Świerad
19. Kapelle St. Anna
20. Auferstehungskapelle
21. Kapelle St. Johannes Nepomuk

Hedwig Sobieska bestattet, die Ehefrau des Fürsten Jakob Sobieski, des Sohns des polnischen Königs Jan III. Sobieski, der die Türken bei Wien bezwungen hatte. Außerdem befindet sich hier das Grab der Schwester von Franz Ludwig Neuburg, dem Stifter der Kapelle, die mit ihrem Mann viele Jahre im Ohlauer Schloss verbracht hatte.

Nach neusten Forschungen entstand der erste Kirchbau an der Stelle des heutigen Doms noch vor Gründung des Breslauer Bistums im Jahre 1000. Die nachfolgenden romanischen Bauwerke, deren Überreste

Kathedrale St. Johannes der Täufer

Kathedrale St. Johannes der Täufer, Grafik um 1750

Kathedrale St. Johannes der Täufer, Fotografie 1946

unter dem jetzigen Chorraum verborgen sind, waren recht klein. Erst unter Bischof Walter von Malonne (1149–1169) und seinem Nachfolger Bischof Siroslaus (1170–1198) wurde eine größere Kirche errichtet. Aus dieser Zeit sind Säulenteile und Details der bildhauerischen Verzierung erhalten, die in der Krypta ausgestellt werden, außerdem eine Steinskulptur von Johannes dem Täufer, deren Nachbildung man neben dem nördlichen Domeingang bewundern kann (das Original wird im Breslauer Erzdiözesanmuseum aufbewahrt).

Der heutige Dom ist in zwei großen Bauphasen entstanden. Der östliche Teil wurde seit 1244 errichtet, 1272 konnte bereits der Chor geweiht werden. Ähnlich wie bei Zisterzienserbauten hatte er einen geraden Abschluss und einen Umgang. Das noch sechsteilige altertümliche Gewölbe wurde

Überreste früherer Bauten in der Krypta der Kathedrale

Sog. „eingemauerter Kopf" an der Südwand der Kathedrale

Mit dem Dom hängen natürlicherweise zahlreiche Legenden zusammen, wie etwa diese, die sich auf den am südlichen Turm von der Oderseite sichtbaren steinernen Kopf bezieht. Dieser sollte einem treulosen Goldschmiedegesellen gehört haben, der auf Abwege geraten war, das Haus seines Meisters in Brand setzte und, das Feuer aus dem Turmfenster beobachtend, dabei versteinerte und dort für immer geblieben ist.

im Bereich der Dienstsäulen, die die Gewölbe der Seitenschiffe tragen, mit Plastiken versehen, die zu den frühsten gotischen Kunstwerken in Schlesien gehören. Hier kündigt sich die neue Form des Blattwerks an. Nach dem Chorraum entstand 1326–1341 unter Bischof Nanker das schlichte Langhaus. Die Unterschiede zwischen bei-

Bauschmuck an Dienstsäulen und Kragsteinen im Chorraum der Kathedrale

Statue des Hl. Johannes des Täufers (Kopie) an der Nordwand der Kathedrale

Westportal
der Kathedrale

Westportal,
Verkündigungsszene

Kathedrale,
Nordeingang

den Bauteilen sind auch von außen deutlich erkennbar. Den älteren Teil hatte man mit vollen Strebepfeilern ausgestattet, beim jüngeren sind zusätzlich durchbrochene Strebebögen angewendet worden. Im Inneren bildet das breitere Joch des sog. Pseudoquerschiffs mit einem seltenen dreiteiligen Gewölbe die Grenze zwischen dem älteren und jüngeren Bau. Als nächstes wurde östlich an den Chorumgang eine Marienkapelle angebaut. Sie entstand unter Bischof Preczlaus von Pogarell (1342–1376), der hier auch beigesetzt wurde. Die Kapelle wurde unter Leitung von Baumeister Pieszko errichtet, der möglicherweise auch für den Bau des Langhauses verantwortlich gewesen war.

Erst im 15. Jahrhundert entstanden die Westtürme, die den Blick in die Domstraße abschließen und vom hohen Rang des Bauwerks zeugen. Das Westportal, der Haupteingang des Doms, besteht aus einer Zusammenstellung verschiedener romanischer Elemente, darunter die seitlichen Säulen und die bereits stark zerstörten Löwenfiguren sowie mehrere Steinplastiken aus dem 14. Jahrhundert. Diese Figuren und Bauteile wurden 1465–1468 von den Breslauer Meistern Hans Berthold und Peter Franczke zusammengestellt, ein Zeugnis ihres Bewus-stseins für den historischen Wert von Kunstwerken, die Jahrhunderte zuvor entstanden waren. Auf der rechten Seite ist das Gleichnis von den törichten Jungfrauen und Versinnbildlichungen von Sünde und Verderben dargestellt. Die Figuren am Eingang stellen Maria, Gregor den Großen und Paulus dar, darunter befinden sich weitere Heiligenfiguren: Wenzel, Andreas, Paulus, Hedwig, Hieronymus, Peter und Johannes der Evangelist. Die Verzierungen der westlichen Eingangstür zeigen die Szene, wie Joseph in den Brunnen geworfen wird Die Tür

Kathedrale von Osten, von links nach rechts: Elisabeth-, Marien- und Kurfürstenkapelle

ist im Renaissancestil gehalten. Neben dem Nordeingang befindet sich eine kleine Kapelle mit einer Nachbildung der Figur Johannes des Täufers aus dem 12. Jahrhundert, das Original wird im Erzdiözesanmuseum aufbewahrt. Den Nordeingang bekrönt eine erst kürzlich rekonstruierte „Totenlaterne", ein Hinweis auf den Friedhof, der sich einst an dieser Stelle befunden hat.

Der Breslauer Dom ist ein großartiges Beispiel für die in Niederschlesien häufige Verbindung von gotischen und barocken Formen in einem Bauwerk. 1671 begann der Bau der **Kapelle des Allerheiligsten Sakraments** unter Leitung des italienischen Baumeisters Antonio Coldino am Südschiff. Auf der Südseite des Chors wurde 1671–1682 die **Elisabethkapelle** erbaut, eine Stiftung von Kardinal Friedrich von Hessen-Darmstadt, entworfen von Giacomo Scianzi. Nörd-

Elisabethkapelle, Grabmal von Friedrich von Hessen-Darmstadt; links: Kuppelmalerei der Kapelle

Elisabethkapelle, Elisabethaltar; rechts: Portal mit der Büste des Stifters

lich des Chores entstand die **Kurfürstenkapelle**, gestiftet von Franz Ludwig Neuburg, Pfalzgraf von Rhein. Sie wurde 1716–1724 nach einem Entwurf des bekannten Wiener Hofarchitekten Johann Bernhard Fischer von Erlach erbaut. Beide Kapellen liegen unter barocken Kuppeln, sie stellen zwei verschiedene Architekturtypen dar. Über dem Eingangsportal der zentralen Anlage der Elisa-

bethkapelle befindet sich die Porträtbüste ihres Stifters, eine Arbeit aus der Schule von Giovanni Lorenzo Bernini, gegenüber dem Altar steht das prächtige Grabmal für Kardi-

Kurfürstenkapelle, Kuppelmalerei; oben: Altar und Inneres der Kapelle

nal Friedrich von Hessen-Darmstadt. Die Kurfürstenkapelle, deren Inneres an eine barocke Kirche erinnert, wurde auf einem komplizierteren Grundriss aus miteinander verflochtenen Ellipsen errichtet, den Altar schmücken Figuren von Moses und Aaron. Mitte des 18. Jahrhunderts entstand auf der nördlichen Seite des Doms die barocke **Totenkapelle**, eine um ein Fünftel verkleinerte Nachbildung einer Kapelle der St. Vinzenzkirche.

Im **Mittelschiff** wurde am ersten Pfeiler vom Eingang aus ein Denkmal für Bischof Nanker (1270–1341) angebracht. Unter einer Tafel mit einer Inschrift befindet sich eine Reliefplatte, die zeigt, wie der Bischof den Bann über den König Johannes von Luxemburg verhängt. Geht man durch das Südschiff, so kommt man an der Kapelle des Allerheiligsten Sakraments vorbei und gelangt schließlich zu der barocken Kanzel von Johann Adam Karinger (1723). Sie schmücken Flachreliefs von Johann Georg Urbansky, dem berühmten Breslauer Bildhauer böhmischer Herkunft. An dem Südpfeiler, der das Kirchenschiff vom Chorraum trennt, befindet sich ein Altar, auf dessen Bronzerelief das Martyrium des Hl. Vinzenz von Saragossa dargestellt ist. Es wurde von dem hervorragenden niederländischen Künstler Adriaen de Vries geschaffen.

Hinter dem Gitter vor dem **Chorumgang** befindet sich auf der rechten Seite das vom humanistisch gesinnten Bischof Johannes V.

Portal der Sakristei

Martyrium des Hl. Vinzenz von Saragossa; daneben: Grabmal von Johannes V. Thurzo

Kanzel

Chorraum;
oben: Chorraum, Fotografie vor 1945

Hauptaltar, Marientod;
unten: Letztes Abendmahl

Thurzo gestiftete Sakristeiportal von 1517, mit einer Darstellung der Enthauptung von Johannes dem Täufer. Hierbei handelt es sich um das erste Kunstwerk der Renaissance in Schlesien. Das Grabmal des Bischofs steht im Umgang gegenüber, auf der nördlichen Seite. Es weist typische Merkmale der Renaissance auf: der Verstorbene ist schlafend dargestellt, die rechte Hand stützt seinen Kopf, während die linke den Bischofs-

stab hält. Das Grabmal steht heute auf einem barocken Sockel, ursprünglich aber war es von einem auf Säulen gestützten Baldachin bedeckt.

Durch einen Bogen gegenüber der Sakristei kommt man in den **Chorraum** der Kathedrale. Der Hauptaltar stammt aus Lüben (Lubiń), er wurde 1522 vom sog. Meister der Lübener Figuren angefertigt. Das Triptychon zeigt den Marientod (wie auch der berühmte Altar von Veit Stoß in der Krakauer Marienkirche), in der Predella ist das letzte Abendmahl dargestellt. Ursprünglich befand sich im Chor ein spätgotischer Altar, gestiftet vom Kanoniker Wartenberg, mit einer gemalten Mitteltafel aus der berühmten Werkstatt des Meisters des Barbaraaltars. Er wird heute im Nationalmuseum in Warschau aufbewahrt. An den Seitenwänden wurde ein hölzernes Chorgestühl aufgestellt, das Franz Zeller 1662–1665 für die Vinzenzkirche angefertigt hatte. An den Rückenlehnen sind Szenen aus dem Leben des Hl. Norberts, Engel, Apostel und Kirchenväter zu sehen. Im Chor befindet sich desweiteren das Grabmal des Bischofs Andreas von Jerin, geschaffen vom niederländischen Bildhauer Gerhardt Hendrik.

Chorgestühl

An der Balustrade zwischen Chorraum und Hauptschiff sieht man zwei vergoldete Figuren der Kirchenväter Gregor und Hieronymus, ein Werk von Johann Georg Urbansky. Das große östliche Glasfenster schuf Tadeusz Wojciechowski nach 1945.

Zurück im Chorumgang sieht man rechts an der Südwand ein außergewöhnlich schönes Epitaph, verziert mit einem mächtigen Rosenstrauch für den 1671 verstorbenen Bischof Sebastian von Rostock (daher ein Rosen-Stock). Weiter kommt man geradeaus in die Elisabethkapelle und in die den Chor östlich abschließende **Marienkapelle**, die Bischof Preczlaus von Pogarell gestiftet hatte. Die Kapelle mit dem seltenen Spring- oder Neunfeldergewölbe entstand 1354–

Eingang in die Marienkapelle

Grabmal von Bischof Preczlaw von Pogarell

Grabplatte von Bischof Johannes IV. Roth

1365 und ist womöglich ein Werk des legendären Baumeisters Pieszko. In der Kapelle befindet sich das im Parlerstil gestaltete Grabmal von Bischof Preczlaus (gest. 1376). Der Bischof ist in seiner ganzen Herrlichkeit gezeigt, er erwartet das Urteil des Jüngsten Gerichts. Daneben ist an der Südwand die bronzene Grabplatte für den 1506 verstorbenen Bischof Johannes von Roth ange-

Malerei an der Nordwand des Chorumgangs; unten: Nordschiff, links das Grabmal von Bischof Adam Weisskopf

bracht, eine Arbeit der Nürnberger Werkstatt von Peter Vischer. Der Hauptaltar mit einer Darstellung von Maria Himmelfahrt entstand 1722, die Seitenaltäre 1691 (Leiden Christi) und 1704 (Heilige Familie).

Geht man weiter, so kommt man an der Kurfürstenkapelle vorbei und kann dann an der Nordwand des Chorumgangs Fresken aus dem frühen 16. Jahrhundert bewundern, die das Martyrium der 10 000 Legionäre, das Martyrium der Hl. Ursula und ihrer Gefährtinnen sowie Bildnisse der Stifter der Fresken darstellen. An der rechten Seite befindet sich das jüngste Beispiel für Grabplastik aus der Renaissance im Dom, das Grabmal des 1605 verstorbenen Bischofs Adam Weißkopf. Der Verstorbene wird auch hier schlafend dargestellt, wie auf dem beinahe 70 Jahre älteren Grabmal für Bischof Johannes von Thurzo aus der Johanneskapelle.

9 KIRCHE ST. ÄGIDIUS

Wenn man den Dom durch die nördliche Vorhalle verlässt, erblickt man auf der gegenüberliegenden Straßenseite die kleine

romanische **Ägidiuskirche**, der Überlieferung zufolge von Peter Wlast zu Ehren des Hl. Ägidius gestiftet, des Namenpatrons seines Sohns. Die spätromanische Kirche wurde unter dem Kanoniker Viktor errichtet, seit den 1220er Jahren bis zum 15. Jahrhundert tagte hier das Domkapitel. Das Kreuzgewölbe ruhte ursprünglich auf einem Pfeiler, eine Säule gliederte einen sich zum

Peter Wlast war Woiwode des polnischen Herrschers Boleslaw Krzywousty (Schiefmund) und einer der reichsten Männer Polens im 12. Jahrhundert. Er besaß zahlreiche Grundstücke in Breslau und ausgedehnte Ländereien in der Umgebung. Man erzählt, dass er als Sühne für einen Meineid 70 Kirchen gestiftet habe.

Ägidiuskirche; unten: Arkadenfries an den Wänden der Apside der Kirche

Kapitelhaus, Portal

Chorraum öffnenden Bogen in zwei Teile, im 17. Jahrhundert wurde ein Tonnengewölbe eingezogen. Nach 1945 wurde die Kirche restauriert, wobei die den Chorraum abgrenzende Säule rekonstruiert und romanische Details der Innenausstattung besonders herausgestellt wurden. Am Außenbau fällt der Bogenfries aus Backstein auf, der das spätromanische Portal (mit Mauervorsprung) abschließt.

10 KAPITELHAUS

Neben der St. Ägidiuskirche steht das spätgotische **Kapitelhaus**, beide sind durch das sog. Klößeltor miteinander verbunden, einen Bogen mit einem Steinzapfen. In diesem seit 1410 bekannten Gebäude befand sich einst der zweite Breslauer „Schweidnitzer Keller", auch hier wurde das Bier aus Schweidnitz ausgeschenkt. Der heutige Bau entstand im 14. und 15. Jahrhundert, 1518 wurde er um ein Stockwerk erhöht. Das Portal und die Fensterrahmen weisen Merkmale der Renaissance auf. Im Kapitelhaus und

Ausstellung im Erzdiözesanmuseum; daneben: Kapitelhaus

den anliegenden Gebäuden, einem spätbarocken Bau von 1756 im Osten und einem von Joseph Ebers Ende des 19. Jahrhunderts entworfenen Bauwerk im Norden, befindet sich heute das Erzdiözesanmuseum und -archiv. Hier werden seit 1518 die Dokumente des Breslauer Bistums aufbe-

Klößeltor von der ul. Kanonia aus gesehen

wahrt. Obwohl die Geschichte oft dramatisch verlief, wie 1632–1634, als die Dominsel durch protestantische Truppen besetzt wurde, der Brand 1759 und während der Evakuierung 1944, sind beide Einrichtungen

Eine Legende erzählt von einem gewissen Witwer, der auf dem Rückweg vom Jahrmark auf einem Stein neben der Ägidiuskirche eingeschlafen war und von seiner verstorbenen Frau träumte, die zu ihrer Lebzeit ausgezeichnete Klöße für ihngekocht hatte. Nach dem Aufwachen erblickte er vor sich eine volle Schüssel mit seiner Lieblingsspeise, war davon gerührt und beschloss, einen Kloß zum Andenken liegen zu lassen. Er konnte aber seinen Appetit nicht zähmen, und als er den letzten Kloß aufessen wollte, landete dieser von einer unsichtbaren Kraft getragen auf dem Torbogen und versteinerte dort.

Klößeltor, Postkarte um 1915

doch ein schönes Beispiel für das Fortbestehen der Tradition. Noch heute werden manche Archivalien entsprechend den Eintragungen in die Inventare des 19. Jahrhunderts gefunden, so z.B. ein „Karton in der Ecke des Direktorenkabinetts".

Man kann die Gasse hinter dem Tor nach Norden gehen, am Eingang zum Botanischen Garten und dem modernen Pilgerhaus vorbei und gelangt dann zurück zu dem Platz an der Kreuzkirche.

Säule mit dem auferstandenen Christus auf dem Platz vor dem Priesterseminar

Erzbischöfliches Höheres Priesterseminar

Sandinsel, Postkarte um 1920

ERZBISCHÖFLICHES HÖHERES PRIESTERSEMINAR

Im Osten der ehemaligen Insel befindet sich heute ein Platz, an dessen Südseite die neogotischen Gebäude des **Erzbischöflichen Höheren Priesterseminars** zu finden sind. Dieser Bau wurde 1894/1895 nach einem Entwurf von Joseph Ebers als Fürsterzbischöfliches Theologenkonvikt "Georgianum" errichtet. In der Mitte des Platzes, östlich vom Dom, wurde im Jahre 2000 anlässlich des Milleniums des Breslauer Bistums ein Denkmal mit dem auferstandenen Christus aufgestellt. Die sehr traditionelle Formgebung im Stil der Neorenaissance erinnert an die Warschauer Sigismund-Säule. Unter der heutigen Straße befinden sich östlich vom Dom Relikte der St. Alexius-Kirche, die im Mittelalter für die Schüler der nahe liegenden Domschule, die Bewohner der Burse und die Patienten des benachbarten, für die Schüler bestimmten Hospitals, zuständig war.

Sandinsel, Ausschnitt aus dem Plan von Friedrich B. Werner, um 1745

Sandinsel, links
An der Matthiaskunst

SANDINSEL

Obwohl sich auf der Sandinsel zahlreiche kirchliche Einrichtungen befanden, unterlag sie, anders als die Dominsel, größtenteils der städtischen Gerichtsbarkeit. Die Sandinsel war einst dicht bebaut, heute stehen nur noch entlang der Straße Gebäude, während in ihrem westlichen Teil Grünflächen angelegt wurden, von denen sich ein schöner Blick auf die Altstadt am anderen Oderufer bietet. Die gleich nördlich des Stadtzentrums liegende Insel war ursprünglich auf der Westseite schmaler, aufgrund der Überschwemmungsgefahr durch die Oder wurde sie erhöht. Seit Anbeginn führte einer der Haupthandelswege zwischen Nord und Süd über die Insel, entlang dieses Weges entstanden schon im 11. Jahrhundert die ersten Gebäude. Damals wurde vor der heutigen Kirche Maria auf dem Sande ein Platz abgesteckt und ein Wall aufgeschüttet. Zwischen 1121 und 1149 entstand östlich des alten Handelswegs das von Peter Wlast gestiftete Kloster der Augustiner-Chorherren mit der Sandkirche. Daneben befanden sich ein Wirtshaus, eine Schlächterei und die Fleischerläden. Westlich der Straße ließen sich die Augustinerinnen nieder, ein Kloster und eine weitere Kirche wurden errichtet.

Denkmal für Kardinal Bolesław Kominek; unten: Kirche Maria auf dem Sande

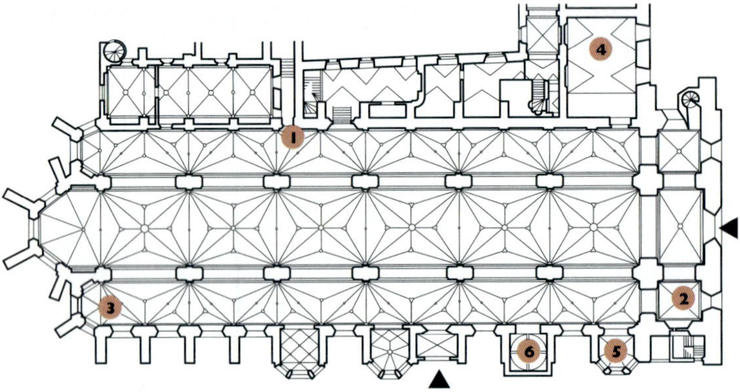

1. Stiftertympanon
2. Taufbecken
3. Bildnis der Muttergottes von Mariampole
4. Weihnachtskrippe
5. Kapelle der Hl. Familie
6. Hl. Kreuzkapelle

12 KIRCHE MARIA AUF DEM SANDE

Auf der Sandinsel befindet sich östlich des alten Handelswegs neben dem Baukomplex des Klosters der Augustiner-Chorherren die Kirche Maria auf dem Sande. Sie gehört zu den schönsten gotischen Sakralbauten aus dem 14. Jahrhundert. Wie die meisten alten Breslauer Kirchen wurde sie von der Familie Wlast gestiftet. Der Legende nach ließ Peter Wlasts Frau, die russische Fürstin Maria, die Kirche erbauen. Damit erfüllte sie ein Versprechen, das sie der Jungfrau Maria im Gebet um die Genesung ihrer schwer erkrankten Kinder Sventoslaus-Ägidius und Beatrice gegeben hatte. Über dem Eingang zur Sakristei befindet sich ein Stiftertympa-

Der Breslauer Kardinal Bolesław Kominek war 1965 einer der Initiatoren des Briefs der polnischen Bischöfe an ihre deutschen Amtskollegen, in dem es hieß: „Wir vergeben und wir bitten um Vergebung." Dieser Brief gilt als Beginn der Versöhnungprozesses zwischen Polen und Deutschen nach dem Zweiten Weltkrieg.

Kirche Maria auf dem Sande und Dombrücke

non, auf dem vor einer thronenden Madonna Maria Wlast mit einem Kirchenmodell in der Hand kniet, auf der anderen Seite ist ihr Sohn Sventoslaus zu sehen. Die Form der ersten romanischen Kirche, die vermutlich bis 1280 entstanden war, ist nur aus archäologischen Ausgrabungen und eben dieser Darstellung im Tympanon bekannt. Es handelte sich um einen Holzbau mit zwei Westtürmen und einer Apsis als Chorabschluss. Anstelle dieser romanischen Kirche und des dazugehörigen Klosters ließen die Äbte der Augus-

Stiftertympanon; unten: Hauptschiff

tiner-Chorherren ein imposantes Gotteshaus errichten, das als größte Breslauer Kirche galt. Sie finanzierten den Bau durch die Einkünfte aus ihrem Grundbesitz, der sich um den Zobten erstreckte. Im Laufe der Jahrhunderte zerstörten zahlreiche Brände mehrmals das Dach, die Türme und das Innere. Während des Zweiten Weltkriegs wurden die Mauern stark zerstört und die reiche Barockausstattung der Kirche ging fast restlos verloren.

Die ungewöhnlich schlanke Halle des heutigen Baus entstand 1334–1395. Hochmodern für die damalige Zeit war das Springgewölbe (Neunfeldergewölbe), dessen Form möglicherweise Meister Pieszko beein-

Kirche Maria auf dem Sande, Fotografie um 1930

flusste, der 1365 im Zusammenhang mit dem Bau erwähnt wurde. Ursprünglich trennte ein Lettner den Chorraum vom Langhaus, teilweise wird er in der Krypta aufbewahrt. Zur Ausstattung gehören präch-

Springgewölbe im Nordschiff

tige Kragsteine mit musizierenden weiblichen und männlichen Engeln, auf denen das Gewölbe ruht, 1465–1477 entstanden die Wandmalereien. Die heutigen Engelsfiguren an den Gewölbepfeilern sind größtenteils rekonstruiert worden. Der Kirchbau wurde bereits im 17. Jahrhundert deutlich verän-

Spätgotisches Triptychon; oben: Hauptaltar

Kapelle der Hl. Familie

dert, als die drei einzelnen Dächer über den Schiffen durch ein gemeinsames ersetzt wurden. Damals wurde auch der Wehrgang abgetragen, der den Turm aus dem 15. Jahrhundert abschloss. Geplant waren ursprünglich zwei Türme. Am Nordschiff entstanden im 14. und 15. Jahrhundert drei gotische Kapellen und 1666 die Hl. Kreuzkapelle nach einem Entwurf von Antonio Coldino, sie war der erste Barockbau im Breslauer Raum.

Das wertvollste Kunstwerk der Kirche ist das bereits erwähnte, um 1180 entstandene Tympanon im Südschiff. Am Eingang steht auf der linken Seite das spätgotische Taufbecken (um 1450), u.a. zieren es Darstellungen der Hl. Barbara und der Hl. Hedwig, der Patronin Schlesiens, sowie der Taufe Christi, am Sockel sind Umgeheuer zu sehen. Die spätgotischen Seitenaltäre aus dem frühen 16. Jahrhundert an den Säulen stammen aus dem Erzdiözesanmuseum, sie bilden einen gewissen Ersatz für die reiche barocke Ausstattung, die während des Zweiten Weltkriegs einem Brand zum Opfer gefallen ist. Selten harmoniert moderne Kunst so gut mit alter Architektur, wie die Glasmalerei von

Hl. Hedwig, Detail des spätgotischen Taufbeckens

Weihnachtskrippe für die Kinder

Teresa Reklewska (1966) der Fenster am mehrseitigen Chorabschluss. Am Ende des Nordschiffs befindet sich das wunderbare Bildnis der Gottesmutter von Mariampol, das einst dem Großhetmann der polnischen Krone Stanisław Jan Jabłonowski (1634–1702) gehört und ihn in die Türkenkriege, u. a. die Schlacht bei Wien 1683 begleitet hatte. Das Gemälde kam aus Mariampol am Dnjestr (Ukraine), wo seine Wundertätigkeit erkannt worden war, nach Breslau.

Eine besondere Attraktion ist die mechanische Weihnachtskrippe mit beweglichen Figuren, die in der Kapelle rechts vom Eingang ausgestellt ist.

Altar mit dem Bildnis der Muttergottes von Mariampol

⑬ AUGUSTINERKLOSTER

An die Südseite der Kirche schließt sich das **Kloster der Augustiner-Chorherren** an, heute Sitz der Universitätsbibliothek. Das Kloster wurde im Mittelalter wenigstens dreimal umgebaut, zuletzt 1468, als es weiter nach Osten verschoben wurde. Seine jetzige Form erhielt das Gebäude infolge des 1709 eingeleiteten Umbaus unter Johann Georg Kalckbrenner. Der Frontflügel an der Straßenseite entstand mitsamt seinen mächtigen, mit Muschelornamenten verzierten Fensterrahmen 1720.

Augustinerkloster von der Sandbrücke aus gesehen, im Hintergrund die Kirche Maria auf dem Sande, links die Jakobuskirche

Nach der Säkularisation 1811 wurde der Barockbau der Universitätsbibliothek übergeben, hierher kam ein großer Teil der ausgesprochen reichen Büchersammlungen aus schlesischen Klöstern, die beschlagnahmt worden waren. Die später systematisch ergänzte Bibliothek wurde zerstört, weil während des Kampfes um die Festung Breslau 1945 in den Kellern dieses Gebäudes der Festungsstab seinen Sitz hatte. Die Bücher wurden in die gegenüberliegende Jakobuskirche verlegt und verbrannten nach der Kapitulation unter ungeklärten Umständen. Trotz dieser Verluste birgt das ehemalige

Jakobuskirche mit der verbrannten Büchersammlung der Universitätsbibliothek, Fotografie 1945

Kirche Maria auf dem Sande und Augustinerkloster, Postkarte um 1930

Kloster auch heute große und wertvolle Sondersammlungen der Universitätsbibliothek: Handschriften, Frühdrucke, Musikalien, kartografische Werke und Schlesien-Schriften. Diese Sammlung mittelalterlicher Handschriften und Inkunabeln (Drucke vor 1500) ist die größte in Polen und gehört zu den umfangreichsten in Europa. Ungefähr 215 000 Bände von Frühdrucken werden hier aufbewahrt, darunter Erstdrucke der Werke von Christoph Columbus, Marco Polo, Giovanni Boccaccio, Martin Luther, William Shakespeare. Die Bibliothek ist auch eine Schatzkammer in Bezug auf Schlesien, hier ist fast alles gesammelt, was zu diesem Thema erschienen ist.

In den letzten Jahren wurde zwischen dem ehemaligen Kloster und dem östlichen Inselufer der Spazierweg Peter Wlast (bulwar Piotra Włosta) angelegt, von dem aus die Bebauung der Dominsel sehr schön zu sehen ist. Über diesen Weg kommt man zur Dombrücke, auch grüne Brücke genannt, die von der Sandinsel auf die Dominsel führt.

Peter-Wlast-Boulevard

⓮ KIRCHE ST. JAKOBUS

Westlich des alten Handelsweges, der über die Sandinsel führt, gegenüber dem ehemaligen Augustinerkloster, befindet sich die

Ehem. Kirche St. Jakobus heute orthodoxe Kirche St. Kyrill, Method und Anna

ehemalige **Jakobuskirche** (seit 1852 Annenkirche) und das dazugehörige **Kloster der Augustinerinnen**.

Das Kloster wurde 1711–1715 errichtet, die Kirche bereits um 1690, heute dient sie der orthodoxen Gemeinde St. Kyrill, Method

Statue des Hl. Apostels Jakobus an der Fassade der Kirche

Orthodoxe Kirche St. Cyrillus, Methodius und Anna, Ikonostase

Häuser „Zum göttlichen Vorsehung" und „Zum König Salomon"

und Anna. Im Innern befindet sich eine Ikonostase, die aus Strowiążyk bei Ustianowa (im Südosten Polens) stammt, sie wurde 1985 teilweise übermalt. Aus der Nachkriegszeit stammen auch die Gewölbe- und Wandmalereien. Das frühere Kloster der Augustinerinnen ist deutlich schlichter angelegt als das gegenüberliegende Gebäude der Augustiner-Chorherren. Es wurde 1705–1715 errichtet, im 19. und 20. Jahrhundert hatten hier verschiedene weltliche Einrichtungen ihren Sitz. Im Erdgeschoss haben sich die Tonnengewölbe mit Lünetten erhalten.

15 ANNENKIRCHE

Geht man weiter nach Norden in Richtung Dominsel, kommt man an der 1376–1386 errichteten **St. Annenkirche** vorbei, die einst als Begräbniskapelle genutzt wurde. Die Kirche wurde vom Abt der Augustiner-Chorherren Johannes III. von Prag gestiftet, seine Grabplatte wurde in die Wand des Gebäudes eingemauert. Die Kirche wurde 1818 in ein städtisches Hospital umgestaltet, heute haben hier die Salesianerinnen ihren Sitz und führen einen Kindergarten. Die Giebelseite des Gebäudes weist zur Straße, daher ähnelt der Bau einem gotischen Wohnhaus. Etwas weiter stehen zwei Häuser im Empirestil: „Zum Goldene Kranz" (heute „Zum König Salomon"; ul. Św. Jadwigi/Neue Sandstr. 9) und „Zur göttlichen Vorsehung" (ul. Św. Jadwigi/Neue Sandstr. 10). Sie wurden nach dem großen Brand auf der Sandinsel 1791 nach dem Entwurf von Karl Gottfried Geissler erbaut.

Wappen des Hauses „Zum König Salomon"

Ehem. Annenkirche

VORDER- UND HINTERBLEICHE

Diese Inseln bildeten seit dem Mittelalter ein wirtschaftliches Hinterland, hier nämlich standen zahlreiche Mühlen, die die Betriebe und Werkstätten der verschiedenen Handwerkszweige mit Energie versorgten.

Inseln: Hinterbleiche, Vorderbleiche, An der Matthiaskunst, im Hintergrund Sandinsel, Postkarte um 1919

Geht man von der Sandinsel über mehrere Brücken nach Norden, so kommt man zur **Marienmühle**, die ursprünglich aus zwei Mühlen bestanden hatte. Eine von ihnen gehörte seit Anbeginn den Augustiner-Chorherren, die zweite Mühle war im Besitz der Kreuzherren. Sie lag am anderen Kanalufer und war bereits 1333 errichtet worden. Im 17. Jahrhundert wurden beide zusammengeschlossen, im 18. Jahrhundert wurden sie mit einer einheitlichen klassizistischen Fassade versehen, die sich leider nicht erhalten hat. Wenn man in die zweite Nebenstraße links abbiegt, am Hotel Tumski vorbeigeht und über die Brücken auf die Vorder-

Inseln: An der Matthiaskunst, Vorderbleiche, Hinterbleiche, unten Sandinsel und Hinterbleiche geht, so gelangt man schließlich zu zwei Holzbrücken. Zwischen ihnen standen früher zwei Mühlen, die seit dem 13. Jahrhundert den Klarissen gehörten, die sog. Klarenmühlen. Die ursprünglich hölzernen Mühlen waren im 18. Jahrhundert mehrmals umgebaut worden. In ihrem Giebel befand sich eine Figur der hl. Klara (heute im Hof ul. Katedralna 12) und eine Tafel, die Auskunft über die Stiftung der Mühle durch Heinrich III. und den Wiederaufbau durch die Äbtissin des Klarissenstifts Hedwig gab (heute im Architekturmuseum).

Vorderbleiche

Die beiden wunderschönen Inseln Vorderbleiche und Hinterbleiche sind eine grüne Lunge Breslaus, hier finden zahlreiche Freiluftveranstaltungen statt. In den letzten Jahren wurden sie durch moderne leichte Stege mit der Sandinsel und mit dem nördlichen Stützpfeiler der Universitätsbrücke (mosty Uniwersyteckie) verbunden. Dadurch ist es möglich geworden, vom südlichen Rand der Sandinsel, wo Teile des ehemaligen Breslauer Wasserwegs mit Überresten einer Schleuse aus dem 18. Jahrhundert erhalten sind,

Fußgängerbrücke zwischen der Hinterbleiche und der ul. Drobnera

auf die Vorderbleiche zu gelangen. Von hier aus gelangt man über einen anderen Steg entweder links von Norden auf die Universitätsbrücke oder aber man hält sich nordwärts und kommt auf die Hinterbleiche und weiter zum nördlichen Flussufer der ehemaligen Odervorstadt. Weil die Brücken und die schönsten Gebäude auf der Dom- und der Sandinsel nachts angestrahlt werden, ist ein Abendspaziergang über die Inseln ein Höhepunkt eines Besuchs in Breslau.

Klaramühlen (nicht erhalten), Fotografie vor 1937

Östlicher Teil des Stadtgrabens, von der ul. Oława aus gesehen

AM STADTGRABEN ENTLANG

Adalbertkirche, Schlussstein

Von den 60er Jahren des 13. Jahrhunderts an war Breslau lange Zeit von Verteidigungsmauern und einem Stadtgraben umgeben. In der ersten Hälfte des 14. Jahrhunderts wurde das Stadtgebiet deutlich vergrößert, und mit einer zweiten äußeren Befestigungsanlage umgeben. Das Gebiet zwischen der inneren und äußeren Mauer nannte man zu Ehren des böhmischen Königs, des späteren Kaisers Karl IV. von Luxemburg, auch „Karlstadt". Hier waren die Grundstücke deutlich größer als in der eigentlichen Stadt, deshalb ließen sich in diesem Bereich vor allem Handwerker mit großem Platzbedarf wie Mälzer oder Weber nieder, außerdem entstanden Herbergen und Speicher für Großhändler. Einige Grundstücke blieben lange unbebaut, dort legten die Bürger Gärten an. Ununterbrochen wurde an den mittelalterlichen Verteidigungsmauern gearbeitet, um sie den neuen Waffengattungen anzupassen, also den stärkeren Kanonen und dem Schießpulver. Erst die napoleonischen

Promenade am Stadtgraben, Postkarte, um 1921

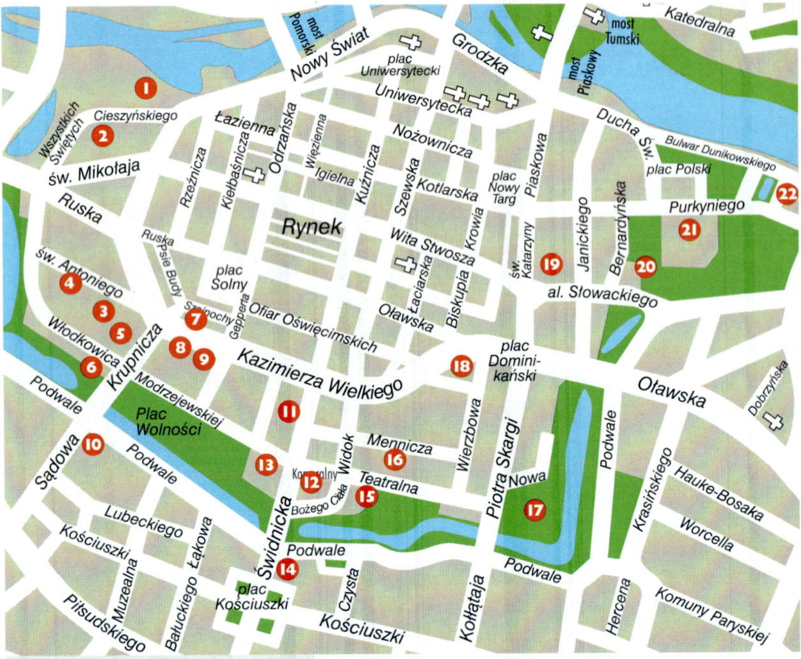

1. Zeughaus
2. Barbarakirche
3. Synagoge „Zum Weißen Storch"
4. Antoniuskirche
5. Bürgerhaus „Pokoyhof"
6. Neue Börse
7. Universitätsbibliothek
8. Hofkirche
9. Königspalast
10. Gericht und Gefängnis
11. Kirche St.Stanislaus, Wenzel und Dorothea
12. Corpus-Christi-Kirche
13. Oper
14. DH „Renoma"
15. Puppentheater
16. Badeanstalt
17. Liebigshöhe
18. Christophoruskirche
19. Adalbertkirche
20. Architekturmuseum
21. Rotunde *Panorama von Racławice*
22. Nationalmuseum

Kriege zeigten, dass es sinnlos war, eine so große Stadt wie Breslau zu befestigen. Auf Anordnung der französischen Besatzer wurden damals die Befestigungsanlagen geschleift und die Wälle eingeebnet, entlang des ehemaligen Stadtgrabens entstand eine Promenade. Auf einem Teil der so gewonnenen Grundstücke entstand eine Reihe öffentlicher Bauten, auf den besseren

Grundstücken ließen sich die reichsten Breslauer ihre Residenzen errichten.

Burgfeldzeughaus, Grafik, 1736; unten: Hof des Zeughauses

Am ehemaligen inneren Stadtgraben entlang führt heute die zweispurige Hauptstraße ul. Kazimierza Wielkiego (ehem. Karlsstraße), für die die ursprüngliche Bebauung mit ihren schmalen Gassen abgerissen werden musste. Der Verlauf der äußeren Befestigung ist bis heute an dem teilweise erhaltenen Graben und den Grünanlagen zu erkennen.

Für die Erkundung des Stadtteils zwischen den ehemaligen Befestigungsanlagen bieten sich die Straßen ul. Kazimierza Wielkiego (ehem. Karlstraße) und Nowy Świat (ehem. Neueweltgasse) als Orientierungslinie an, da sie entlang der vormaligen inneren Mauer verlaufen. Von der Universität kommend erreicht man auf der rechten Seite bald das ❶ **Zeughaus**, in dem sich jetzt das Städtische Museum befindet. In diesem Gebäude wurden früher Waffen und Getreide gelagert. Baubeginn war 1459, aus dieser Zeit stammt der Flügel links vom Haupteingang an der ul. Cieszyńskiego (ehem. Burgfeld). 1578 wurde der Westflügel errichtet

Breslau hatte bereits im späten Mittelalter das so genannte *ius praesidii* errungen – die Stadt musste zwar selbst für ihren Schutz sorgen, gleichzeitig aber war es den Herren verwehrt, ihre Truppen in den Bereich der Stadtmauern zu bringen. Die Stadtbürger unterhielten daher ihr eigenes Heer und mussten sich für den Fall einer Belagerung mit Waffen und Lebensmitteln bevorraten. Es gab zwei Waffenlager in Breslau, das Sandzeughaus am Sandtor, wo sich jetzt die Markthalle befindet, und das Burgfeldzeughaus bei den Stadtmauern am Fluss im Nordwesten der Stadt.

Renaissance-Brunnen im Hof des Zeughauses

und nach 1656 entstand der Ostflügel mit dem heutigen Haupteingang. Für den Umbau im 16. Jahrhundert wurden unter anderem Baumaterialien von der 1529 abgetragenen romanischen Abtei auf dem Elbing benutzt. Die einzelnen Flügel des Arsenals wurden nach einer Beschreibung aus dem 18. Jahrhundert wie die einzelnen Felder des Breslauer Wappens bezeichnet, man sprach also von den Flügeln „Johannes der Täufer" und „Johannes der Evangelist", ein weiterer wurde „Buchstabe W" genannt, und es gab den Flügel des „Adlers" und des „Löwen". Der Hof des Arsenals, umgeben von Bauten und Basteien in unterschiedlicher Höhe und von Teilen der alten Stadtmauer, mit einem Renaissancebrunnen in der Mitte, gehört zu den malerischsten Ecken der Stadt. Im Arsenal befindet sich heute das Archäologische Museum, eine Abteilung des Städtischen Museums, in dem vor allem mittelalterliche Kunstschätze ausgestellt sind, die bei archäologischen Grabungen entdeckt wurden. Hier haben auch die Breslauer Militaria-Sammlung und das Städtische Bauarchiv (eine Abteilung des Architekturmuseums) ihren Sitz.

1268 wurde ein Gotteshaus errichtet, das den Hll. Barbara, Felix und Adauctus geweiht wurde – die Friedhofskapelle auf dem Kirchhof der Pfarrkirche St. Elisabeth. Die Kapelle unterstand der Zunft der Weißgerber. Die später an dieser Stelle errichtete Barbarakirche war seit 1874 das Gotteshaus einer selbstständigen evangelischen Pfarrei. 1945 wurde sie zu 30 % zerstört, danach wieder aufgebaut; 1963 wurde sie der orthodoxen Gemeinde übergeben.

❷ BARBARAKIRCHE

Geht man nach dem Verlassen des Arsenals rechts auf die ul. Nowy Świat (ehem. Neueweltgasse) und biegt dann rechts in die ul. św. Mikołaja (ehem. Nikolaistraße) ein, so erblickt man ganz in der Nähe des ehemaligen Nikolaitors die **Barbarakirche,** heute die orthodoxe Kathedrale der Geburt der Allerheiligsten Mutter Gottes.

Westportal

Rechts vom Altar hing früher ein Gemälde aus dem Jahre 1558, das Jesus als Freund der Kinder darstellte. Es erinnerte an Franz Hofer, der für einen Vollbart berühmt war, der länger war als er selbst. Diesen Bart wollte sogar Kaiser Karl V. sehen, daher lud er Hofer an den Wiener Hof, wo der Bart allgemeine Bewunderung hervorrief. Hofer wurde ein Wunsch freigestellt, doch wollte er nur, dass der gesamte Breslauer Stadtrat zu seinem Begräbnis käme. Wie es heißt, wurde ihm dieser Wunsch erfüllt.

Die Barbarakirche war in der Vergangenheit für ihre vielen sakralen Kunstwerke berühmt, darunter eine Kreuzigungsgruppe von 1380 sowie ein für die Malereigeschichte bahnbrechender Altar der Hl. Barbara von 1447 (beide heute im Nationalmuseum in Warschau). Die Kirche entstand 1268 als Filialkirche von St. Elisabeth, damals noch außerhalb der Stadtmauern, die dieses Gebiet erst in der 1. Hälfte des 14. Jahrhunderts umfassten. In der ersten Bauphase wurden die zwei Joche des Mittelschiffs errichtet, das erst gegen 1400 um zwei Seitenschiffe erweitert wurde, mit kleinen Querdächern und schmalen westlichen Randjochen mit zwei kleinen Türmchen, von denen der südliche in der 2. Hälfte des 15. Jahrhunderts auf seine heutige Höhe erweitert wurde. Den Chor bauten die bekannten Breslauer Meister Hans Bertold und Peter Franczke, die auch die westliche Vorhalle des Domes, die Bernhardinerkirche und Teile des Rathauses errichtet hatten. Die Strebepfeiler des Chores wurden nach innen verlegt, wie

Barbarakirche; unten: Epitaph J. Rieger an der Südfassade

Ikonostase
im Hauptschiff

es in der Spätgotik üblich war. Um 1475 entstand an der Nordseite des Chores die Sakristei mit einem sehenswerten Netzgewölbe. Die kleine Kirche wurde im 15. Jahrhundert als Begräbniskirche genutzt, sie unterstand

Detail des Barbara-Altars (gegenwärtig im Nationalmuseum in Warschau), Fotografie, um 1930

Einer der Barbarabrüder war der größte Wohltäter dieser Bruderschaft, Herzog Wenzel von Sagan, der ganz in der Nähe in einem einfachen Haus in der ul. Mikołaja (ehem. Nikolaistraße) wohnte. Die riesige Summe von 21 000 Talern, die ihm als Anteil nach dem Verkauf des Herzogtums an die sächsischen Fürsten 1472 zugefallen war, gab er nicht für irdische Vergnügungen aus, vielmehr führte er bis zu seinem Tode 1488 das Leben eines Tertiarers, beachtete die Ordensregeln und spendete der Kirche große Summen. Im Gegensatz zu den meisten fürstlichen Gräbern wurde die Grabplatte des Herzogs in die Vorhalle der Kirche gelegt, wie eine Inschrift verkündet „zwischen dem Volke auf dem Friedhof". Dem Herzog ist ein sehr schönes gemaltes Epitaph mit einer Szene des Jüngsten Gerichts gewidmet, heute im Nationalmuseum in Breslau zu sehen. Die Bruderschaft der Hl. Barbara war so bekannt, dass sich in ihrer Kirche die meisten Breslauer Handwerker beisetzen ließen, vor allem Weißgerber, Tuchmacher, Krämer und Seifensieder.

Epitaph F. Böhme
an der Westfassade
der Kirche

der Bruderschaft der Hl. Barbara, die würdige Begräbnisse organisierte.

Barbarakirche,
Postkarte, um 1930

Leider wurde die Kirche während des 2. Weltkrieges stark zerstört und ihre Wandmalereien gingen unwiederbringlich verloren. Doch ein Teil des Bauschmucks ist erhalten geblieben – das spätgotische West- und das Nordportal, das Südportal von 1632 sowie zahlreiche Epitaphe an den Außenwänden, meist aus dem 17. und 18. Jahrhundert. Besonders sehenswert sind die Ikonostase, die Fresken und die farbigen Glasfenster, einige von Jerzy Nowosielski, sie erinnern an Werke von Theophanes dem Griechen und Andrej Rubljow.

Kehrt man zur ul. Nowy Świat (ehem. Neueweltgasse) zurück, so kommt man hinter der ul. Ruska (ehem. Reuschestraße) zu einer Stelle, an der drei Straßen zusammenlaufen, die ul. Kazimierza Wielkiego (ehem. Karlsstraße), św. Antoniego (ehem. Antonienstraße) und Krupnicza (ehem. Graupenstraße). Dieser kleine Platz, einst der Mittelpunkt des jüdischen Viertels, heißt heute plac Bohaterów Getta, das bedeutet Platz der Ghettohelden. ein Gedenkstein erinnert an das Leiden der Juden während des Holocausts. Das Viertel zwischen den Straßen św. Antoniego (ehem. Antonienstraße), Krupnicza (ehem. Graupenstraße) und Pawła Włodkowica (ehem. Wallstraße) hat teilweise noch seinen ursprünglichen Charakter

Gedenktafel am
pl. Bohaterów Getta
(Platz
der Ghettohelden)

Ulica Pawła Włodkowica

Synagoge „Zum Weißen Storch", Fotografie, um 1930

Synagoge „Zum Weißen Storch"

bewahrt. Seit dem späten 17. Jahrhundert bis ins 20. Jahrhundert hinein befanden sich hier die meisten Einrichtungen der jüdischen Gemeinde, aber auch Kirchen und Klöster anderer Bekenntnisse. So steht zum Beispiel in der gut erhaltenen Straße św. Antoniego (ehem. Antonienstraße) die barocke Kirche St. Antonius. Sie wurde genauso wie das daneben liegende Kloster im 17. Jahrhundert für die Franziskaner errichtet, als Entschädigung für ein Kloster, das sie zu Beginn der Reformation verloren hatten. In der Nähe befinden sich die ehemalige evangelische Hofkirche, die Synagoge und die orthodoxe Kathedrale – deshalb wird diese Gegend heute auch „das Viertel der vier Bekenntnisse" genannt und so der ökumenische Gedanke und die Toleranz gefördert.

3 SYNAGOGE ZUM WEISSEN STROCH

Die **Synagoge „Zum Weißen Storch"** war in Verbindung mit den jüdischen Gasthäusern entstanden, die sich seit 1517 südwestlich der Altstadt angesiedelt hatten. Das Gewohnheitsrecht, an dieser Stelle unter fürstlicher Aufsicht Herbergen und Speicher zu errichten, wurde 1744 schriftlich bestätigt, als es hier bereits vier Gasthäuser gab. Das größte war der "Pokoyhof" in der ul. Krupnicza (ehem. Graupenstraße), er bestand aus einigen mehrstöckigen Fachwerkbauten, in denen sich Lager, Ställe und Wohnungen befanden. Bald nach den Gasthäusern entstanden ein jüdischer Tempel und sog. Regionalsynagogen für die Reisenden aus ganz Europa, von denen die meisten aus Gegenden des heutigen polnischen Staates kamen. 1696 wurde die Landessynagoge errichtet, am bekanntesten aber war die Synagoge "Zum Tempel" in der ul. Anto-

niego 18–20 (ehem. Antonienstraße), die 1780–1916 genutzt wurde. 1829 wurde die Synagoge „Zum Weißen Storch" auf dem Grundstück der ehemaligen Mälzerei in der Mitte des Baublockes erbaut. Zu der Synagoge gelangt man durch eine schmale Durchfahrt von der ul. św. Antoniego (ehem. Antonienstraße) aus oder von der Seite der ul. Włodkowica (ehem. Wallstraße) durch ein

Neue Synagoge, Postkarte, um 1900

Im Zusammenhang mit dem Bau des mosaischen Haupttempels entstanden bald weitere jüdische Einrichtungen. Am wichtigsten war das Jüdische Theologische Seminar, gegründet 1838 in der ul. Włodkowica 18 aus der Stiftung von Jonas Fränckl, an dem Rabbiner und Lehrer ausgebildet wurden. Hier lehrte unter anderem Heinrich Graetz, der Verfasser der ersten, jahrzehntelang beliebten „Geschichte der Juden", die in viele Sprachen übersetzt wurde. Zu den bekanntesten Rabbinern gehörte Abraham Geiger, ein führender Vertreter der sog. liberalen Strömung. Er predigte auf deutsch, übersetzte Gebete ins Deutsche und versuchte, den jüdischen Gottesdienst der protestantische Liturgie anzunähern. Bis heute liegen seine Ideen dem liberalen Judentum z.B. in den Vereinigten Staaten zu Grunde. Zunächst war die Synagoge „Zum Weißen Storch" für die Liberalen vorgesehen, doch wurde sie seit 1873 von den konservativen Juden benutzt und der fortschrittliche Zweig zog in die Neue Synagoge um, die 1866–1872 an der ul. Łąkowa (ehem. Angerstraße) errichtet worden war. Den riesigen Bau im neoromanischen Stil hatte Edwin Oppler entworfen. Die Neue Synagoge wurde in der Pogromnacht am 9. November 1938 durch nationalsozialistische Schlägertruppen bis auf die Grundmauern niedergebrannt. Die „Synagoge zum Storch" ist zwar erhalten geblieben, doch wurde sie lange Jahre hindurch vernachlässigt. Im März 2002 begann ein neues Kapitel ihrer Geschichte, als wieder ein Rabbi für die Breslauer jüdische Gemeinde berufen wurde.

Gedenktafel am ehemaligen Standort der Neuen Synagoge, ul. Łąkowa

Konzert jüdischer Musik in der Synagoge „Zum Weißen Storch"

Jugendstiltor im ehemaligen jüdischen Gemeindehaus von 1901, in dem sich heute ein gemütliches Café befindet.

Die Synagoge „Zum Weißen Storch" wurde als eleganter klassizistischer Bau von Karl Ferdinand Langhans entworfen, der 1819 Leiter des Breslauer Bauamtes war, später wurde sie mehrmals umgestaltet (1872–1873, 1905 und 1928–1929). Ihr Äußeres ist schlicht, den einzigen Bauschmuck bilden Pilasterkapitelle in der orientalisierenden Form einer Lotusblüte. Das Innere erhellen hohe Fenster und eine Laterne über dem flachen Dach, auf der östlichen Seite befindet sich ein Rundfenster. Die beiden Frauenemporen ruhten ursprünglich auf 12 Holzsäulen, die 1905 durch schwere Betonpfeiler ersetzt wurden. Den Thoraschrein (Aron ha-Kodesch) – das Wichtigste in einer Synagoge – rahmen zwei Holzsäulen ein und bekrönt ein Giebel, der das Heilige Buch symbolisiert. Ähnlich wie an der Fassade

Ulica św. Antoniego

tauchen auch hier orientalisierende Verzierungen auf.

Geht man nach dem Verlassen der Synagoge auf die ul. Włodkowica (ehem. Wallstraße) und hält sich rechts, so kommt man zu einer kleinen Grünanlage – dem ehemaligen Klostergarten der Franziskaner. Betritt man das Franziskanerkloster durch das Tor auf der linken Seite und geht dann nach rechts, so gelangt man zu dem versteckten barocken Innenhof der Anlage. Auf dem vernachlässigten Hof sind noch die Reste eines Barockbrunnens zu finden. Das Kloster wurde 1679–1694 errichtet, seit 1793 gehörte es den Elisabethinerinnen. Weiter nördlich liegt die ul. św. Antoniego (ehem. Antonienstraße), eine Straße mit vielen Musikklubs und Bestattungsunternehmen, in die man rechts einbiegen muss, um die frühbarocke Fassade der ❹ **Antoniuskirche** zu entdecken. Die Franziskaner begannen 1679 in der damaligen Hundestraße mit dem Bau des Klosters (1679–1694) und wenig später der Kirche St. Antonius (1685–1692). Man hatte sich für diesen Ort entschieden, weil es hier, an einer unbedeutenden Nebenstraße, ein großes unbebautes Grundstück gab. Der Bau des Franziskanerklosters und der Kirche haben die Gegend deutlich aufgewertet, die Hundestraße wurde in Antonienstraße umbenannt und in ihrer Umgebung entstanden bald schon prächtige Gebäude. Besonders auffällig ist das riesige Nostitz-Palais gegenüber der Kirche. Seine monumentale Fassade dominierte die benachbarte

Innenraum eines Cafés in der ul. Pawła Włodkowica

Antoniuskirche

Passage „Niepoldshof"

Passage „Pokoyhof"

Bebauung, die damals hauptsächlich aus kleinen Fachwerkhäusern bestand. Zwischen der Synagoge und der Franziskanerkirche hatte die Freimaurerloge „Friedrich zum Goldenen Zepter" ihren Sitz, die 1776 gegründet worden war. Die Breslauer Freimaurer standen der Hauptstadt Berlin sehr loyal gegenüber. Reste eines verzierten Gartenzaunes aus dem späten 19. Jahrhundert sind noch im Hof der ul. św. Antoniego 10 zu sehen.

Ungewöhnlich war die Bebauung im Viertel um die ul. Ruska (ehem. Reuschestraße), Antoniego (ehem. Antonienstraße) und Włodkowica (ehem. Wallstraße), wo sich viele jüdische Herbergen befanden. Diese Gasthäuser waren meist recht groß, sie hatten geräumige Höfe, auf die man durch Durchfahrten von beiden anliegenden Straßen aus durch Tore gelangte, die so breit waren, dass auch schwer mit Waren beladene Wagen hindurchkamen. Im 19. Jahrhundert entstanden aus diesen Durchfahrten mehrere Einkaufspassagen, die bekanntesten sind der Pokoyhof und der kürzlich teilweise restaurierte Niepoldshof mit seinen beliebten Klubs und Restaurants.

Die Pokoyhof-Passage erreicht man über die ul. św. Antoniego (ehem. Antonienstraße), sie wurde 1911 an Stelle eines gleichnamigen ehemaligen jüdischen Gasthofes und der Landessynagoge errichtet. An den hellen Klinkerfassaden fällt die Kom-

Kino „Helios", ul. Kazimierza Wielkiego

bination von frühmodernen Formen mit Jugendstilelementen auf. Weiter nördlich, Ecke ul. Krupnicza/ Włodkowica (ehem. Graupestraße/ Wallstraße), schließt sich an die Passage das 5 Haus „Pokoyhof" an. Es wurde 1853 nach einem Entwurf von Alexis Langer errichtet, einem Spezialisten für neogotische Architektur, der vor allem für seine katholischen Kirchbauten bekannt war. Dieses Haus, das für jüdische Intellektuelle und Kaufleute entstanden war, ist eines der frühsten neogotischen Gebäude in Breslau. An dem Eckerker befinden sich die Figuren des Stadtpatrons Johannes der Täufer und der schlesischen Schutzheiligen Hedwig.

Bürgerhaus „Pokoyhof"

Ein anderer Eckbau an dieser Straßenkreuzung ist die malerische 6 **Neue Börse**, heute Sitz eines Sportvereins. Das neogotische Gebäude wurde 1864–1867 nach einem Entwurf des Breslauer Architekten Karl

Neue Börse; oben links: Allegorie an der Fassade

Lüdecke errichtet. Der Laubengang im Eingangsbereich, die polygonalen Ecktürmchen, aber auch die wunderbaren großen Fenster an der Seite der ul. Krupnicza (ehem. Graupenstraße) erinnern an die Architektur in den mittelalterlichen flämischen und italienischen Städten, in denen das europäische Bankwesen entstanden ist. Die Figuren an der Fassade stellen Allegorien des Handels, der Schifffahrt, des Bergbaus und der Hüttenindustrie dar, außerdem sind die Wappen von Breslau, Schlesien und Preußen zu sehen.

Kehrt man in die ul. Kazimierza Wielkiego (ehem. Karlsstraße) zurück, so ist in Richtung ul. Krupnicza (ehem. Graupenstraße) das neogotische Gebäude der 7 **Universitätsbibliothek** zu sehen, das 1891 nach einem Entwurf des Breslauer Baurats Richard Plüddemann entstanden war. Ursprünglich hatte sich hier auch eine Sparkasse befunden. Der rote Backsteinbau erinnert mit seinen Giebeln und Türmchen an eine mittelalterliche Burg. Daneben, in der ul. Karola Szajnochy (ehem. Roßmarkt), liegt das klassizistische Palais der Familie Wallenberg-Pachaly, ein Werk von Karl Gotthard Langhans aus den Jahren 1775–1787. Im Obergeschoss beeindruckt ein ellipsenförmiger Saal mit ionischen Säulen. 1810 wurde das Palais von Karl Ferdinand Langhans ausgebaut. Folgt man weiter der ul. Kazimierza Wielkiego (ehem. Karlsstraße), so ist bald die evangelisch-reformatorische

Gebäude der Universitätsbibliothek

Universitätsbibliothek, Treppenhaus

Universitätsbibliothek

Hofkirche
der Göttlichen
Vorsehung

8 **Hofkirche** zu sehen, heute die evangelisch-augsburgische Kirche der Göttlichen Vorsehung, mit einem auffälligen Turm mit flachem Helm. Die 1750 errichtete Kirche war das erste calvinistische Gotteshaus in der schlesischen Hauptstadt. Die Breslauer Lutheraner standen dem konkurrierenden protestantischen Bekenntnis sehr misstrauisch gegenüber, erst die calvinistischen Hohenzollern zwangen den Stadtrat zu Zugeständnissen. Der Kirchbau wurde von Calvinisten aus Deutschland, Holland, England und Schottland allein durch Spenden finanziert. Die Explosion des Pulverturms in der ul. Włodkowica (ehem. Wallstraße) zerstörte 1749 das ursprüngliche Gebäude. Daraufhin wurde der heutige Bau im Stil des spätbarocken Klassizismus unter Leitung von Ernst Gottlieb Kalckbrenner und unter Beteiligung von Jonas Friedrich Arnold errichtet. Hinter dem rechteckigen Außenbau verbirgt sich ein ovaler Innenraum mit zweigeschossigen ellipsenförmigen Emporen. Der Altar in der Mitte der Südwand dient gleichzeitig als Kanzel, es handelt sich also um einen sog. Kanzelaltar. Die Orgel an der Wand über dem Eingang stammt noch aus der Erbauungszeit der Kirche.

Neben der Kirche der Göttlichen Vorsehung befindet sich die monumentale 9 **Anlage des Königspalasts**. Der nach hinten versetzte Mittelflügel ist das ehemalige, 1719 errichtete Spaetgen-Palais, das Friedrich der Große, König von Preußen und seit 1741 auch Herrscher über Schlesien, 1750 erworben hatte. Das schlichte Palais wurde von Karl Ferdinand Langhans 1796 zu

Königspalast von der Seite des heutigen pl. Wolności aus gesehen, Postkarte, um 1917; unten: Audienzsaal (nicht erhalten), Postkarte, um 1930

einer königlichen Residenz ausgebaut, indem er zwei Querflügel anfügte und eine Säulengalerie vor den Bau setzte. Dennoch entsprach es nicht den Vorstellungen des Königs, weil es zwischen die Bürgerhäuser und den Garten des Kapuzinerklosters hineingezwängt zu sein schien.

1843–1846 errichtete August Stüler einen weiteren Wohnflügel und zwei Säulengänge, die nach Süden, zur ehemaligen Promenade und zum Plac Wolności (ehem. Schlossplatz) führen. Von dieser Anlage ist nur die Säulengalerie erhalten geblieben.

In der Umgebung des Palastes entstanden bald mehrere Bauten für Verwaltung und Kultur: das Theater (1841, die heutige Oper), die General-Kommandantur (1846, nicht erhalten), 10 das Gericht mit dem Gefängnis (1845–1852) und das Schlesische Ständehaus (1844–1846, nicht erhalten). Die Gebäude wurden mit bestimmten Funktionen der Monarchie (Macht, Rechtswesen,

Königspalast, Frontfassade

Kultur) in Verbindung gebracht und der Plac Ćwiczebny (ehem. Schlossplatz) entwickelte sich zum offiziellen Salon der Stadt, entsprechend ähnlichen Anlagen in europäi-

Seit dem Erlöschen der Breslauer Linie der Piasten im 14. Jahrhundert war Breslau keine Hauptstadt im eigentlichen Sinne mehr. Um 1659 war das Schloss den Jesuiten übertragen worden, damit gaben die Habsburger ihre Breslauer Residenz auf. Für die Hohenzollern aber war Schlesien die „Perle in ihrer Krone" und sie hielten sich oft und lange in der Stadt auf, daher brauchten sie einen würdigen und repräsentativen Wohnort. Die Wahl fiel auf das Spaetgen-Palais, das durch mehrere Aus- und Umbauten vergrößert und verschönert wurde. Während eines Aufenthalts in diesem Palast unterzeichnete der preußische König Friedrich Wilhelm III. 1813 seine folgenreiche Proklamation *An mein Volk*, in der er die Untertanen aller Stände zum patriotischen Kampf gegen Napoleon und die französische Armee aufrief.

Gerichtsgebäude; unten: Gericht und Gefängnis, Stadtgraben und Promenade sind teilweise zu erkennen

Das Ensemble der neogotischen Gerichts- und Gefängnisbauten wurde nach Plänen von Carl F. Busse aus Berlin errichtet. Das malerische Gerichtsgebäude, das wie eine Burg oder ein Schloss wirkt, war das erste neogotische Gebäude in Breslau. Auf einer Studienreise hatte Busse die neueste englische und amerikanische Architektur kennen gelernt und entwarf nun das hiesige Gefängnis nach diesen Vorbildern.

Äußerer Abschnitt der ul. Świdnicka, links die Kirche St. Stanislaus, Wenzel und Dorothea, sowie das Operngebäude, rechts die Corpus-Christi--Kirche

Ulica Świdnicka, links das während des 2. Weltkriegs zerstörte Gebäude der General-Kommandantur, Postkarte, 1898

schen Hauptstädten. Weiter östlich, hinter dem Plac Wolności (ehem. Schlossplatz), verläuft seit dem Mittelalter die belebteste Straße der Stadt, die **ulica Świdnicka** (ehem. Schweidnitzer Straße). Ursprünglich war sie zweigeteilt, die innere Straße führte vom Markt zum inneren Schweidnitzer Tor, das sich auf der Höhe der heutigen Unterführung unter der ul. Kazimierza Wielkiego (ehem. Karlsstraße) befand, die äußere Schweidnitzer Straße führte zum äußeren Stadttor, das beim Stadtgraben stand.

⑪ KIRCHE ST. STANISLAUS, WENZEL UND DOROTHEA

Im äußeren Teil der Straße sind einige interessante Sehenswürdigkeiten zu besichtigen, so die **Kirche St. Stanislaus, Wenzel und Dorothea**, die Kirche Corpus Christi und die Oper. Die Kirche St. Stanislaus, Wenzel und Dorothea, die ehemalige Augustinerkirche, ist das größte gotische Gotteshaus zwischen den beiden ehemaligen Stadtmauern. Sie wurde von den Augustiner-Eremiten errichtet, nachdem der Kaiser und böhmische König Karl IV. den Mönchen 1351 das Grundstück an der ul. Świdnicka (ehem. Schweidnitzer Straße) geschenkt hatte.

Von den drei Patronen der Kirche wurde die Hl. Dorothea immer wichtiger, sogar

Inneres Schweidnitzer Tor, Grafik, 1824

Kirche St. Stanislaus, Wenzel und Dorothea, westlicher Giebel

Kirche St. Stanislaus, Wenzel und Dorothea, Hauptaltar

Die Augustiner gehörten im Spätmittelalter zu den Mönchen mit der höchsten Bildung, sie hielten sich besonders streng an die Ordensregeln. Aus ihren Reihen kam im frühen 16. Jahrhundert der Wunsch nach einer Erneuerung des religiösen Lebens; der Augustinermönch Martin Luther fand bei seinen ehemaligen Ordensbrüdern breite Unterstützung. Auch in Breslau stießen die Ideen der Reformation bei den Franziskanern und Augustinern auf Zustimmung. Vielleicht fand gerade deshalb

Kanzel aus der Barockzeit

Im Jahre 1351 trafen sich der böhmische König Karl IV. von Luxemburg und der polnische König Kazimierz Wielki (Kasimir der Große) in Breslau, damals verzichtete der polnische König zu Gunsten Böhmens auf Schlesien. Zur Erinnerung an diese Begegnung wurde die Kirche St. Dorothea, Stanislaus und Wenzel errichtet. Die Entscheidung für das Patronat war von symbolischer Bedeutung: der Hl. Stanislaus war der erste polnische Bischof und Märtyrer, der Hl. Wenzel der Nationalheld und Patron Böhmens und die Hl. Dorothea war die Patronin der deutschen Siedler, die in Breslau eine große Rolle spielten.

Kirche St. Stanislaus, Wenzel und Dorothea, nördliche Fassade

in der Kirche St. Stanislaus, Wenzel und Dorothea der berühmte Disput zwischen den Anhängern von Luther und den Katholiken statt. „Schiedsrichter" war Johannes Hess, Pfarrer der Kirche St. Maria Magdalena, an der Diskussion nahm unter anderen der berühmte Verfechter der Reformation und Pädagoge Valentin Trotzendorf teil, der das humanistische Gymnasium in Goldberg gegründet hatte.

1526 blieb ihr großer Reliquienschrein in der Kirche. Als 1381 der böhmische König Wenzel IV. Breslau besuchte, war der Sakralbau bereits teilweise fertiggestellt, obwohl erst 1401 die Glasfenster im Chorraum gestiftet wurden. In Folge der Reformation verließen die Augustiner 1530 das Kloster, bereits fünf Jahre zuvor hatte der Stadtrat die wertvollsten Kunstschätze aus der Kirche entfernt und ins Rathaus gebracht. Später wurden sie teilweise eingeschmolzen, um den Krieg gegen die Türken zu finanzieren. Das Gebäude verfiel im 16. Jahrhundert und ging schließlich 1615 an die Franziskaner über. 1811 fiel die Kirche an den Stadtrat und wurde eine katholische Pfarrkirche.

Die Kirche ist eines der schönsten Beispiele der schlesischen Backsteingotik. Von der ul. Świdnicka (ehem. Schweidnitzer Straße) aus ist der schmale polygonale geschlossene Chor zu sehen, der noch vor 1381 entstanden war. Der breitere dreischiffige Körper der 25 m hohen Halle wurde kurz nach 1400 errichtet. Das Kreuzgewölbe im Presbyterium schließt sich, obwohl es erst im 17. Jahrhundert entstanden ist, harmonisch an die anderen Gewölbe an, an das

Sterngewölbe im Mittelschiff und das Dreistrahlgewölbe des Seitenschiffes, das zwar aus dem 15. Jahrhundert stammt, aber an ältere Formen der Breslauer Kreuz- und Marienkirche aus dem 14. Jahrhundert erinnert. Am Außenbau fallen vor allem der westliche Giebel, die gotischen Ziertürmchen, die sich an der Ostseite über den Strebepfeilern erheben, und die drei Wappentiere unter den Fenstern des Ostabschlusses

Wappenschilder im Giebelfenster des Chorraums, von links: der böhmische Löwe, der Kaiseradler und der Adler der Breslauer Piasten

Hauptschiff; unten: Hl. Johannes der Täufer

auf: der böhmische Löwe, der kaiserliche Adler und der schlesische Adler. Das Hauptportal entstand 1897, das Portal im Nordschiff dagegen im frühen 18. Jahrhundert. Auf vielen Stadtansichten von Breslau erkennt man das steile hohe Dach der Dorotheenkirche mit den kreuzförmig angeordneten Ziegeln.

Im Zuge des Umbaus 1686 wurden in ihrem Innern barocke Voluten und Kragsteine an den Rippengewölben angebracht, außerdem entstanden mit Stuckaturen verzierte Fensternischen. Gleichzeitig wurden in die beiden äußeren östlichen Joche der Seitenschiffe die Barockkapellen des Hl. Antonius und der Hl. Barbara angebaut. Sie wurden

Grabmal Heinrich G.L.B. von Spaetgen; unten: Detail der Dekoration

als Baldachine gestaltet, die von unten einsehbare Laternen mit den Figuren der Hl. Barbara und des Hl. Antonius abschließen. 1863 entstanden die Musikempore und die Orgel. Das Gemälde im Hauptaltar (um 1720) stellt das Martyrium der Hl. Dorothea dar, darüber sind die Visionen von Franz von Assisi zu sehen. Über dem Altar erhebt sich ein Baldachin mit einer figuralen Darstellung der Heiligen Dreifaltigkeit. Das Chorgestühl entstand im frühen 18. Jahrhundert, auf ihm wird das Leben des Hl. Franziskus dargestellt, bekrönt wird es von den Figuren König Davids und der Hl. Cäcilie mit der Harfe. Eines der wertvollsten Kunstwerke ist das Grabmal von Baron Heinrich Gottfried von Spaetgen am Eingang zum Südschiff, 1752–1753 von Franz Joseph Mangoldt geschaffen. Einen

Kaufhaus „Monopol", im Hintergrund die Kirche St. Stanislaus, Wenzel und Dorothea

auffälligen Obelisken, vor dem die Büste Spaetgens zu sehen ist, fasst eine architektonische Umbauung ein.

An der Ecke ul. Świdnicka/Modrzejewska (ehem. Schweidnitzer Straße/Agnes-Sorma-Straße) entstand an Stelle des ehemaligen Franziskanerklosters 1892 das im Jugendstil

erbaute Kaufhaus und Hotel „Monopol". Der Entwurf von Karl Grosser war für seine Zeit revolutionär, die Stahlskelettkonstruktion ermöglichte sehr große Schaufenster und eine freie Innengestaltung, während die Sandsteinfassade den damals aktuellen architektonischen Strömungen entsprach.

Auf Betreiben seiner vier Töchter wurde ein Grabmal für den Baron von Spaetgen errichtet. Von den Tugenden des Verstorbenen kündet die Allegorie des Ruhmes, die einen Vorhang anhebt, während Chronos – mit einer Sense in der Hand – und ein Todesengel – einen Schädel haltend – an die Vergänglichkeit der menschlichen Existenz erinnern.

Ulica Świdnicka, links die Kommende (Ordenshaus) der Johanniter, rechts die Corpus-Christi-Kirche, Grafik, 1828

12 CORPUS-CHRISTI-KIRCHE

Östlich der ul. Świdnicka (ehem. Schweidnitzer Straße), einst neben dem heute nicht mehr vorhandenen Schweidnitzer Tor, gegenüber dem Opernhaus, liegt die **Corpus-Christi-Kirche**. Sie war im Zusammenhang mit einem Hospital entstanden, das die Johanniter (Malteserritter) seit 1319 betreuten. Die Schlusssteine des Gewölbes unter dem Musikchor schmücken das Bildnis des Hl. Johannes, des Patrons des Ordens, und ein Malteserkreuz. Das Hospital der Johanniter

Corpus-Christi-Kirche

Corpus-Christi-Kirche, Seitenschiff, Fotografie, um 1930

mit der dazugehörigen Dreifaltigkeitskapelle wurde 1328, die Fronleichnamskirche 1351 erstmalig erwähnt. Die weitläufige Anlage des Hospitals nahm den gesamten Bereich nördlich der Kirche bis zur heutigen ul. Teatralna (ehem. Zwingerstraße) ein, doch erinnert nur noch eine Tafel mit einer Inschrift an das Krankenhaus, die sich an dem Gebäude gegenüber der Sakristeitür befindet. Auf dieser Tafel wird die Jahreszahl 1492 erwähnt, das Jahr, in dem höchstwahrscheinlich das Hospital und die Kommende (Ordenshaus) umgebaut wurden. Beide befanden sich auf der gegenüberliegenden Straßenseite und waren durch einen überdachten Gang mit der Kirche verbunden, der 1826 abgetragen wurde. 1548 wurden die klösterlichen Liegenschaften an die Stadt verpachtet und die Kirche anschließend als Lagerhalle genutzt. Erst gegen Ende des 17. Jahrhunderts wurden wieder Gottesdienste in ihr abgehalten, doch bereits 1813 änderte sich abermals die Funktion des Baus, in dem nun ein Krankenhaus eingerichtet wurde. Die Kommende wurde 1810 vom Staat übernommen, hier entstanden das Städtische Theater und die Kommandantur der Armee.

Die dreischiffige Basilika der Corpus-Christi-Kirche wurde in den Jahren 1351-1447 errichtet, die Jahreszahl 1447 ist auf dem Portal zur Sakristei zu sehen. Die interressanten Kragsteine, die die gotischen Gewölbe der Kirche halten, werden mit den Plastiken des Breslauer Doms verglichen.

Corpus-Christi-Kirche, gotischer Altar; oben: Altarfigur Auferstandener Christus

Unterschiedlicher Bauschmuck und Gewölbeformen (Kreuzrippengewölbe im Westen, Sterngewölbe im Osten und Dreistrahlgewölbe im Seitenschiff) zeigen, dass – wie bei gotischen Gotteshäusern üblich – mehr als eine Generation von Baumeistern an der Kirche gearbeitet hat. Die Strebepfeiler wurden ins Innere des Baus verlegt und sind daher in den Seitenschiffen zu sehen. Diese Entscheidung fiel offenbar erst während der laufenden Bauarbeiten. Die neogotische westliche Vorhalle und der Giebel entstanden 1875. Im Innern der Kirche fällt vor allem der gotische Altar im rechten Seitenschiff auf, der lange Zeit für das Sakramentshäuschen gehal-

Altar der Schmerzensmutter; daneben: Tryptichon der Ersten Märtyrer (gegenwärtig im Nationalmuseum in Warschau), Fotografie, um 1930

ten wurde. Die winzigen Plastiken an seinen Wänden – der auferstandene Christus und die Leidenswerkzeuge – stehen im Zusammenhang mit dem Patronat der Kirche.

An der Südwand befindet sich das gotische Doppelepitaph des Priors und des Komturs des Ordens, die beide 1475 gestorben sind. Die Statue von Maria als Schmerzensmutter aus den 40er Jahren des 18. Jahrhunderts, die sich im Barockaltar am Ende des Südschiffes befindet, ist ein Werk des böhmischen Bildhauers Johann Georg Urbansky. Das Gemälde im barocken Altar stellt das Letzte Abendmahl dar, es handelt sich um die Kopie eines Bildes von Johann Franz de Backer, die Jacek Kobiela und Jan Kamykowski 1997 anfertigten.

Einige wertvolle Ausstattungsgegenstände aus der Corpus-Christi-Kirche befinden

Schlussstein mit dem Kopf des Hl. Johannes des Täufers

Bolesław Chrobry (Boleslaus der Tapfere) war der erste polnische König, unter seiner Herrschaft wurde im Jahre 1000 das Bistum Breslau gegründet. Wo heute dieses Königs gedacht wird, stand bis 1945 ein Denkmal für den deutschen Kaiser Wilhelm I.

sich heute im Nationalmuseum in Warschau, das Mystikerkruzifix (um 1350) sowie ein Triptychon der Ersten Märtyrer von 1497, ein hervorragendes Beispiel der realistischen Plastik der Spätgotik.

⑬ OPER

An der gegenüberliegenden Straßenseite befindet sich das Städtische Theater, heute die **Oper**, 1841 nach einem Entwurf von Karl Ferdinand Langhans entstanden, der u.a. Theater in Berlin, Stettin, Liegnitz, Leipzig und Dessau gebaut hatte. Der Zuschauerraum des Breslauer Theaters fasste 1600 Personen. Nach dem Brand von 1865 überwachte Karl Lüdecke den Wiederaufbau, 1871 wurde das Theater erneut von einem Feuer zerstört und daraufhin von Karl Schmidt umgestaltet. Schmidt hatte auch das gegenüberliegende palastartige Haus Sachs und die Bebauung der Liebichshöhe entworfen, heute Wzgórze Partyzantów, die am westlichen Ende der ul. Teatralna (ehem. Zwingerstraße) liegt. Den monumentalen Bau des Theaters schließt ein vorstehendes Gesims ab, den weit vorgeschobenen Vorbau in Form einer Arkadienloggia bedeckt ein dreieckiges Walmdach. Neben dem nicht erhaltenen Gebäude der General-Kommandantur und dem hohen Schiff der gotischen Kirche St. Dorothea, Stanislaus und Wenzel bildeten – und bilden bis heute – die sechs Säulen dieses Portikus den wichtigsten archi-

Denkmal für den König Bolesław Chrobry in der ul. Świdnicka; unten: Operngebäude

Oper, Zuschauerraum

tektonischen Akzent auf der ul. Świdnicka (ehem. Schweidnitzer Straße). Gleichzeitig schließen sie die ul. Teatralna (ehem. Zwingerstraße) würdig ab, die zweite städtebauliche Achse, die vom Säulengang der Liebichshöhe zur ul. Teatralna (ehem. Zwingerstraße) führt und ebenfalls von Karl Schmidt entworfen wurde. Daneben bildet das Theater den prächtigen Abschluss der ul. Teatralna (ehem. Zwingerstraße), einer weiteren wichtigen städtebaulichen Achse, die zum Säulengang auf der Liebichshöhe führt. Die **Innengestaltung der Oper** stellt mit einem von Säulen gefassten Bühnenportal, der Königsloge und mehrstöckigen Rängen im Zuschauerraum ein hervorragendes Beispiel für den Theaterbau des 19. Jahrhunderts dar.

Von Süden wird die ul. Świdnicka (ehem. Schweidnitzer Straße) durch den **plac Kościuszki** (ehem. Tauentzienplatz) abgeschlos-

Bereits 10 Jahre bevor der Tauentzienplatz (heute pl. Tadeusza Kościuszki) angelegt worden war, stand in seiner Mitte ein Denkmal für den General Friedrich Bogislav von Tauentzien. Es befand genau dort, wo der General, der 1760 die Verteidigung Breslaus gegen die Österreicher leitete, zu seinen Soldaten gesagt haben soll: „Wenn wir diesem Sturm nicht widerstehen, dann will ich hier fallen und begraben sein." Dem Sturm wurde widerstanden, und der General 31 Jahre später am Ort seines Triumphes beigesetzt. Die Bebauung des Platzes wurde während des 2. Weltkriegs fast vollständig zerstört, nur eine Bank, ein Hotel und ein Kaufhaus blieben erhalten.

Plac Tadeusza Kościuszki

Bebauung der Kościuszko-Wohnsiedlung, Fotografie, 1955

sen, der außerhalb der Promenade auf der Straße nach Schweidnitz liegt. Von dem quadratischen Platz gehen kreuzförmig vier Straßen ab. Er wurde 1807 vom französischen Militäringenieur Blein entworfen und ahmte wohl vergleichbare französische Anlagen nach, die einen „Salon in der Stadt" bildeten, ähnlich wie der ehemalige Königsplatz, heute Plac Jana Pawła II. im Westen der Stadt. In der Mitte des Platzes befand sich das Grab und Denkmal von General Friedrich Bogislav von Tauentzien, dem Verteidiger Breslaus im Siebenjährigen Krieg (1756–1763), ein Werk von Karl Gotthard Langhans. Die Plastiken schuf Gottfried Schadow. Nach dem 2. Weltkrieg, im Jahre 1946, wurde an seiner Stelle das Denkmal für die polnischen Freiheitskämpfer errichtet. Auf dem südlichen Teil des Platzes entstanden 1954–1956 die Bogengangbauten der Kościuszko-Siedlung, entworfen von einem Kollektiv unter Leitung von Roman Tunikowski. Ihre architektonische Gestaltung erinnert sowohl an Warschauer Bauten des sozialistischen Realismus, als auch an den französischen Klassizismus (Rue Rivoli in Paris). In der Kościuszko-Siedlung leben 6000 Menschen, sie war die erste größere Investition auf dem Gebiet des Wohnungsbaus im Breslau der Nachkriegszeit.

Plac Tadeusza Kościuszki (Tauentzienplatz), Denkmal des Generals Friedrich Bogislav von Tauentzien (nicht erhalten), Postkarte, um 1930

Zwischen dem plac Kościuszki (ehem. Tauentzienplatz) und der Promenade steht

Einkaufszentrum DH „Renoma"

ein großes **Warenhaus, früher Wertheim**, jetzt ⑭ **DH „Renoma"**, 1929 nach einem Entwurf von Hermann Dernburg errichtet. In dem siebenstöckigen Gebäude, das eine Fläche von 35 000 m² umfasst, konnten die ersten Rolltreppen in Schlesien bewundert werden. Seine Form ist heute, da man sich wieder auf die Architektur der Moderne besinnt, völlig zeitgemäß, außergewöhnlich bleibt die farbenfrohe keramische und plastische Fassadengestaltung.

Wir kehren zur ul. Świdnicka (ehem. Schweidnitzer Straße) zurück, biegen in die ul. Teatralna (ehem. Zwingerstraße) ein und gehen nun zu der am Ende der Straße sichtbaren ehemaligen Liebichshöhe, heute Wzgórze Partyzantów. Unterwegs liegt rechter Hand das ehemalige Haus des Vereins

Puppentheater

Puppentheater

Christlicher Kaufleute, heute das ⑮ **Puppentheater**. Dieses Gebäude wurde 1889–1891 im neobarocken Stil auf dem so genannten Zwinger errichtet, also auf dem Gebiet zwischen der äußeren und inneren Stadtmauer, neben dem Haus der Schützenbruderschaft. Im Inneren befindet sich ein repräsentatives Treppenhaus, ehemalige Ballsäle sind in einen Theaterraum umgewandelt worden. Die Architektur erinnert an den Dresdner Zwinger, genauso wie die Lage zwischen den einstigen Stadtmauern.

Auf der linken Seite der Straße liegt die ⑯ **städtische Badeanstalt**, heute Bäderbetriebe, die der Leipziger Architekt Wilhelm Werdelmann 1895–1897 errichtet hatte. Die

Badeanstalt

Schwimmbecken der Badeanstalt

Blick von der Liebigshöhe (heute Wzgórze Partyzantów) auf das Operngebäude, genannt „Schmidts Achse"

Am Stadtgraben auf der ehemaligen Promenade

Anlage wurde zweimal erweitert, 1907/1908 und dann in den 20er und 30er Jahren des 20. Jahrhunderts. Hinter einer Fassade aus gelben glasierten Backsteinen befinden sich schöne Innenräume mit Wasserbecken, deren Form an einen von Kreuzgängen umgebenen Klostergarten erinnert. Das Bad wurde mit Darstellungen von Wasserpflanzen und -tieren im Jugendstil ausgestaltet.

17 LIEBICHSHÖHE

Die **Liebichshöhe**, die ehemalige Taschenbastion der neuzeitlichen Stadtbefestigung, polnisch Bastion Sakwowy, heute Wzgórze Partyzantów, ist der einzige Teil der Befestigungsanlage, der nach der Einnahme durch die Napoleonischen Truppen nicht abgetragen wurde. Sie wurde von Adolf und Gustav Liebich 1866–1867 in einen Park mit einigen Denkmalen und Bauten umgestaltet, darunter ein Säulengang und ein nicht

Säulengang
auf der Liebigshöhe

erhaltener Aussichtsturm. Der Architekt war Karl Schmidt, der auch das Theater entworfen hatte – deshalb wurde die Straße zwischen der Liebichshöhe und dem Theater „Schmidts Achse" genannt. Unter dem Hügel liegen noch Bunker aus dem Zweiten Weltkrieg, die als Musikklubs genutzt werden. Am nördlichen Abhang wurde auf den Grundmauern der Küche von 1898 eine Sternwarte erbaut.

Die Liebichshöhe ist Teil der ehemaligen **Promenade,** die entlang der nach 1813 abgetragenen Stadtbefestigung verläuft. Sie zieht sich bis zu der weiter im Osten, am Nationalmuseum gelegenen Ziegelbastion hin. Von dieser Bastion aus ist ein Gondelteich zu sehen, der mit der Oder verbunden ist. Er liegt genau an der ehemaligen Mündung des Flusses in den Stadtgraben. Von hier führt die Promenade weiter nach Süden und Westen, am Stadtgraben entlang, auf der Liebichshöhe an der ehemaligen Taschenbastion vorbei. Weiter geht der Spazierweg durch den Park Staromiejski (ehem. Altstädtische Promenade), über den Plac Wolności (ehem. Schlossplatz), der zwischen dem Stadtgraben und dem Königsschloss liegt, und dann am Graben entlang hinter der ul. Pawła Włodkowica (ehem. Wallstraße) zum Plac Jana Pawła II. (ehem. Königsplatz), wo das Nikolaitor stand. Entlang der Promenade befanden sich früher viele Denkmale, beispielsweise eine 25 m hohe neogotische

Belvedere
und Säulengang
auf der Liebigshöhe,
Postkarte, um 1901

Astronomisches
Observatorium

Amor auf Pegasus

Ideengeber und Architekt der Promenade war der Baustadtrat Johann Friedrich Knorr (1775–1847). Ihm ist zu verdanken, dass die Taschen- und Ziegelbastion als Aussichtspunkte erhalten blieben. Im Alter von 46 Jahren zog er sich aus dem Berufsleben zurück und widmete sich der Konservierung alter Orgeln. Für seine Verdienste wurde ihm auf der Promenade in der Nähe des heutigen Architekturmuseums ein Denkmal errichtet.

Denkmal für die Opfer von Katyń im Słowacki--Park

Siegessäule westlich der Ziegelbastion und Statuen von Otto von Bismarck, Wilhelm I. und Karl von Clausewitz und von den Schriftstellern und Dichtern Karl von Holtei, Gustav Freytag und Friedrich Schiller. Nur zwei dieser Figuren sind erhalten geblieben: Eine Plastik, die *Amor auf Pegasus* darstellt, ein Werk des Breslauer Bildhauers Theodor von Gosen, befindet sich im Park Staromiejski (ehem. Altstädtische Promenade) südlich der ul. Teatralna (ehem. Zwingerstraße). Der Bismarck-Brunnen mit einem Heros und Löwen, Allegorien des Kampfes und Sieges, 1900 von Peter Breuer geschaffen, steht am Plac Jana Pawła II. (ehem. Königsplatz), dahinter stand einst das Nikolaitor. Das Werk bezog sich auf ein gegenüberstehendes Denkmal von Otto von Bismarck, das es auch nicht mehr gibt. Spuren des Nikolaitores sind in der dortigen Unterführung zu sehen, der skulpturale Schmuck des Tores wurde in die Hauptfassade der Kirche der Elftausend Jungfrauen in der ul. Jedności Narodowej (ehem. Matthiasstraße) eingemauert.

Aber auch neue Denkmale sind entstanden – auf dem östlichen Abschnitt der Promenade im Słowacki-Park befindet sich eine Skulptur des polnischen Dichters der Romantik Juliusz Słowacki und ein Mahnmal für die Opfer von Katyń, im Park Staromiejski (ehem. Altstädtische Promenade), nahe der ul. Piotra Skargi (ehem. Taschenstraße) steht ein Kopernikus-Denkmal.

Wieder zurück auf der ul. Świdnicka (ehem. Schweidnitzer Straße) gehen wir an

Christophoruskirche

> Die Kapelle St. Maria von Ägypten war die Grabkapelle der Maria-Magdalenen-Kirche. Sie wurde von der Zunft der Kürschner betreut, die in der ul. Oławska und ihrer Umgebung wohnten.

den Kaufhäusern „Solpol I" und „Solpol II" vorbei und biegen dann rechts in die ul. Kazimierza Wielkiego (ehem. Karlsstraße) ein. An der Kreuzung der beiden ehemaligen Verkehrsadern liegt die (18) **Christophoruskirche**, die frühere Kapelle St. Maria von Ägypten. Bis ins 19. Jahrhundert hinein wurde hier

auf polnisch gepredigt, heute beten in der kleinen Kirche die deutschsprachigen Einwohner Breslaus.

Den Bau der Kirche in ihrer heutigen Gestalt begann 1409 Meister Heinrich Fran-

Christophoruskirche, Hauptaltar, Gesamtansicht und Detail; unten: Figur des Hl. Christophorus

kenstein. An das Kirchenschiff schließt sich der von einem Barockhelm bekrönte Turm an. Im Norden befindet sich die Sakristei im Renaissancestil, in die ein um 1610 entstandenes Portal führt, neben dem eine überlebensgroße Steinfigur des Hl. Christophorus steht. Ursprünglich traf sich in dieser Kirche die Zunft der Schmiede. In die Außenwände sind zahlreiche Epitaphe eingemauert, besonders sehenswert ist die Grabplatte für Hieronymus Krebl von 1509 mit der Szene der Kreuzabnahme an der Nordseite und das Epitaph von Christoph Hackner (gest. 1741), dem berühmten schlesischen Architekten, der vor allem in Breslau und Liegnitz tätig war. Seiner Grabplatte fehlt heute leider das Brustbild des Verstorbenen. Auffällig ist das für seine Entstehungszeit sehr moderne Netzgewölbe über dem einschiffigen Kirchenraum.

Christophoruskirche, Grabmal Hieronymus Krebel

Die Gegend um den Dominikanerplatz (heute pl. Dominikański) – nicht weit vom Oderübergang entfernt – spielte bereits viele Jahre vor der Anlage des heutigen Rings eine wichtige Rolle. Ganz in der Nähe lag der Neue Markt, ein pulsierender Handelsplatz.

⑲ ADALBERTKIRCHE

Weiter östlich liegt der plac Dominikański (ehem. Dominikanerplatz) mit der riesigen Dominikanergalerie, dahinter die **Adalbertkirche** – eines der architektonisch interessantesten Gotteshäuser in Breslau. Die Kirche steht an einer Straßenkreuzung, die schon vor der Stadtgründung von Bedeutung gewesen war. Sie wurde 1112 erstmalig erwähnt und 1148 von den Augustinern übernommen. 1226 war St. Maria Magdalena Pfarrkirche der Siedlung am linken Oderufer geworden und die Adalbertkirche

Plac Dominikański, in der Mitte das Einkaufszentrum Galeria Dominikańska; oben: die Adalbertkirche

Kätzelohle (nicht erhalten) – an ihrer Stelle steht heute die Galeria Dominikańska, Postkarte, um 1908

fiel an die Dominikaner, die Czeslaw aus dem Geschlecht Odrowąż unterstanden.

Entsprechend der Dominikanerregel wurde eine einschiffige Kirche errichtet, mit einem flachen Holzdach und einem einfachen geschlossenen Langchor. Das Querhaus entstand etwa Mitte des 13. Jahrhunderts, bis heute kann man gemauerte Zierfriese an seinen Außenwänden bewundern. Um 1330 entstand der polygonale geschlossene Chorraum in seiner heutigen Form, damals wurde die Kirche auf ihre gegenwärtige Höhe erweitert. In der 2. Hälfte des 15. Jahrhunderts wurde die St. Josephskapelle nördlich an das Hauptschiff angebaut, Ende des 15. Jahrhunderts dann das spätgotische Westjoch und der Ziergiebel errichtet. An der Südseite der Kirche entstand 1711–1718 die Barockkapelle des Seligen Czeslaw, der hier beigesetzt wurde. Der legendäre Verteidiger Breslaus während des mongolischen Überfalls von 1241 wurde zu einem der Stadtpatrone. Die Adalbertkirche weist also das für Breslau typische Konglomerat von frühgotischen bis barocken Formen auf.

Die Adalbertkirche war die erste Breslauer Pfarrkirche auf der linken Oderseite. 1226 wurde sie den Dominikanern übergeben, die aus Krakau gekommen waren. Während der Mongolenüberfälle 1241, als der am linken Ufer gelegene Stadtteil zerstört wurde, kam auch das Gotteshaus zu Schaden, doch begann bereits 1250 der Wiederaufbau.

Nordöstlich der Kirche befindet sich das in der Barockzeit umgebaute Dominikanerkloster, der gesamte Bereich weiter nördlich wird vom **Kloster der Dominikanerinnen** eingenommen, das erstmalig 1294 erwähnt wurde. Die dortige

Adalbertkirche, Katharinenkirche und Ohlauer Tor, Ausschnitt aus dem Stadtplan von Friedrich B. Werner, um 1745

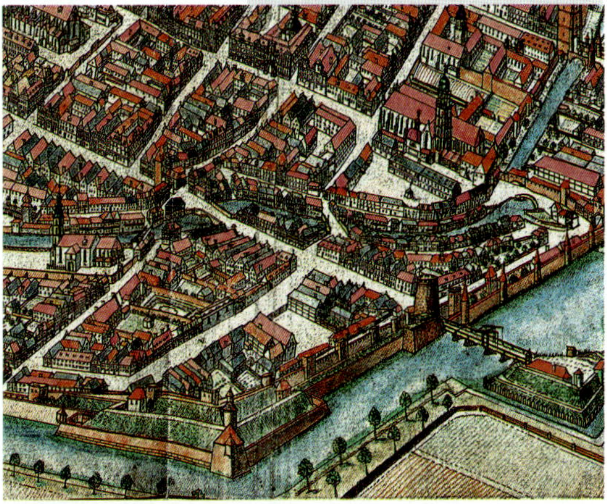

Adalbertkirche

Büste des seligen Czesław aus der Sakristei der Adalbertkirche

Im Jahre 2006 rekonstruierten Breslauer Wissenschaftler unter Verwendung seines Schädels das Gesicht des Seligen Czesławs, der im Dominikanerkloster beigesetzt worden war.

Katharinenkirche ist bis heute erhalten geblieben, ihre gegenwärtige Form erhielt sie im Zuge von Umbauten in den 70er Jahren des 20. Jahrhunderts, heute befindet sich hier ein Musikklub. Im Klostergebäude sind die Werkstätten der Denkmalpflege untergekommen.

Der langgestreckte, für die Ordensarchitektur typische **Innenraum der Adalbertkirche** liegt unter einem Kreuzrippengewölbe, das Querschiff unter Sterngewölben. Auf der Musikempore im Westen befand sich früher ein barockes Instrument des bekannten Orgelbauers Adam Horatio Casparini, heute eine moderne Orgel. Das Portal zur Josephskapelle, gegenüber vom Eingang, trägt die Jahreszahl 1466, hier wurden bis 1936 Andachten in polnischer Sprache gehalten. Rechts vom Eingang befindet sich die barocke **Kapelle des Seligen Czeslaw**, die an der Stelle der früheren Kapelle der Familie Moncado errichtet wurde, deren Wappen sich noch bis in die 1960er Jahre über dem Eingang zur Kapelle befand. Der Breslauer Bischof Franz Ludwig von Pfalz-Neuburg stiftete die Czeslaw-Kapelle, er ist auch der Stifter der Kurfürstenkapelle im Breslauer Dom. Die Czeslaw-Kapelle zeigt, dass der Kult der polnischen Dominikaner auch in der deutschsprachigen protestantischen Stadt lebendig blieb. Sie entstand 1711–1719 unter dem Architekten und Maurermeister Benedikt Miller, ihr Inneres wurde aus schwarzem Marmor und Alabaster gefertigt. Die Plastiken schuf Georg Leonhard Weber, die Gemälde Johannes Franz de Backer und die Wandmalereien stammen von Johann Jacob

Grabmal des Seligen Czesławs

Detail des plastischen Schmucks am Grabmal des Seligen Czesławs

Eybelwieser. In der Vorhalle hält die Figur eines Türken eine Messingtafel, deren Inschrift dem Seligen Czeslaw gewidmet ist, beim Eingang zur eigentlichen Kapelle stehen die Statuen des Hl. Dominikus und des Hl. Jacek Odrowąż. Der Sarkophag in der Mitte der Kapelle ist Teil des Altars, auf dem allegorische Figuren die Kardinaltugenden und -laster darstellen und Reliefs das Leben des Seligen Czeslaw illustrieren. Die Figuren neben dem Altar personifizieren Barmherzigkeit (Frau mit drei Kindern), Glaube (Gestalt mit Kruzifix) und Hoffnung (Gestalt, die sich auf einen Anker stützt). Andere Szenen zeigen den Sieg der katholischen Kirche über den Islam – die Erinnerung an den Entsatz von Wien 1683 war

Kapelle des Seligen Czesławs, Malerei im Gewölbe

Der Selige Czesław tauft einen tartarischen Khan, Malerei in der Kapelle

Adalbertkirche, Hauptschiff

noch lebendig, um so mehr, als einer der Stifter der Kapelle der in Ohlau lebende Prinz Konstanty Sobieski war, Sohn des polnischen Königs Jan III. Sobieski, des Siegers von Wien. Über dem Altar zerbricht eine Engelsfigur einen Halbmond, das Symbol des Islam, und ein Relief rechts neben dem Altar zeigt den Seligen Czeslaw bei der Taufe eines tartarischen Khans. Das Wappen im Gemälde daneben erinnert an einen weiteren Stifter der Kapelle, Graf von Schaffgotsch. Die Kuppelmalereien von 1726 zeigen die 12 Apostel und die Aufnahme von Czeslaw in die Schar der Heiligen.

Die Ausstattung der Kirche wurde größtenteils im Krieg zerstört. Bereichert wird der Innenraum durch Glasfenster aus der Nachkriegszeit von Teresa Reklewska, die unter anderem die Lobpreisung Christi, die vier apokalyptischen Reiter, das mit dem Mond bekleidete Weib und Engel darstellen. Das wundertätige Bild der Rosenkranzmadonna in einem Rokokoaltar im nördlichen Querschiff wurde 1957 aus Podkamienie in Podolien hierher gebracht. Im Chor fallen neben barocken Gemälden vom Kreuzweg aus dem 18. Jahrhundert die Glasfenster von Krystyna und Stanisław Pękalski von 1970 auf. Die Krypta besteht aus zahlreichen Einzelräumen, den Breslauer Katakomben, in denen einige Sarkophage stehen, u.a. von Ferdinand von Hochberg, dem Abt der Breslauer Norbertiner, und von Matteo Moncado, der eine Kapelle der Kirche gestiftet hatte. Unter dem Altar des Seligen Czeslaw sind die oelser-württembergischen

Refektorium im Dominikanerkloster

Ehemalige Bernhardinerkirche; unten: ehemaliges Bernhardinerkloster (heute Architekturmuseum)

Prinzessinnen beigesetzt. Rechts von der Kirche liegt der Eingang ins Refektorium des ehemaligen Dominikanerklosters, 1724 von Johann Franz de Backer mit Stuckaturen und Malereien reich ausgestaltet.

Östlich vom Plac Dominikański (ehem. Dominikanerplatz) liegt die **ehemalige Kirche und das Kloster der Bernhardiner**, heute das 20 **Architekturmuseum**. Das Kloster entstand dank der Fürsprache und flammenden Predigten des Bernhardinermönchs Johannes Capestrano, des berühmten Predigers mit den strengen Ansichten, der später heilig gesprochen wurde. Der von Meister Hans Berthold geleitete Bau, begonnen 1463, zog sich bis ins frühe 16. Jahrhunderts hin. 1522 wurden die Bernhardiner im Zuge der Reformation wieder verjagt. In dem verlassenen Kloster fanden zunächst das städtische Hospital und die Schule Platz,

wenige Jahre später, 1526, wurde die ehemalige Bernhardinerkirche nach St. Elisabeth und der St. Maria Magdalena die dritte Pfarrkirche der Stadt.

Am Bau fallen einige Unregelmäßigkeiten auf, die Schiffe sind unterschiedlich breit und der Chor ist abgeknickt. Ein Meisterwerk ist dagegen das Westportal von Hans Berthold, mit den für die Spätgotik typischen gewundenen Fialen. Die Gewölbe in den Klosterbauten sind beeindruckend, wenn auch nach Kriegszerstörungen nur zum Teil erhalten: ein Netzgewölbe im Westflügel und ein auf einen Pfeiler gestütztes Kreuzgewölbe im Verbindungsgang, der zur Kirche führt. Ganz modern, unter Verwendung einer gläsernen Abdeckung, wurde dagegen der Ostflügel des Klosters wiederaufgebaut. Die Kirche wird zur Zeit vom Architekturmuseum als Ausstellungsraum genutzt. Die Schätze ihrer ursprünglichen Ausstattung befinden sich heute im Nationalmuseum in Warschau, u.a. ein Tafelbild von etwa 1430, auf dem in 32 Szenen das Leben der schlesischen Schutzheiligen, der Hl. Hedwig, dargestellt wird, sowie ein Epitaph mit einer gemalten Verkündigungsszene (um 1500).

Lebensbeschreibung der Hl. Hedwig (gegenwärtig im Nationalmuseum in Warschau), Fotografie, um 1930

Klostergarten im ehemaligen Bernhardinerkloster

In unmittelbarer Nachbarschaft zum Architekturmuseum, in der ul. Jana Ewangelisty Purkyniego 11, befindet sich die Ro-

Rotunde mit dem *Panorama von Racławice*

Panorama von Racławice

tunde mit dem 21 *Panorama von Racławice*. In diesem Gebäude ist ein riesiges Gemälde ausgestellt, das die **Schlacht bei Racławice** zeigt, bei der am 4. April 1794 die polnischen Aufstandstruppen unter Tadeusz Kościuszko die russische Armee geschlagen haben.

In der Nähe der Rotunde, am plac Powstańców Warszawy, hat im ehemaligen Provinzialregierungsgebäude heute das 22 **Nationalmuseum** seinen Sitz.

Das *Panorama von Racławice* ist erst seit 1985 wieder der Öffentlichkeit zugänglich. Bis dahin wurde das beschädigte Rundgemälde, das aus Lemberg mitgebracht worden war, im Nationalmuseum aufbewahrt. Die Führung der von der Sowjetunion abhängigen Volksrepublik Polen fürchtete sich, ein Bild auszustellen, das einen Sieg polnischer Truppen über Russland zeigt. Im Zusammenhang mit der Solidarność-Bewegung entstand 1980 ein Bürgerkommitee Panorama von Racławice, das schließlich die öffentliche Ausstellung des Bildes erkämpfte.

Gebäude des Nationalmuseums

Jahrhunderthalle, Inneres der Kuppel

HINTER DER GRUNWALD-BRÜCKE

Ausstellungsgebäude, Kapitell einer Säule

Wenden wir uns von der Dominsel nach Osten, so erreichen wir ein Stadtviertel, welches zahlreiche Gebäude, die mit der Technischen Hochschule (Politechnika Wrocławska) und der Breslauer Universität in Verbindung stehen, beherbergt. Unmittelbar an der Oder entstand vor kurzem auf Höhe der most Pokoju (Friedensbrücke) nach Plänen Jacek Rzyskis die moderne Universitätsbibliothek. Noch in den 1960er Jahren wurde nach Entwürfen Krystyna Barskas und Marian Barskis entlang des Flusses der Gebäudekomplex des Mathematischen und des Chemischen Instituts der Breslauer Universität errichtet. Die Stahlbetonkonstruktion und die umkleidenden Glaswände werden von Mosai-ken der Künstlerin Anna Kujawska-Szpakowska ergänzt. Dieser Abschnitt des Oderboulevards endet an der ehem. Kaiserbrücke – der jetzigen **1** **Most Grunwaldzki** (Gunwald-Brücke), die nach einer Konzeption Richard Plüddemanns als Hängekonstruktion von den

Plac Grunwaldzki, rechts oben die Grunwald-Brücke

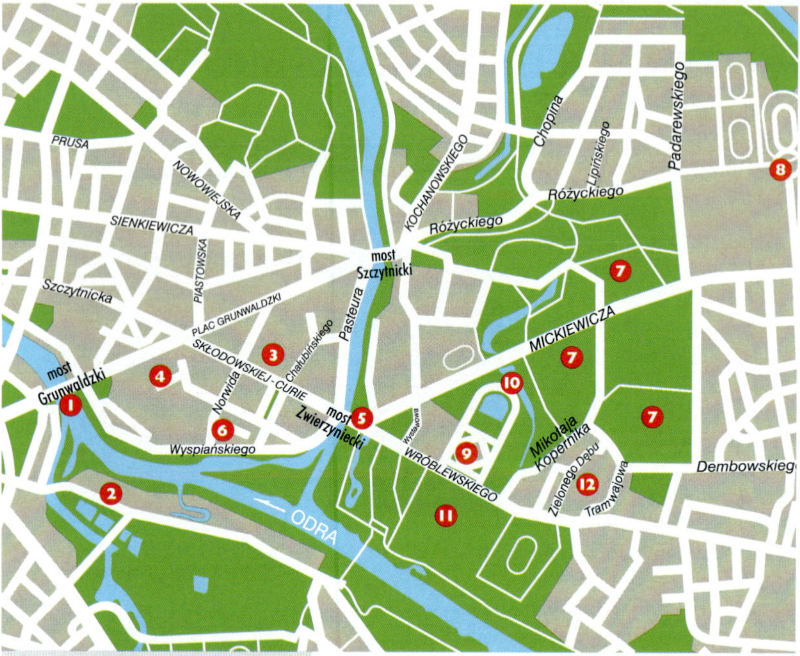

1. Most Grunwaldzki (Kaiserbrücke)
2. Wasserturm
3. Komplex der Klinikgebäude
4. Denkmal der ermordeten Lemberger Professoren
5. Most Zwierzyniecki (Passbrücke)
6. Hauptgebäude der Technischen Hochschule Breslau
7. Scheitniger Park
8. Olympiastadion
9. Jahrhunderthalle
10. Japanischer Garten
11. Zoologischer Garten
12. Wohn- und Werkraumausstellung (WuWA)

Ingenieuren E. Weyrauch aus Berlin und M. Mayer aus Hamburg in den Jahren 1908–1910 ausgeführt wurde. Die Brücke, deren Pylonen aus Riesengebirgsgranit ursprünglich kleine Türmchen – symbolische Kaiserkronen – aufgesetzt waren, ist ein Beispiel für die Verschmelzung politischer Symbolik der Kaiserzeit und moderner Technik. Sie stellte zu ihrer Erbauungszeit mit einer Spannweite von 126,6 m und einem Gesamtgewicht der Granitelemente von 2400 t die zweitlängste Hängebrücke Deutschlands dar. Heute ist sie die einzige Brücke einer solchen Konstruktion in Polen, die dem Fahrzeug- und Straßenbahnverkehr dient.

Kaiserbrücke, Postkarte, 1913; gegenüber: aktuelles Foto, im Hintergrund der Wasserturm in der ul. Na Grobli

Die Grunwald-Brücke (ehem. Kaiserbrücke) ist zugleich der Anfang einer Verkehrsachse, die über die pl. Grunwaldzki (ehem. Kaiserstraße) zur most Szczytnicki (ehem. Scheitniger Brücke) und weiter bis zum park Szczytnicki (ehem. Scheitniger Park) sowie den Siedlungen Zalesie (ehem. Lehrbeutel), Zacisze (ehem. Wilhelmsruh) und Sępolno (ehem. Zimpel) führt. Die zweite Verkehrsachse, die jetzige ul. Marii Skłodowskiej-Curie (ehem. Tiergartenstraße) führt vom mittleren Abschnitt des pl. Grunwaldzki abgehend in südöstliche Richtung auf die most Zwierzyniecki (ehem. Passbrücke) zu und verläuft anschließend, am Scheitniger Parks vorbei, weiter in Richtung Biskupin (Bischofswalde).

Im Bereich des jetzigen pl. Grunwaldzki dehnten sich einst Güter des im 12. Jahrhundert gegründeten Benediktiner- und späteren Prämonstratenserklosters auf dem Elbing aus, welches sich bis 1529 an der Stelle der jetzigen Kirche St. Michael an der ul. Kardynała Stefana Wyszyńskiego (ehem. Adalbertstraße) befand. Wie aus alten Beschreibungen und Karten geschlossen werden kann, war dies einst ein Überschwemmungsgebiet der Oder, das von zahlreichen Kanälen durchzogen war. Zugleich befanden sich hier Felder und Weiden zweier

❷ Der Wasserturm wurde 1871 zusammen mit dem Wasserwerk „Na Grobli" zur Nutzung übergeben und bildet somit einen der ältesten Teile der städtischen Infrastruktur. Der Betrieb versorgte bereits damals 200 000 Breslauer mit Wasser, sein Bau hatte 3 Mio. Mark gekostet. Im Turm befanden sich ein stählernes Sammelbecken und eine Dampfmaschine. Im Zuge der weiteren Entwicklung der Stadt wurde die technische Anlage später erneuert. Der Wasserturm wurde bis in die 60er Jahre des 20. Jahrhunderts hinein genutzt, die alte Ausstattung hat sich erhalten.

Evangelische Lutherkirche (nicht erhalten), Postkarte, um 1903

Dörfer, von denen eines den Namen für das heutige Scheitniger Viertel gab. Die Vorstadt, die 1868 dem Breslauer Verwaltungsgebiet angeschlossen wurde, nahm in der zweiten Hälfte des 19. Jahrhunderts rasch an Bedeutung zu. Zeuge dessen war die Errichtung der mächtigen, heute nicht mehr existierenden Lutherkirche, die in den Jahren 1893–1896 nach Entwürfen Jürgen Krögers und Hans Abessers in der Nähe der jetzigen Kreuzung des pl. Grunwaldzki mit der ul. Marii Skłodowskiej-Curie erbaut worden war und deren neogotischer, mit einem spitzen Helm bekrönter Turm zu jener Zeit als der höchste der Stadt galt. Südlich der ul. Marii Skłodowskiej-Curie wurde in den Jahren 1890–1909 3 der **Gebäudekomplex der Universi-**

Albert Neisser

Rektorat der Medizinischen Akademie, wybrzeże L. Pasteura 1

Johann Mikulicz-Radecki (1850–1905), ein bedeutender Chirurg, wurde aufgrund des ersten erfolgreichen Vernähens eines Magendurchbruchs bekannt. Darüber hinaus führte er eine Operation am offenen Brustkorb durch, wobei er dem Prinzip der modernen Aseptik folgte sowie eine Unterdruckkammer nutzte, dank derer Komplikationen, die bis dato durch den Druckunterschied hervorgerufen worden waren, umgangen werden konnten.

Alois Alzheimer (1864–1915), ein berühmter Neurologe und Psychiater, der zwar an anderen akademischen Einrichtung in Deutschland seine Ausbildung wie auch seinen Ruhm erlangte, jedoch 1912 als Professor an die Breslauer Universität berufen wurde und sich schließlich hier auf Dauer niederließ. Berühmt wurde er durch die erstmalige Beschreibung und Definition einer Krankheitserscheinung des Gehirns, deren Bezeichnung von seinem Namen abgeleitet ist, Alzheimerkrankheit.

Ludwik Hirszfeld (1884–1954) kam 1945 bereits als berühmter Arzt aus Lemberg nach Breslau. Während der deutschen Okkupation war er aus dem Warschauer Getto geflohen und hatte bis zum Niedergang des Nationalsozialismus unter einem Decknamen gelebt. Er ist einer der Begründer der Blutgruppenklassifikation. Wir verdanken ihm die Untergliederung des Blutes in die Blutgruppen „A", „B", „AB" und „0". Er prägte den Begriff vom serologischen Konflikt und seine Forschungen ermöglichten die Bluttransfusion.

Albert Neisser (1855–1916), ein bedeutender Dermatologe, entdeckte im Jahr 1879 Gonokokken, die den Namen Neisser-Diplokokken erhielten und für die Erkrankung an Gonorrhöe verantwortlich sind. Diese Entdeckung erlaubte eine Heilung und Frühdiagnose dieser Geschlechtskrankheit. Neisser leitete die Dermatologische Klinik und gemeinsam mit seiner Frau stellte er in seinem prachtvollen Haus in Lehrbeutel am Rande des Scheitniger Parks eine Kunstsammlung zusammen. Auch darüber

Stele für Johann Mikulicz-Radecki, ul. M. Skłodowskiej-Curie; daneben: Kardiologische Klinik, wybrzeże L. Pasteura 4

hinaus spielte das Haus der Familie Neisser als Gesellschaftssalon eine bedeutende Rolle. So gaben u.a. Richard Strauss und Gustav Mahler dort Konzerte. Nach dem Tode der Neissers wurde die Villa in ein Museum bürgerlicher Kunst umgewandelt. Aufgrund der jüdischen Herkunft der Familie wurde das Museum nach der Machtübernahme durch die Nationalsozialisten geschlossen und die Sammlung aufgelöst. Die Villa selbst wurde bei der Belagerung Breslaus 1945 zerstört.

Ludwik Hirszfeld

Ulica M. Skłodowskiej-Curie, rechts der Klinikkomplex. Zur Zeit werden die Kliniken in neue Bauten in den südlichen Teil der Stadt, ul. Borowska, verlegt

Gebäude des Staatlichen Archivs (nicht erhalten), Ecke ul. M. Skłodowskiej--Curie und ul. Nauczycielska, Postkarte, 1911

Gebäude des Instituts für Elektroenergie der Technischen Hochschule Breslau, plac Grunwaldzki; unten: Gebäude des Instituts für Informatik der Breslauer Universität, ul. F. Joliot--Curie

In mehreren Gebäuden am plac Grunwaldzki und in seiner Nähe sind Einrichtungen der vier Breslauer Hochschulen ansässig, der Medizinischen Akademie, der Technischen Hochschule, der Breslauer Universität und der Naturwissenschaftlichen Universität. Die Bauten der Technischen Hochschule und der Universität liegen am Oderufer.

tätskliniken gebaut, der als ein hervorragendes Beispiel des damaligen Krankenhaus- und Wissenschaftsbau angesehen werden kann. Besondere Aufmerksamkeit verdienen die alten Vorlesungssäle, die bis heute für Lehrveranstaltungen im Fach Anatomie genutzt werden und daher für Besichtigungen nicht zugänglich sind. An diesen Klinken arbeiteten eine große Anzahl bedeutender Spezialisten, deren Namen bis in die Gegenwart allgemein bekannt sind.

Der einst mit Mietshäusern und Villen eng bebaute Vorort entlang der Achse des **pl. Grunwaldzki** wurde im Jahr 1945 Opfer der Umgestaltung Breslaus in eine Festung. Da in diesem Zusammenhang an seiner Stelle ein Flugplatz eingerichtet werden sollte, wurden die ihn umgebenden Mietshäuser abgerissen und die Lutherkirche gesprengt. Auch das Staatsarchiv erlag dieser Zerstörung. Während dieser Arbeiten, die unter massivem Artillerie- und Luftbeschuss durchgeführt wurden, ließen mehrere tausend Menschen, insbesondere Frauen, Kinder und Alte, ihr Leben. Nach dem Zweiten Weltkrieg wurde auf diesem leeren Platz ein akademisches Städtchen angelegt. Auf der

nördlichen Seite dieser Achse befindet sich eines der wenigen Architekturbeispiele des Sozrealismus in Breslau, der Gebäudekomplex der Technischen Hochschule (Politechnika Wrocławska). Dieser wurde in den Jahren 1950–1955 von Tadeusz Brzoza und Zbigniew Kupiec errichtet. Trotz der selbstverständlich anderen ideologischen Prämissen dieser Architektur bezieht sich diese mit ihrem rustizierenden Sandsteinsockel auf die 40 Jahre zuvor errichtete Kaiserbrücke. Auf dem Platz zwischen den beiden Gebäuden befindet sich ❹ ein **Denkmal**, welches den Ermordeten Lemberger Professoren gewidmet ist. Es wurde 1964 enthüllt und erinnert an jene Gelehrten, die im Juli 1941, nachdem Lemberg von der Sowjetunion an die Deutschen übergeben worden war, von letzteren hingerichtet wurden. Entgegen der Absichten der sozialistischen Machthaber wurde dieses Denkmal zu einem Symbol des gesellschaftlichen Widerstandes gegen jene Ordnung und Bündnispartner, die Polen nach dem Zweiten Weltkrieg aufgedrängt worden waren.

Der auf der gegenüberliegenden Seite befindliche Wohnkomplex wurde in den Jahren 1967–1970 von Jadwiga Hawrylak-Grabowska entworfen und ausgeführt. Es war dies der erste Versuch, in Breslau aus der Monotonie der in Plattenbauweise errichteten Bebauung auszubrechen. Hierfür wurden die Balustraden der Balkone und die bullaugenartigen Öffnungen der Unterbauten der massiven, sechzehngeschossigen Hochhäuser aus Stahlbeton von der Architektin plastisch durchgearbeitet.

Vom pl. Grunwaldzki aus gelangen wir entlang der ul. Marii Skłodowskiej-Curie an den

Denkmal der Ermordeten Lemberger Professoren

Mit den Professoren waren einige ihrer Familienangehörigen erschossen worden, auch Kinder und Enkel, ja selbst Menschen, die in der Nacht der Verhaftung (3./4. Juli 1941) bei den Professoren zu Gast gewesen waren. Zunächst war ihr Schicksal unbekannt. Insgesamt waren 45 Menschen ermordet worden.

Wohnbebauung aus den 70er Jahren des 20. Jahrhunderts am plac Grunwaldzki; daneben: Zwierzyniecki-Brücke

Ensemble der ältesten Gebäude der Technischen Hochschule Breslau, 1905–1928

Klinken vorbei auf die malerische 5 ehem. **Passbrücke** (most Zwierzyniecki). Sie wurde mit ihren Pylonen aus Sandstein und ihrer kunstvollen Tragwerkkonstruktion in den Jahren 1895–1897 durch Karl Klimm und Richard Plüddemann errichtet. Rechts der Brücke, entlang der Oder, erstreckt sich der Gebäudekomplex der 6 ehem. **königlichen Technischen Hochschule**, der jetzigen Politechnika Wrocławska.

Der Eingang zum Hauptgebäude der Technischen Hochschule an der ul. Norwida (ehem. Hansastraße) besaß ein reiches, in Teilen heute noch erhaltenes ikonografisches Programm. Die beiden den Eingang flankierenden Pilaster sind mit einer reliefartigen Dekoration bedeckt und tragen zwei sitzende männliche Figuren, von denen eine – in Gestalt eines Bildhauers – die „Kunst“ und die andere – in Gestalt eines Fabrikarbeiters – die „Technik“ symbolisieren. Ein

Technische Hochschule Breslau, Eingang an der ul. C. Norwida

Hauptgebäude der Technischen Hochschule Breslau, wybrzeże S. Wyspiańskiego

Relief auf der linken Seite zeigt die Errungenschaften der klassischen Kultur, während ein anderes auf der rechten Seite die Entwicklung der Technik seit der Vorgeschichte bis in die Epoche der Zeppeline darstellt. Die Eingangstüren aus Eichenholz sind mit Bronzeblech beschlagen, die mit plastisch herausgearbeiteten Plaketten versehen sind, in denen die sechs Bereiche der Technik zur Anschauung gebracht werden.

Pferderennen im südlichen Teil des Scheitniger Parks, Grafik, 1834

7 SCHEITNIGER PARK

Nachdem wir uns an das andere Ende der Brücke begeben haben, befinden wir uns nun auf der Großen Insel, die zwischen Oderarmen und künstlichen Kanälen gelegen ist. Den westlichen Teil der Insel nimmt der **Scheitniger Park** (park Szczytnicki) ein. Diesen legte Herzog Friedrich Ludwig von Hohenlohe-Ingelfingen an der Wende vom 18. zum 19. Jahrhundert auf

Restaurant (nicht erhalten) im ältesten Teil des Parks, zwischen ul. A. Mickiewicza und al. L. Różyckiego, Postkarte, 1911

seinen Besitzungen an. Der Herzog selbst ging in die Geschichte als jener Kommandeur ein, der die größte militärische Niederlage in der preußischen Geschichte, die Schlacht gegen die napoleonische Armee bei Jena im Jahre 1806, hinnehmen musste. Am Entwurf der Gartenanlage beteiligte sich der bekannte Architekt Karl Gotthard Langhans. Der landschaftlich gestaltete Teil des Parks war von Anbeginn an für die Öffentlichkeit zugänglich und wurde zu einem beliebten Ausflugsziel der Breslauer Bürger. Nachdem das Areal des Parks während der Okkupation Breslaus durch die französische Armee im Jahr 1807 verwüstet worden war, wurde es parzelliert und verkauft. Glücklicher-

Scheitniger Park

Denkmal für Friedrich Schiller im Scheitniger Park, 1995 rekonstruiert, im Parkteil zwischen der ul. A. Mickiewicza und ul. Mikołaja Kopernika

weise verlor die Anlage nicht ihren Charakter als Naherholungsort und schließlich gelang es in der zweiten Hälfte des 19. Jahrhunderts weite Abschnitte wieder zu einem öffentlichen Park zusammenzufügen, der der ganzen Stadt von Nutzen war. In den Gesamtkomplex der Anlage fanden neben dem Park die Pferdrennbahn, die in ein Ausstellungsgebiet umgewandelt wurde, der Zoologische Garten, eine luxuriöse Villenbebauung und die Sportanlagen um das Olympiastadion herum Eingang. Im Jahr 1854 wurden die ehemaligen herzöglichen Besitzungen mit dem Scheitniger Wäldchen verbunden und somit ein öffentlicher Stadtpark gebildet. Der Begründer des Scheitniger Parks war im Jahr 1860 der Botaniker Heinrich Robert Göppert, der sich nachdrücklich für die Schaffung von Grünanlagen in Breslau einsetzte. Seit 1861 beteiligte sich der berühmte Berliner Gartenarchitekt Peter Joseph Lenné aktiv an den Planungen. Zwei Jahre darauf wurde ein vom südlichen Teil des Parks abgetrennter Bereich zu einem zoologischen Garten umgestaltet. Der Scheitniger Park, der sich über eine Fläche von 100 ha ausdehnt, gehört zu den größten seiner Art in Polen. In seinem nordwestlichen Bereich, nahe der al. Różyckiego (ehem. Fürstenstraße), kann man noch bis heute die Kaiser-Friedrich-Wilhelmsäule, die aus der Zeit des herzöglichen Gartens, aus dem Jahre 1805, stammt und das Postament des Joseph-Eichendorff-Denkmals aus dem Jahre 1911 zwischen prächtigen Buchen und Rhododendronbüschen erblicken. An einem lang

Herbst im Scheitniger Park

Astonomisches Observatorium, ul. Mikołaja Kopernika

Max Berg (1870–1947), Architekt. Als Breslauer Stadtbaurat (1909-1925) entwarf er unter anderem die Jahrhunderthalle, das Krankenhaus in der ul. J. Hoene--Wrońskiego sowie das Stadtbad in der ul. M. Skłodowskiej--Curie.

gestreckten Teich, dem Rest des alten Oderverlaufs, in der Nähe der al. Mickiewicza (ehem. Friedrich-Ebert-Straße) findet man das im Jahre 1995 rekonstruierte Friedrich-Schiller-Denkmal. Ursprünglich war es 1905, als Kopie des 1794 in Weimar enthüllten Schillerdenkmals, aufgestellt worden. Nördlich des Teiches dehnen sich, insbesondere im Mai, prachtvolle Rhododendronbüsche und der Rosengarten aus. Es lohnt sich im östlichen Parkabschnitt, nahe der ul. Kopernika (ehem. Vogelweide), die weiten malerischen Lichtungen zu besuchen, die mit exotischen Laubbäumen und schwarzen Kiefern sowie mit den für Niederschlesien typischen Fichten eingefasst sind.

Die Straßen, die den Park begrenzen, werden von Villen gesäumt, die vom Beginn des 20. Jahrhundert stammen. Die interessantesten Beispiele dieser Bebauung, u.a. solche, die in ihren Formen dem für die damalige Zeit charakteristischen Landhausstil folgen, kann man in der ul. Parkowa (ehem. Parkstraße) betrachten. Die aus rotem Ziegel errichtete Villa in der ul. Kopernika 19 war das Wohnhaus Max Bergs, dem Erbauer der Jahrhunderthalle. Unweit davon, bei Nr. 11, befindet sich ein interessantes, in den Formen der Moderne entworfenes Gebäude, das astronomische Observatorium aus dem Jahre 1929.

8 Das **Olympiastadion**, welches sich im Osten der ul. Ignacego Paderewskiego (ehem.

Freibad im Olympiastadion, Postkarte, um 1938

Olympiastadion

Hans Poelzig (1869–1936), Architekt und Bühnenbildner.
Von 1903 bis 1916 war er Direktor der Königlichen Kunst- und Gewerbeakademie in Breslau. Er entwarf unter anderem ein Geschäftshaus (ul. Ofiar Oświęcimskich), das Ausstellungsgebäude, das Große Schauspielhaus in Berlin und eine Erweiterung des Löwenberger Rathauses.

Am Sportfelde) befindet, ist gleichfalls Teil des Parks. Es wurde in den Jahren 1925–1929 sowie 1936–1939 von Richard Konwiarz errichtet. Für sein Projekt erhielt der Architekt 1932 bei den Olympischen Spielen in Los Angeles eine Bronzemedaille. In der zweiten Ausbauetappe, in den 1930er Jahren, wurde der Gesamtkomplex mit seinen verschiedenen Sportanlagen, wie Tennisplätzen, Schwimmbad, Sporthallen und Schießanlage, dem Restaurant und dem von einer Pergola eingefassten Paradeplatz in ein Forum umgewandelt, das nunmehr nationalsozialistischen Propagandazwecken diente. Gegenwärtig ist das Olympiastadion in erster Linie aufgrund der hier abgehaltenen Speedwayrennen bekannt. Das seitlich des Stadions gelegene, grüne Marsfeld ist Ort für Massensport- und Konzertveranstaltungen. Die Attraktivität der Umgebung des Olympiastadions wird zusätzlich dadurch bereichert, dass es möglich ist, auf einem Weg entlang der Oderdeiche mit dem Fahrrad aus den anderen Stadtbereichen hierher zugelangen.

AUSSTELLUNGSGELÄNDE UND JAHRHUNDERTHALLE

Auch das berühmte Breslauer **Ausstellungsgelände** ist in den Park einbezogen und erstreckt sich entlang der ul. Olszewskiego (ehem. Wilhelmshafener Straße) am südlichen Rand des-

Jahrhunderthalle und Umgebung

selben. Es wurde im Zusammenhang mit der Jahrhundertausstellung, die im Jahre 1913 aus Anlass des einhundertjährigen Jubiläums der Völkerschlacht bei Leipzig und der Befreiung Deutschlands von der napoleonischen Okkupation ausgerichtet wurde, eröffnet. Die Modernität dieser städtebaulich-architektonischen Anlage besteht darin, dass die monumentalen Bauten in einem Wechselverhältnis mit den Grünflächen und den künstlich angelegten Wasserbecken konzipiert wurden. Es war das Anliegen der Autoren dieses Komplexes, zum einen des Architekten der Jahrhunderthalle, Max Berg, zum anderen des Erbauers der Ausstellungshalle, des so genannten **Vierkuppelbaus**, Hans Poelzig, einen Ort der Kontemplation und der Musen zu erschaffen. Die Anlage war für Ausstellungen der bildenden Künste, Konzertveranstaltungen wie auch für den Kult

Vor dem Eingang zum Ausstellungsgebäude steht eine Skulptur von Xawery Dunikowski, Teil des Denkmals für die Schlesischen Aufständischen.

Ausstellungsgebäude

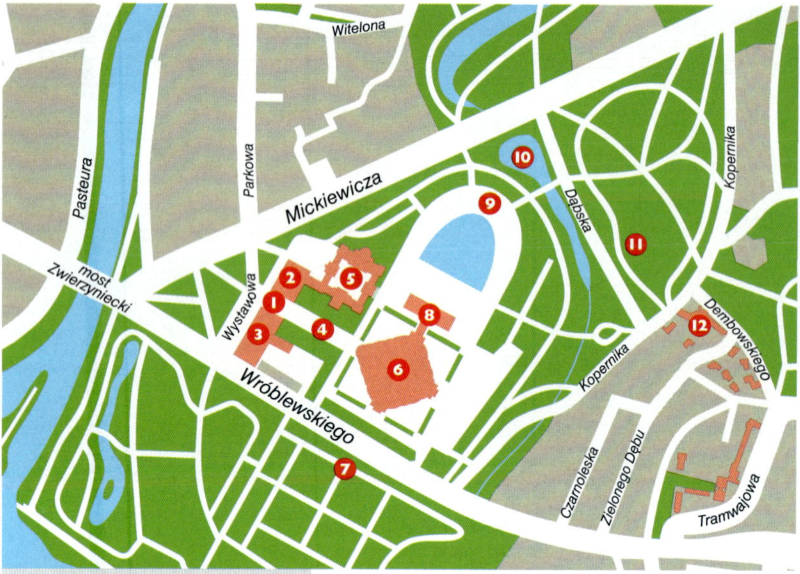

1. Säulen – Überreste des repräsentativen Eingangs (1925)
2. Messehalle (1938–1939)
3. Überreste der ehemaligen Messehalle (1925)
4. Stahlnadel, errichtet anlässlich der Ausstellung über die „Wiedergewonnenen Gebiete" (1948)
5. Ausstellungsgebäude (1911–1913)
6. Jahrhunderthalle (1910–1913)
7. Eingangstor zum Ausstellungsgelände, heute in den Zoologische Garten (1936)
8. Terrassenrestaurant (1912–1913)
9. Pergola (1912–1913)
10. Japanischer Garten
11. Holzkirche (um 1600)
12. Ledigenheim (1929)

der Flora bestimmt. Mit diesem Anliegen standen Berg und Poelzig den Vorstellungen der berühmten Künstlergemeinschaft auf der Mathildenhöhe in Darmstadt, den Konzeptionen des Sezessionskünstlers Josef Maria Olbrich, an der Wende vom 19. zum 20. Jahrhundert nahe. Zugleich zeigt sich eine gewisse Verwandtschaft zu zahlreichen monumentalen architektonischen Projekten des amerikanischen Architekten Frank Lloyd Wright. Die Jahrhundertausstellung gliederte sich in mehrere Bereiche. Der historische Teil, der die Ereignisse des napoleonischen Krieges schilderte und sich mit der Kunst und Kultur dieses Zeitabschnittes befasste, hatte seine Räumlichkeiten in der Ausstellungsgebäude, dem so genannten Vierkuppelbau, der sich linker Hand des Haupteinganges zur Jahrhunderthalle befindet, und in der **Pergola**. Bei beidem handelt es sich um Werke Hans Poelzigs. Die historische Gartenausstellung, der japanische Garten (bis heute erhalten) sowie die Ausstellung für Sepulkralkunst waren im nördlichen Teil des Parks gelegen. Von dem letztgenannten Ausstellungsabschnitt rührt die bis heut erhaltene kleine **Holzkirche** her, die ursprünglich aus Kandrzin (heute Kędzierzyn) im Kreis Cosel nach Breslau translo-

Pergola

ziert worden war. Ein Lunapark wurde im südlichen Teil des Ausstellungsgeländes angelegt.

Das wichtigste Element des ehemaligen Ausstellungsgeländes ist jedoch die 9 **Jahrhunderthalle**. Der Entwurf dieses bahnbrechenden, außergewöhnlichen Baus, der einen neuen Abschnitt in der Architekturgeschichte einleitete, wurde von Max Berg 1911 vorgelegt. Die revolutionäre Konzeption der Kuppel aus Stahlbeton, die auf mächtigen Bögen aufliegt, eine Spannweite von 65 m aufweist und damit zu jener Zeit die größte Kuppel der Welt darstellte (zum Vergleich: Die Spannweite der Kuppel des Pantheon beträgt 44 m.) rief Bedenken hinsichtlich der Stabilität des Gebäudes hervor. Im Jahr 1912 war der Rohbau der Halle fertig gestellt. Sie diente Ausstellungszwecken wie auch Massenveranstaltungen. Um diesen Aufgaben gerecht zu werden, griff Berg im Grundriss auf die Form eines Kreises mit vier Apsiden zurück. Die Belichtung erfolgt über horizontal, stufenförmig übereinander gelagerte Fensterbänder über der kreisrunden Mitte der Halle. Einerseits knüpft der Bau in seiner Form an die

Holzkirche aus dem Oppelner Schlesien, 17. Jahrhundert

Jahrhunderthalle, im Vordergrund Haupteingang (nicht erhalten) zum Ausstellungsgelände sowie die Pergola mit dem Terrassenrestaurant, Postkarten, 1913

Jahrhunderthalle

Einige Teile der Ausstellungshalle und des repräsentativen Eingangs zum Ausstellungsgelände sind erhalten geblieben – auf Pfeilern aus Stahlbeton ruhte eine hölzerne Überdachung

Tradition der Antike und der Gotik an, andererseits zeigte er seinerzeits den Weg zu einer Architektur der Zukunft, die frei von überflüssigem Ornament auf einer neuartigen Konstruktion beruhen würde. Die Proportionen der Halle sollten, dem Architekten selbst zufolge, die „kosmische, ewige und heilige Wahrheit der Natur" widerspiegeln. Zugleich sollte der Bau, der ursprünglich mit vielfarbigen Glasfenstern, Malerei und Skulpturen ausgestaltet werden sollte, als „Kathedrale der Zukunft" verstanden werden. Während die bildliche Ausschmückung der Halle nicht zur Ausführung gelangt, wurde jedoch die zu jener Zeit größte Orgel der Welt (Reste dieser befinden sich noch heute in der Breslauer Kathedrale) in der Halle aufgebaut. Im Jahr 1924 wurde der Gesamtkomplex um eine weitere große Ausstellungshalle von 150 x 60 m ergänzt, die jedoch nur in Teilen erhalten blieb.

Jahrhunderthalle, Inneres der Kuppel

Von den in der Jahrhunderthalle ausgerichteten Veranstaltungen müssen das Festival moderner Kunst von 1912, das Gerhart-Hauptmann-Festival von 1924, die Werkbundausstellung Wohnung und Werkraum (WuWA) von 1929 und schließlich die Ausstellung der „Wiedergewonnen Gebiete" (Wystawa Ziem Odzyskanych) von 1948 erwähnt werden. Symbol der letztgenannten war die nach einem Entwurf Stanisław Hempls aufgerichtete Stahlnadel, die noch heute ein Wahrzeichen der Stadt darstellt. Ursprünglich umstellten die Stahlnadel drei hölzerne Bögen, die die drei Jahre des Wiederaufbau Polens nach dem Zweiten Weltkrieg symbolisierten. Im August desselben Jahres beherbergte die Halle die Gäste des „Weltkongresses der Intellektuellen zur Verteidigung des Friedens", an dem u.a. Pablo Picasso teilnahm. Im Jahr 1997 tagte hier der Welteucharistiekongress, dessen Versammlung Papst Johannes Paul II. beiwohnte.

Steinerne Laterne im Japanischen Garten

Eingangstor des Japanischen Gartens

10 JAPANISCHER GARTEN

Unmittelbar an die Pergola schließt sich der **Japanische Garten** an, der gleichfalls aus Anlass der Jahrhundertausstellung angelegt wurde. Die Konzeption des Gartens geht auf den Botschafter des deutschen Kaisers in Japan, Herzog Fritz Maximilian von Hochberg, zurück, der dabei von dem japanischen Gärtner Mankichi Arai unterstützt wurde. In diesem,

Turm *Sanju No Tõ*

Japanischer Garten, Brücke und Aussichtspavillon

im Scheitniger Park gelegenen Garten, haben sich die Gartenkomposition und die Kaskade erhalten. Ein zunächst abgerissener hölzerner Pavillon wurde hingegen nach 1945 in vereinfachten Formen des Tempels von Kioto rekonstruiert. Der Garten in seiner heutigen Erscheinung ist das Ergebnis einer 1994 eingeleiteten Wiederherstellung, bei der sich so weit als möglich an die Konzeption des Herzogs von Hochberg angenähert wurde. Die Arbeiten wurden in den Jahren 1996–1997 unter Hinzuziehung japanischer Spezialisten und unter Leitung Yoisihiki Takamuras aus Nagoya durchgeführt. Leider wurde die Anlage im Juli 1997, gerade zwei Monate nach der Eröffnung, von einem Hochwasser heimgesucht, infolge dessen 70% der Pflanzen neu gesetzt werden mussten.

Der Besuch eines japanischen Gartens gleicht ähnlich wie das Teetrinken einer Zeremonie. Dabei unterliegt die charakteristische Komposition eines japanischen Gartens strengen Regeln, innerhalb derer die einzelnen Bereiche des Gartens voneinander unabhängige Bilder darstellen, die sich gegenseitig nicht stören dürfen. Der Breslauer Garten verbindet in sich zwei unterschiedliche Typen: den öffentlichen Garten und den Teegarten. Unmittelbar beim Eingang befindet sich der hölzerne Turm

Sukya, das symbolische Tor zum Paradies. Auf dem weiteren Weg erreichen wir die Steinschale *Tukubai*, die für die Reinigung von allem Schmutz und allen Sorgen steht. Dem Steinpfad *Datami* folgend gelangen wir zu einer Brücke, in deren Mitte sich der zu sechs Seiten hin offene Pavillon *Yumendo Baschi* erhebt. Weiter erreichen wir den aus Stein, errichteten Turm *Sanju No Tõ*. Im Teich selbst, dem Symbol für Meer und Ozean, vereinigen sich zwei Bäche, deren Quelle zwischen Felsen gelegen ist. So strömt von Norden her ein Bach über die weibliche Kaskade *Onna-Daki* und von Süden ein solcher über die männliche Kaskade *Otoko-Daki* in den Teich hinein. Hinter der Brücke befindet sich der Pavillon *Machai*, der der Handwaschung vor der Teezeremonie dient. Dem Programm folgend sind wir nun angehalten, über die Brücke zurückkehren, was zugleich den langen Weg zum *Azumaya-Pavillon* symbolisiert, der sich am südlichen Ufer befindet und für die Teezeremonie vorgesehen ist. Gemäß der Zeremonie müssten wir uns am steinernen Ufer des Teiches, *Suchama*, erholen und anschließend in Meditation versunken die verschlungenen Alleen des Gartens entlang schreiten, bis wir das Westtor *Kabuki* und den Stein der Erinnerung erreichen. Zwischen beiden befindet sich ein Stein mit einer Tafel, die

Frühling im Japanischen Garten

Zoologischer Garten, Postkarte, um 1920

Zoologischer Garten, Elefantenhaus

Zoologischer Garten, „Bärenzwinger"

den Namen des Gartens zeigt: „Rot-Weiß" (*Hakkoen)*, der die polnisch-japanische Zusammenarbeit symbolisiert.

⑪ ZOOLOGISCHER GARTEN

Zwischen der Oder und der ul. Olszewskiego, die von der most Zwierzyniecki (ehem. Passbrücke) in Richtung der Siedlung Biskupin (ehem. Bischofswalde) führt, dehnt sich der Breslauer **Zoologische Garten** aus – einer der größten Polens und einer der ältesten Europas. Er wurde 1864 unter Mitwirken bekannter Breslauer Architekten, unter ihnen Karl Lüdecke und später Karl Schmidt, sowie des Gärtners Heinrich Robert Göppert geschaffen. Bereits im Jahr darauf konnten in der Anlage 189 Tiere gezeigt werden. Der im Stil einer mittelalterlichen Burg gehaltene Bärenzwinger, das Affen-, das Vogel- und das Elefantengehege sowie das Terrarium (ehem. Restaurant) sind die ältesten, heute noch erhaltenen

Eingang des Zoologischen Gartens

Die Geschichte des Breslauer Zoos ist zugleich eine Geschichte seiner bekannten Direktoren, die sich durch die Verbreitung des Wissens um das Tierreich verdient gemacht haben.

Zoologischer Garten, Restaurant, Postkarte, um 1920

Solcher Ruhm gebührt Franz Schlegel (Zoodirektor 1864–1882), der eine populäre Lotterie ins Leben rief, aus deren Gewinn er den Zoo erweiterte und neue Tiere erwarb. In den Jahren 1971–1994, schließlich unter einem veränderten Namen bis ins 21. Jahrhundert hinein, wurde die in ganz Polen bekannte Sendung „Mit der Kamera unter Tieren" von den langjährigen Direktoren des Breslauer Zoos, Hanna Gucwińska und Antonio Gucwiński gestaltet. Die Sympathie, die sie durch dieses Programm erlangten, führte schließlich dazu, dass Hanna Gucwińska einen Platz im polnischen Parlament einnahm.

Im Breslauer Zoo leben 6815 Tiere 559 verschiedener Arten. Darunter sind zahlreiche Vertreter von Arten, die in der freien Natur ausgestorben oder vom Aussterben bedroht sind. Etwa 100 Arten pflanzen sich im Breslauer Zoo regelmäßig fort.

Gebäude und befinden sich im westlichen Teil des Gartens (hinter der Passbrücke/most Zwierzyniecki). Im Jahr 1935 wurde der Garten in Richtung Osten um einen Teil des Ausstellungsgeländes von 1913 vergrößert. Hier entstanden nun nach Entwürfen Erich Graus Gehege für Antilopen, Giraffen und Bären sowie später ein Robbenbecken. Das jetzige Eingangstor des Zoos war ursprünglich der Zugang zum Ausstellungsgelände und folgt einem Entwurf des berühmten Architekten der Moderne Richard Konwiarz. Nach 1948 wurde die Anlage des Zoos um einen weiteren Teil des Ausstellungsgeländes erweitert.

WuWA, Terrasse eines Hauses in der ul. E. Dembowskiego 13, Fotografie, um 1930

WuWa, Wohnhaus in Galeriebauweise in der ul. Tramwajowa 2; unten: Haus in der ul. Tramwajowa 28–30 sowie Terrasse eines Hauses in der ul. E. Dembowskiego 11, Fotografie, um 1930

12 AUSSTELLUNGSGELÄNDE WUWA

Entlang der ul. Kopernika und weiter in Richtung Osten erstreckt sich der hervorragendste Komplex moderner Architektur in Breslau. Es handelt sich hierbei um eine Anlage, die im Zusammenhang mit der Werkbundausstellung Wohnung und Werkraum (WuWA) im Jahre 1929 errichtet wurde und deren Ziel der es war,

verschiedene Typen kleiner und mittlerer Wohnungen vorzustellen. Heute sind die Gebäude ein außergewöhnlich wertvolles Beispiel für den so genannten „internationalen Stil“. Etwa in demselben Zeitraum, in dem die Ausstellung in Breslau in Angriff genommen wurde, fanden ähnliche Projekte in Stuttgart und in Brünn (Brno) ihre Ausführung. Die Breslauer Ausstellung gliederte sich in zwei Teile: eine Mustersiedlung und eine Ausstellung auf dem Territorium des Ausstellungsgeländes um die Jahrhunderthalle herum. Die Gebäude der Mustersiedlung sind bis heute erhalten und erstrecken sich zwischen der ul. Wróblewskigo, Tramwajowa, Dembowskiego, Kopernika und Zielonego Dębu. Sie wurden von schlesischen Architekten ent-

Die Architekten der Wohn- und Werkraumausstellung (WuWA) wollten nicht nur moderne Architektur, sondern auch einen „modernen“ Lebensstil vorstellen. Deshalb waren vollständige Inneneinrichtungen zu sehen und es wurden Szenen gezeigt, in denen junge emanzipierte Frauen sich sonnten und Sport trieben.

worfen, die aufgrund ihrer örtlichen Erfahrung am besten ein Verständnis für die Anpassung von Funktionen, Formen und Material bei der Errichtung der Bauten an die lokalen Bedingungen entwickeln konnten. Für die Gesamtkonzeption zeichneten Adolf Rading und Heinrich Lauterbach verantwortlich, die als die führenden Vertreter des internationalen Stils in Breslau gelten können. Gleichfalls in diesem Stil wurden die Bauten von Paul Heim, Albert Kempter, Gustav Wolf, Paul Häusler, Moritz Hadda, Theo Effenberger, Emil Lange, Ludwig Moshammer und Hans Scharoun entworfen. Im Ergebnis entstanden 32 Gebäude mit insgesamt 103 Klein- und 29 Großwohnungen.

Nicht alle der Bauten haben die Zeit bisher gut überstanden und doch setzen uns einige von ihnen ob ihrer ungewöhnlich modernen Konzeption in Erstaunen. Zu diesen gehört das **Ledigenheim** von Hans Scharoun in der ul. Kopernika 9. Der Bau kann nicht nur aufgrund seiner gesellschaftlichen Funktion, sondern auch mit Blick auf die für ihre Zeit neuartige Konstruktion als originell bezeichnet werden. Letztere setzt sich aus einem Stahlbetonskelett, einer Auffüllung aus Bimsstein und Beton sowie einer Isolation aus Korkplatten zusammen. Das Wohnheim umfasste ursprünglich 48 kleine Wohnungen, die sich jeweils über zwei Ebenen erstreckten und ein Grundfläche von 27 bzw. 37 m² einnahmen. Hinzu kamen ein Restaurant, ein Aufenthaltsraum sowie ein Dachgarten. Die Ausstattung erfolgte mit standardisierten Möbeln. Die Außengestalt des Baus folgt der damaligen Mode des so genannten Schiffstils.

Ledigenheim,
ul. Mikołaja Kopernika

WuWA,
Mehrfamilienhaus,
ul. Tramwajowa 2b

ERBAUT 1904-1905

Wasserturm in der al. Wiśniowa

AUSSERHALB DES STADTZENTRUMS

Groß-Breslau entstand schrittweise, die Stadt dehnte sich allmählich vom Zentrum ausgehend strahlenförmig aus. Im 14. Jahrhundert vergrößerte sich das Stadtgebiet um die Territorien zwischen dem inneren und äußeren Stadtgraben. Bis Anfang des 19. Jahrhunderts wurden die dem Stadtzentrum nahe gelegenen Teile des Elbings und des Bürgerwerders (Hafen und Lager) im Norden und ein Teil des Schweidnitzer Angers im Süden eingemeindet. Diese Gebiete waren seit dem Mittelalter bewirtschaftete Vorstädte. Einen wichtigen Einschnitt bildete das Jahr 1808, als die Verwaltungsgrenzen im Norden und Westen um ungefähr 2 km, im Osten um 3 km über die mittelalterliche Befestigung hinausgeschoben wurden. In der folgenden Zeit wurden diese Stadtviertel um die historischen Gotteshäuser auf dem Elbing neu errichtet – sie umgaben die Michaeliskirche und die Kirche der Elftausend Jungfrauen, im Osten

Detail eines Grabsteins auf dem jüdischen Friedhof in der ul. Ślężna – die sich berührenden Hände stehen für Liebe und Brüderlichkeit

Mietshäuser im Norden der Stadt, weiter oben das Gefängnis von 1895 in der ul. Kleczkowska

Ohlauer Vorstadt, Kreuzung ul. R. Traugutta und ul. T. Kościuszki

Fassade des Mietshauses ul. R. Traugutta 97; unten: Kirche und Kloster der Barmherzigen Brüder in der Ohlauer Vorstadt, Grafik, 1806

die Kirche St. Mauritius, die Kirche und das Kloster der Barmherzigen Brüder und das Bischofspalais. Das Zentrum der westlichen Vorstadt bildete lange Zeit der Königsplatz (heute plac Jana Pawła II), der vor dem Nikolaitor lag. 1868 wurde das Stadtgebiet um den ungefähr 2 km breiten Streifen der südlichen Vorstadt mit Krietern (heute Krzyki) und um das ähnlich große Gebiet von Scheitnig im Nordosten erweitert. Da es in diesen neuen Vierteln keine urbane Struktur gab, wurde die Kaiser-Wilhelm-Straße als neue monumentale städtebauliche Achse abge-steckt (heute Straße und Platz Powstańców Śląskich). Außerdem wurden die Kirche St. Karl Borromäus und die Kirche St. Johannes, die heutige St. Augustinus-Kirche, neu errichtet. Im Jahre 1927 vergrößerte sich das Stadtgebiet abermals: im Westen bis nach Deutsch Lissa (heute Leśnica) und im Osten bis nach Oswitz (heute Osobowice). Das Schloss von Deutsch Lissa wurde zu einem beliebten Ausflugsziel der Breslauer.

ÖSTLICH DES STADTZENTRUMS

Die Siedlung, die sich östlich an den Stadtgraben Podwale (ehem. Ohlauer Stadtgraben) anschließt, wurde nach der etwa 20 km entfernten Kleinstadt Ohlauer Vorstadt

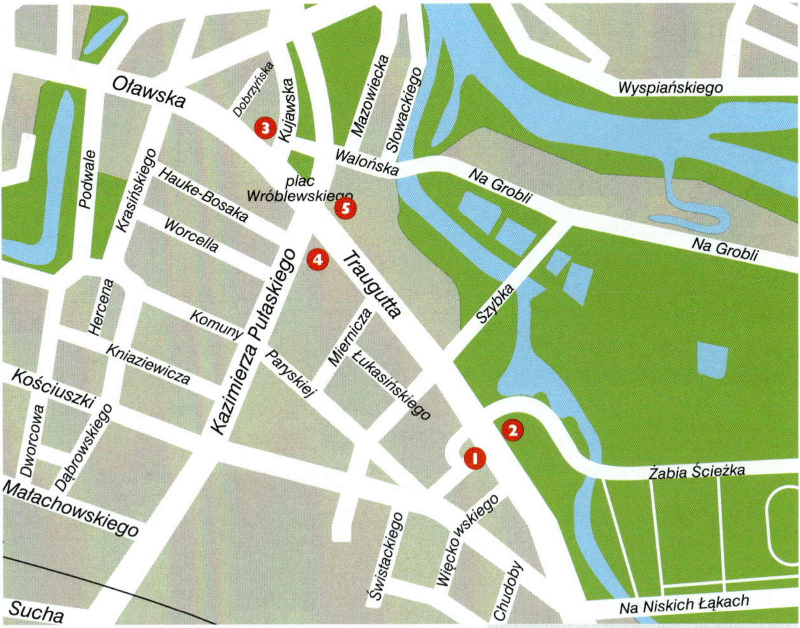

genannt. Hier lag der Ausgangspunkt der alten Straßen nach Krakau und Lemberg, die zunächst entlang der heutigen ul. Traugutta (ehem. Klosterstraße) und ul. Komuny Paryskiej (ehem. Vorwerkstraße) verliefen, einen Kilometer östlich der Stadt zusammentrafen und weiter nach Kleinpolen führten. In der Ohlauer Vorstadt können heute einige Gebäude besichtigt werden, die in der Frühgeschichte Breslaus wichtig gewesen waren: die St. Mauritiuskirche, bei der bereits im 12. Jahrhundert eine erste wallonische Siedlung entstanden war, das Leprosorium mit der St. Lazaruskirche sowie die

1. Sommerpalais der Breslauer Bischöfe (Ethnographisches Museum)
2. Niederschlesisches Fachkrankenhaus „T. Marciniak"
3. Kirche St. Mauritius
4. Kirche und Kloster der Barmherzigen Brüder
5. Kirche St. Lazarus

Klosterstraße (heute ul. R. Traugutta) während des großen Hochwassers 1903 (der Wasserstand der Oder stieg damals um über 7 m), Postkarte, 1903

Mietshäuser in der ul. Miernicza; unten: Krankenanstalt „Bethanien", heute das Fachkrankenhaus "T. Marciniak", Postkarte, um 1922

Die Krankenanstalt „Bethanien" entstand 1852–1916 auf Initiative der evangelischen Diakonissen. Hier wurden unentgeltlich Kranke beider Bekenntnisse geheilt. Zum Krankenhaus gehörten auch ein Armenhaus und eine Vorschule.

Kirche und das Hospital der Barmherzigen Brüder. Aufgrund der zahlreichen kirchlichen Einrichtungen entlang der vorstädtischen Hauptstraße nannte man sie einst Klosterstraße. In der zweiten Hälfte des 19. Jahrhunderts wurde die östliche Vorstadt zu einem dicht mit Mietshäusern bebauten Viertel der Mittelschicht.

In der ul. Traugutta 72/78 (ehem. Klosterstraße) befanden sich an der nördlichen Straßenseite große Webereien und Färbereien für Perkal. Auf der dicht bebauten Südseite lagen kleine Produktions- und Handwerksbetriebe, während sich südlich der ul. Kościuszki (ehem. Tauentzienstraße) Einrichtungen der Eisenbahn befanden.

Eine typische Straße mit Mietshäusern ist die ul. Miernicza (ehem. Lützowstraße), die erste Nebenstraße auf der rechten Seite östlich der Kirche der Barmherzigen Brüder. Hier wurden zahlreiche Filme gedreht. Die Straße entstand im Zusammenhang mit der ab 1885 dynamischen Entwicklung Breslauer Bauunternehmen. Besonders erwähnenswert ist in diesem Zusammenhang die Firma Cassirer und Söhne sowie Anna Graupner, eine der ersten Frauen, die auf diesem Gebiet erfolgreich tätig war.

Im östlichen Teil des Stadtviertels liegt der plac Zgody (ehem. Webskyplatz), das ehemalige Weiße Vorwerk. Dort ließ Kardinal Philipp Graf von Sinzendorf nach einem Entwurf vom Hofbaumeister Christoph Hackner 1732–1737 ein bis heute erhaltenes ❶ **Palais** erbauen. Südlich des Lustschlosses wurden Barockgärten angelegt, nördlich entstand seit Mitte des 19. Jahrhunderts das Krankenhaus „Bethanien". Der Bau wurde erst im frühen 20. Jahrhundert abgeschlossen, heute befindet sich hier das ❷ **Fachkrankenhaus „Tadeusz Marciniak"**. Die Krankenhausgebäude erstrecken sich bis zu den Überschwemmungsgebieten der Ohle (einem von sieben Flüssen im Stadtgebiet) nördlich der ul. Traugutta (ehem. Klosterstraße).

Die ❸ **St. Mauritiuskirche** war seit dem 12. Jahrhundert mit der Siedlung wallonischer Weber verbunden. Der erste Bau, dessen Umrisse sich im Westen der Kirche erhalten haben, stammt noch aus dem 13. Jahrhundert, der barocke Turm enstand 1723, der neue Ostteil mit dem Querhaus wurde 1897–1899 errichtet. An der Umzäunung des ehemaligen Kirchhofs steht ein barockes Denkmal für den schlesischen Schutzpatron Johannes Nepomuk. An der Südseite der Kirche wurde ein klassizistisches Grabmal für Fryderyk Jakub und Ksawera Psarski aufgestellt. Der letzte deutsche

Sommerpalais der Breslauer Bischöfe, heute Ethnographisches Museum, plac Zgody; daneben: Kirche St. Mauritius

Pfarrer der Mauritiuskirche war Paul Peikert, der Verfasser der bekannten Chronik der Festung Breslau.

Nicht weit entfernt hat in der ul. Traugutta (ehem. Klosterstraße) der ❹ **Orden der Barmherzigen Brüder** seinen Sitz. Diese religiöse Gemeinschaft wurde von dem Portugiesen Johannes von Gott gegründet, 1571 erhielt sie die Ordensregeln des hl. Augustinus. Die Kirche und das Kloster

Paul Peikert (1884–1949). Seine kritische Einstellung gegenüber dem Nationalsozialismus bezahlte Peikert mit einer mehrmonatigen Gefängnisstrafe. Während der Belagerung Breslaus durch sowjetische Truppen im Jahre 1945 schrieb er eine erschütternde Chronik, in der er die allmähliche Vernichtung der Stadt schildert. Zwar blieben von der Kirche, an der er Pfarrer gewesen war, nach dem Kampf um die Festung Breslau nur Trümmer übrig, doch konnte ihre barocke Ausstattung gerettet werden, da Peikert sie rechtzeitig ausgelagert hatte. Er starb 1949 in Deutschland.

Grabmal von Friedrich Jakub und Ksawera Psarski

Fryderyk Jakub Psarski war Kämmerer von Wieluń und Abgeordneter des vierjährigen Sejms (1788–1792), er befürwortete die erste polnische Verfassung vom 3. Mai 1791. Während des nationalen Aufstands (1794) unter Tadeusz Kościuszko organisierte er die Widerstandsbewegung bei Wieluń. Nach der Niederlage wurde Psarski festgenommen, 20 Monate in Breslau gefangen gehalten und anschließend zu 8 Jahren Haft in der Glatzer Festung verurteilt. Er starb 1805 in Breslau, das Grabmal stiftete seine Frau Ksawera.

Unter der Kirche der Barmherzigen Brüder liegt eine Krypta, in der die Mönche des Klosters beigesetzt wurden. Während der Belagerung der Festung Breslau betrieb Pater Doroteusz Heynoł hier im Untergrund ein Krankenhaus für über Breslau abgeschossene sowjetische und amerikanische Piloten. Die Krypta kann nur einmal im Jahr, zu Allerheiligen, besichtigt werden.

wurden vom Kammerrat und Sekretär Ludwig Cocx von Onßel und seiner Familie gestiftet, den Grundstein der Kirche legte 1715 der Fürstbischof Franz Ludwig von Pfalz-Neuburg, 1725 wurde sie geweiht.

Der Turm der Dreifaltigkeitskirche, der Kirche der Barmherzigen Brüder, bildet ein wichtiges städtebauliches Element. Er wurde von Johann Blasius Peintner aus Kärnten nach einem Entwurf von Matthias Steinl errichtet. Die Turmuhr, die zu jeder vollen und Viertelstunde schlug, bestimmte den Lebensrhythmus des gesamten Stadtviertels. Im Inneren der Kirche können wir die vollständig erhaltene barocke Ausstattung von 1724–1736 bewundern, die ebenfalls von Steinl entworfen worden war. Die Skulpturen einiger Seitenaltäre schuf der aus Oslo stammende Thomas Weissfeld. Die Altarbilder malte der Holländer Philipp Christian Bentum, den das Deckengemälde des Fürstensaals und die Ausmalung der

Kirche der Barmherzigen Brüder, Hauptschiff

Kirche und Hospital der Barmherzigen Brüder, Postkarte, Anfang des 20. Jahrhunderts

Bibliothek in der Zisterzienserabtei Leubus berühmt gemacht haben – Hauptwerke der europäischen Barockkunst nördlich der Alpen.

Der aus Hospital- und Klostergebäuden bestehende Baukomplex entwickelte sich im 19. Jahrhundert weiter, so entstand 1864 und 1896 der Südflügel des Hospitals. Die Gebäude werden noch heute entsprechend ihrer ursprünglichen Funktion genutzt und die Barmherzigen Brüder haben ihre medizinischen Kenntnisse nicht vergessen. Viele Breslauer informieren sich bei ihnen über Heilpflanzen und kaufen Kräuterpräparate in der Klosterapotheke.

Gegenüber der Dreifaltigkeitskirche steht die gotische 5 **Hospitalskirche**

Ende des 18. Jahrhunderts wurde diese Einrichtung zur Krankenpflege folgendermaßen beschrieben: „Dieser Orden hat nebst den drey gewöhnlichen Klostergelübden noch ein viertes, nämlich die Verpflegung der Kranken, zur Pflicht. Dem Zufolge ist im unteren Stockwerk des Klosters ein sehr großer Saal angebracht, welcher oben gewölbt, doch nicht hoch, wohl aber ziemlich lang ist, durch zwey von einander entfernte Öfen beheizt wird, und worinn zu beyden Seiten die Krankenbetten stehen, die einander durchgehends gleich und mit blauen Vorhängen versehen sind. 1732 war die Anzahl der Betten 32, gegenwärtig der ist sie bis auf 49 gesteigen, worunter 27 für Evangelische. [...] Ganz hinten stehet ein Altar, bey welchem täglich zu einer Frühstunde eine stille Messe für die katholischen Glaubensgenossen gelesen wird. Nächst am Altar rechterhand stehet ein großer Tisch, worauf das Essen für die Kranken zubereitet und ausgetheilt wird, linkerhand sieht man gläserne Schränke, mit chirurgischen Instrumenten ausgefüllt, wobey gemeiniglich die Operationen an den Kranken, so außerliche Schaden haben vorgenomen werden."

Kirche der Barmherzigen Brüder

Kirche St. Lazarus; unten: plac św. Macieja

> Ein Leprosorium ist eine Leprakolonie oder ein Haus, in dem Leprakranke von der übrigen Gesellschaft isoliert wurden. Im mittelalterlichen Europa waren solche Einrichtungen weit verbreitet. Leprakranke wurden ihrer Rechte beraubt und aus der Gesellschaft ausgeschlossen, selbst von ihren Familien mussten sie sich trennen. Die Leprosorien durften sie nur in besonderer Kleidung und mit einer Klapper verlassen, die ihr Nahen ankündigte.

Gebäude des Instituts für Architektur der Technischen Hochschule

St. Lazarus. Ihr einfacher Bau wurde in seiner heutigen Form im 14. Jahrhundert errichtet. Die Kirche ist das einzige Überbleibsel des ehemaligen Leprosoriums, das außerhalb der Stadtmauern gelegen hatte.

NÖRDLICH DES STADTZENTRUMS

Nördlich der Altstadt und der Dominsel erstreckt sich die bereits seit dem 12. Jahrhundert bekannte Siedlung Elbing. Sie war einst in zwei Bereiche untergliedert, von denen einer dem Statthalter Peter Wlast, dem legendären Stifter von 55 Kirchen und nachweislichen Begründer der Benediktinerabtei auf dem Elbing, die 1193 in die Hand der Prämonstratenser überging, gehörte. Das letztgenannte Kloster erhob sich ursprünglich an jener Stelle, wo sich jetzt in der ul. Kardynała

Stefana Wyszyńskiego (ehem. Adalbertstraße) die Kirche St. Michael befindet. Der zweite Bereich dieser Vorstadt war das so genannte bürgerliche Elbing, das später den Namen Odervorstadt erhielt. Das Gebiet des klösterlichen und auch des bürgerlichen Elbing war von zahlreichen Überschwemmungsflächen der Mäander der Alten Oder geprägt. Hiervon zeugen nicht nur die so genannten Waschteiche im jetzigen Stanisław-Tołpa-Park, sondern auch die verschlungenen Straßenverläufe im Bereich der ehemaligen Spitalkirche zu den Elftausend Jungfrauen, die im bürgerlichen Elbing gelegen ist. Seit den 1860er und 1870er Jahren begann sich das Gebiet entlang der aus der Stadt herausführenden Ausfallstraßen, der ul. Pomorska (ehem. Rosen-

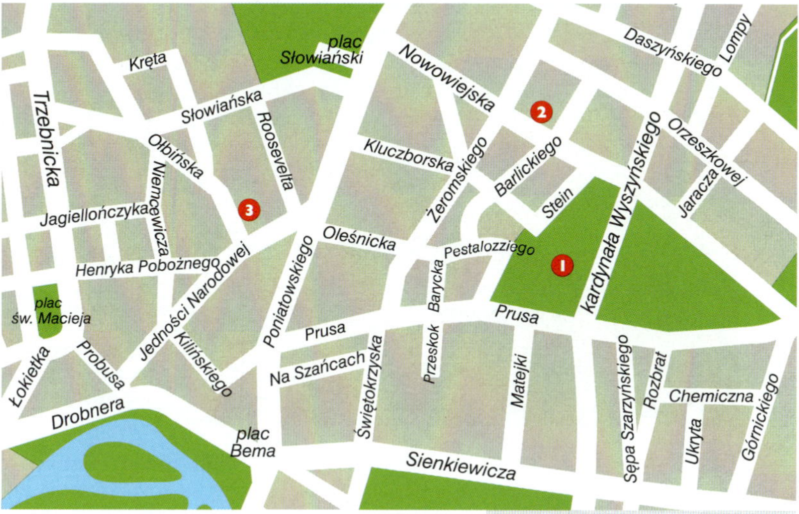

thaler Straße), Władysława Łokietka (ehem. Trebnitzer Straße), Bolesława Chrobrego (ehem. Bismarckstraße), Jedności Narodowej (ehem. Matthiasstraße), Józefa Poniatowskiego (ehem. Blücherstraße) und der ul. kardynała Stefana Wyszyńskiego (ehem. Adalbertstraße) von einer vorstädtischen Siedlung mit Restaurants und Biergärten in ein dicht bebautes Wohnviertel zu verwandeln. Das beste Beispiel für diese Veränderung ist der in den Jahren 1874–1885 angelegte **pl. św. Macieja** (ehem. Matthiasplatz), der mit seinen abgeschrägten Ecken an die Gestalt des Place Vendôme in Paris anknüpft. Andere Elemente hingegen, wie die akzentuierte Eckbebauung und die Gestaltung des Platzinneren greifen

1. Kirche St. Michael
2. Wohnhaus von Edith Stein
3. Kirche St. Joseph Schutz

Matthiasplatz (heute plac św. Macieja), Postkarte, um 1920

Hotel „Park Plaza" in der ul. B. Drobnera

Kirche St. Michael

Kirche St. Michael, Westportal

charakteristische Formen eines englischen „squares" auf.

Neben der am nördlichen Rand des Viertels, an der ul. Jedności Narodowej (ehem. Matthiasstraße) befindlichen Schultheissbrauerei mit ihrem Wasserturm von 1909 bildet die **Kirche St. Michael** einen architektonischen Hauptakzent des ehemaligen klösterlichen Elbing. Die Kirche ist an einer der Hauptverkehrsachsen, die aus der Stadt nach Norden herausführt, gelegen. Sie wurde an Stelle des 1529 abgerissenen Elbinger Klosters errichtet, dem zunächst eine kleine Fachwerkkirche gefolgt war, die ihrerseits bis 1871 Bestand hatte. Im Jahr 1862 wurde bereits der Grundstein für den hervorragenden Neubau gelegt, der mit Geldern des Bischofs Heinrich Förster finanziert und 1871 eingeweiht wurde. Es war dies zu jener Zeit der größte Sakralbau Breslaus. Die Kirche, die nach den Entwürfen von Alexis Langer, die ursprünglich für die Hauptstadt Wien bestimmt waren, errichtet wurde, sollte die Vitalität des schlesischen Katholizismus und seine Verbundenheit mit der Habsburger Monarchie zur Anschauung bringen. Leider stürzte im Jahr 1868 der nördliche Turm ein und die Beendigung der Bauarbeiten wurde Karl Lüdecke übertragen, wodurch die Kirche zwei unterschiedliche, in ihrem Zusammenspiel ungewöhnlich malerisch wirkende Türme erhielt. Sowohl der Grundriss als auch der Baukörper der Kirche knüpfen in ihren

Formen an die französische Kathedralgotik an. Die Westfassade zeigt hingegen Bezüge zum gotischen Kölner Dom. Typisch für die Breslauer Gotik sind hingegen die rote Backsteine und für das 19. Jahrhundert schließlich die industrielle Fertigung des farbigen Keramikfußbodens. Von der in grellen Farben und in neogotischen Formen gehaltenen Ausstattung der Kirche mit Altären, Skulpturen, Wandmalereien sowie Glasfenstern (1945 zerstört) haben sich lediglich eine gemalte Madonna in einem Seitenaltar und ein Teil jener Figuren, die ursprünglich alle Pfeiler schmückten, erhalten. Aufmerksamkeit zieht die skulpturale Gestaltung der westlichen Tympana auf sich. Sie zeigen die Schöpfung, die Erlösung und die Ergießung des Heiligen Geistes.

Ulica Nowowiejska 38, Wohnhaus von Edith Stein

In einiger Entfernung von der Kirche St. Michael, in der ul. Nowowiejska 38 (ehem. Michaelisstraße), befindet sich jenes ❷ Haus, in dem die später heilig gesprochene Edith Stein wohnte. Gegenwärtig hat hier die Edith-Stein-Stiftung ihren Sitz, welche als eines ihrer wichtigsten Ziele die Versöhnung und die Annäherung zwischen Polen, Juden und Deutschen formuliert hat. Edith Stein, die einer jüdischen Familie entstammte, konvertierte zum Katholizismus und trat dem Karmeliterinnenorden bei. Im Jahre 1938 ging sie nach Deutschland. Sie wurde in Holland in einem Konvent gefangen genommen und in das im besetzten Polen gelegene deutsche Vernichtungslager Auschwitz gebracht, wo sie 1942 ums Leben kam. Edith Stein wurde von Papst Johannes Paul II. 1998 heilig gesprochen.

Kirche St. Joseph Schutz

Die Wappen, die an den Baldachinen über den Kirchenvätern angebracht sind, symbolisieren die enge Verbindung Breslaus mit der katholischen Monarchie der Habsburger.

Die erste monumentale protestantische Kirche, die in Breslau errichtet wurde, war die klassizistische ❸ **Kirche der Elftausend Jungfrauen,** die jetzige Kirche St. Joseph Schutz, an der ul. Jedności Narodowej (ehem. Matthiasstraße) und ul. Ołbińska (ehem. Elbingstraße). Sie entstand in den Jahren 1821–1823 nach

Kirche St. Joseph Schutz, Skulpturen vom Nikolaitor, das 1817 bei der Schleifung der Befestigung abgetragen wurde

Entwürfen Karl Ferdinand Langhans an einer Stelle, an der sich nacheinander zunächst eine mittelalterlichen Kapelle und ein Spital für aussätzige Frauen, anschließend im 16. Jahrhundert ein Fachwerkbau und schließlich ein barocker Bau aus dem Jahre 1735 befunden hatten. Letzterer war während der Belagerung Breslaus 1806 abgebrannt. Die anschliessend neu errichtete Kirche bezieht sich in ihrer Gestalt auf den wichtigsten Zentralbau Europas, das römische Pantheon, obgleich sie sich in Einzelheiten (Grundriss über einem Zwölfeck, tiefe profilierte Portal- und Fenstergewände) an die Architektur der Gotik und der klassizistischen Avantgarde (Laterne über der Kuppel, geometrische Innendekoration) annähert. Über dem Eingang sind eine gotische Plastik, die eine Kreuzigung zeigt, sowie die Wappen Schlesiens und Böhmens angebracht, die aus der Hand Briciuss Gauschkes stammen und vom niedergelegten Nikolaitor hierher gebracht worden sind.

SÜDLICH DES STADTZENTRUMS

Südlich vor den Stadtgraben verliefen zwei wichtige Wege, jener vom Schweidnitzer Tor ausgehende und jetzt der ul. Powstańców Śląskich folgende und der quer dazu gelegene ehem. Schweidnitzer Anger, der einst den Johannitern von der Corpus-Christi-Kirche gehörte, die jetzige ul. Józefa Piłsudskiego.

Nachdem im östlichen Teil der **ul. Józefa Piłsudskiego** (ehem. Gartenstraße) der Bahnhof der Oberschlesischen Eisenbahn (jetzt

Hauptbahnhof; links: ehemalige Ankunftshalle, heute Halle mit den Fahrtkartenschaltern

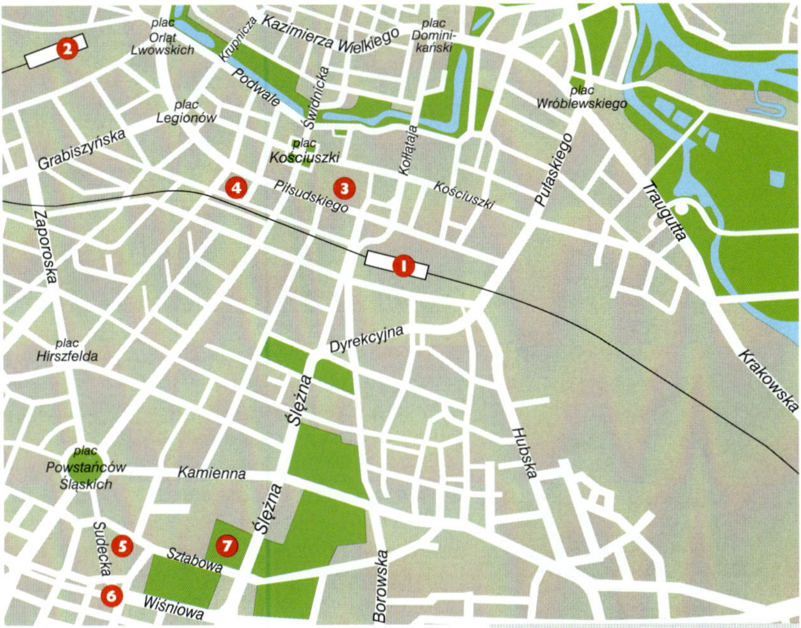

1. Hauptbahnhof
2. Freiburger Bahnhof
3. Ehemaliges Landeshaus der Provinz Schlesien
4. Polnisches Theater
5. Kirche St. Augustin
6. Wasserturm
7. Jüdischer Friedhof

Postgebäude am Hauptbahnhof) entstanden war, den am 1. Mai 1842 der erste Zug verließ, verlor diese ihren einstigen Gartencharakter und wandelte sich in eine großstädtische Straße. Im Jahre 1857 entstand nach Plänen Wilhelm Grapows gleichfalls an dieser Straße der jetzige ❶ **Hauptbahnhof**, der als ein hervorragendes Beispiel der englischen Neogotik gelten kann. Am anderen, westlichen Ende der Straße, am jetzigen pl. Orląt Lwowskich (ehem. Elferplatz), wurde in den Jahren 1870–1872 der ❷ **Freiburger Bahnhof** errichtet, der dem

Freiburger Bahnhof (heute Dworzec Świebodzki)

Ehemaliges Landeshaus der Provinz Schlesien, jetzt Sitz der Organisation für Technik

Polnisches Theater, ehemals Theater Metropol

Theater Metropol, Postkarte, um 1913

Eisenbahnverkehr in das Gebiet südlich des Riesengebirges diente. Die ul. Piłsudskiego war einst eine der bedeutenden Verkehrsachsen der Stadt. In ihr befanden sich so wichtige öffentliche Gebäude, wie das ❸ **Landeshaus der Provinz Schlesien** aus dem Jahre 1898 (Nr. 72–74, jetzt Sitz der Organisation für Technik) und Hotels, wie das Hotel **„Vier Jahreszeiten"** (Nr. 60–70) oder das Hotel **„Kronprinz"** (Nr. 98). Die Straße bildete nicht nur eine Achse zwischen den Bahnhöfen, sondern war zugleich auch mit kulturellen Einrichtungen verbunden, wie der **Philharmonie** (Nr. 20), dem **Kino „Kapitol"** (Nr. 57, jetzt Teatr Muzyczny „Capitol") und dem ❹ **Theater Metropol** (jetzt „Teatr Polski"), welches sich rückwärtig in der ul. Zapolskiej 3 (ehem. Theater-straße) befindet. Der Rückgang des Bahn- zugunsten des Autoverkehrs und riesige, mit Parkplätzen ausgestattete Einkaufzentren in der Innenstadt führten zu einem beträchtlichen Rückgang der Bedeutung dieser einen der einst zwei wichtigsten Einkaufspassagen Breslaus.

Kreuzung ul. J. Piłsudskiego und ul. H. Kołłątaja

Die **ul. Powstańców Śląskich**, die ehem. Kaiser-Wilhelm-Straße, durchquert die ehemals dem Klarissinnen- bzw. Johanniterkloster gehörende Schweidnitzer Vorstadt, die noch in den 1880er Jahren von Cafés und Biergärten geprägt war. Ende des 19. Jahrhunderts war dies eine der monumentalsten Breslauer Verkehrsachsen. Angelegt wurde sie im Jahre 1874. Sie wies eine Breite von 90 Fuß und die zu beiden Seiten angefügten Vorgärten nochmals 66 Fuß auf. In der Mitte der Allee

Kaiser-Wilhelm-Straße (heute ul. Powstańców Śląskich), Postkarte, um 1915

Kaiser-Wilhelm-Platz (heute plac Powstańców Śląskich)

verlief ein Grünstreifen für den Ausritt zu Pferd. Im Ergebnis der Zerstörungen des letzten Krieges hat sich jedoch die Straße grundsätzlich verändert, wenngleich sie auch noch heute zu dem von repräsentativen Miethäusern umstanden, runden pl. Powstańców Śląkich (ehem. Hindenburgplatz) und den Villenvierteln Krietern (Krzyki) und Kleinburg (Borek) führt. Östlich des letztgenannten Platzes befindet sich in der ul. Sudecka (ehem. Hohenzollernstraße) die größte Kirche des Stadtviertels Krietern, die 5 **Kirche St. Augustinus,** die ehem. evangelische Kirche St. Johannes. Sie wurde mit ihrem spitzen, mit seitlichen Türmchen ergänzten Turm in den Formen der Neoromanik nach Entwürfen von Richard Gaze und Alfred Böttcher in den Jahren 1907–1909 errichtet.

Kaiser-Wilhelm-Platz (heute plac Powstańców Śląskich), Postkarte, um 1924

Kirche St. Augustin

Ein weiteres Gebäude, welches sich von der Umgebung abhebt, ist der 6 **Wasserturm** an der Kreuzung der ul. Wiśniowa (ehem. Kirschallee) und der ul. Sudecka (ehem. Hohenzollernstraße). Autor dieses Baus ist Karl Klimm, der den Turm in den Jahren 1903/1904 aus rotem Ziegel und hellen Sandsteindekor erbaute.

Das südlich der ul. Wiśniowa gelegene Villenviertel Kleinburg (Borek) war einst ein bevorzugtes Wohnviertel, wovon am besten die noch erhaltenen Villen in der ul. Jaworowa (ehem. Ahornallee), Jastrzębia (ehem. Scharnhorststraße), Kasztanowa (ehem. Kastanienallee), Lipowa (ehem. Lindenallee, östlich der ul. Powstańców Śląskich) und in der ul. Racławicka (ehem. Kurfürstenstraße, westlich der ul. Powstańców Śląskich) zeugen. Südlich dieses Stadtviertels erstreckt

Residenz an der ul. Racławicka

sich der **Südpark** (Park Południowy). Es ist dies neben der Breslauer Pferderennbahn eine der beiden Anlagen, die auf einem Gebiet entstanden, welches der Stadt von Julius Schottländer – einem jüdischen Unternehmer – dem der Großteil des Stadtviertels Krietern gehörte, überlassen worden waren. Der Park wurde in den Jahren 1892–1895 angelegt und in Bereiche untergliedert, die jeweils einer bestimmten Gruppe von Pflanzen, so der Bergregion, der Ebene und der Feuchtgebiete, gewidmet waren. Hiervon haben sich zahlreiche Bäume als Naturdenkmale wie auch der zentral gelegene Teich

Wasserturm in der Allee Wiśniowa

Südpark

erhalten. Hingegen existiert das von Karl Klimm entworfene, einst hervorragende Restaurant Karl Hasses nicht mehr. An seiner Stelle wurde am 5. September 2004 ein auf einem Granitsockel ein Bronzedenkmal für

Restaurant Haase (nicht erhalten) im Südpark, Postkarte, um 1911

Frédéric Chopin errichtet. Die Frédéric-Chopin-Gesellschaft stiftete dieses Denkmal in Erinnerung an das Breslauer Konzert des Genius am 30. September 1830.

Pferderennbahn in Hartlieb (heute Partynice; siehe S. 316)

Grabstätte der Familie Schottländer

In der südlich von der ul. Piłsudskiego abgehenden ul. Ślężna 37–39 (ehem. Lohestraße) befindet sich der 1856 gegründete 7 **jüdische Friedhof.** Die erste Trauerrede hielt hier Abraham Geiger, der bekannte Religionsreformer und Begründer des so genannten liberalen Judentums, das noch bis heute in den USA und in Israel praktiziert wird. Der Friedhof ist ein Denkmal der Geschichte und zugleich Zeuge ihres tragischen Verlaufs. Trotz dessen haben zahlreiche Grabmäler die Zerstörungen des Krieges und den Verfall der darauf folgenden Jahre überlebt und bezaubern nun, von Efeu überwuchert, den Besucher mit ihren unterschiedlichen Formen, die von wie abgesägte Baustämme wirkenden Grabsteinen bis hin zu arabische Moscheen oder ägyptische Tempel nachbildenden Architekturen reicht. Dieser Friedhof ist gegenwärtig Museum für Sepukralkunst und als solches Teil des Historischen Museums der Stadt Breslau.

Unter den hier zur Ruhe gebetteten Personen verdienen einige besondere Aufmerksamkeit.

Julius Schottländer (1835–1911), Kaufmann, Grundbesitzer und Menschenfreund. Ihm gehörten vor allem Gebiete im Süden von Breslau. Einen Teil seiner Güter überließ er der Stadt für den Südpark, allerdings unter der Bedingung, dass die Siedlung Kleinburg auf Kosten des Magistrats an die Kanalisation und das Gasnetz der Stadt angeschlossen wurde. Dies hatte einen wichtigen Einfluss auf die Entwicklung der Stadt in Richtung Süden. Schottländer stiftete des weiteren das Jüdische Pflege- und Altenheim in der Kirschallee (heute aleja Wiśniowa 35).

Grabsteine (Mazewa) auf dem jüdischen Friedhof

Ferdinand Lassalle (1825–1891) wurde in der der heutigen ul. Szajnochy 6 (ehem. Roßmarkt) in einem Mietshaus, an dessen Stelle sich jetzt die Universitätsbibliothek erhebt, geboren. Er war Mitbegründer der ersten deutschen Arbeiterpartei, aus deren Tradition im weiteren Verlauf der Geschichte alle nachfolgenden sozialistischen und sozialdemokratischen Parteien hervorgingen. Mit seinem Privatleben rief er einen Skandal hervor, da er viele Jahre hindurch eine inoffizielle Beziehung zu der aus einer aristokratischen schlesischen Familie stammenden Sophie von Hatzfeldt unterhielt. Er starb nach einem Duell in Genf.

Heinrich Graetz (1817–1891), Professor für Geschichte, verfasste unter methodologischem Geschichtspunkt die erste moderne Synthese der jüdischen Geschichte. Sein Werk wurde in viele Sprachen übersetzt und fand internationale Resonanz. Noch heute bildet es den Ausgangspunkt für zahlreiche historische Abhandlungen.

Hermann Cohn (1838–1906) war ein berühmter Augenarzt, der so bekannte Persönlichkeiten wie den Entdecker Trojas, Heinrich Schliemann, oder die Tochter Franz Liszt, Cosima Wagner, heilte. Sein Sohn Emil, der unter dem Namen Ludwig wirkte, erlangte mit bis heute gelesenen Biographien, u.a. Napoleons, Goethes, Beethovens, Kleopatras oder Lincolns, Bekanntheit.

Auguste und Siegfried Stein waren die Eltern der Intellektuellen, Ordensschwester und späteren Heiligen Edith Stein.

Grab von Ferdinand Lassalle

Grab Heinrich Graetz; unten: Grab Hermann Cohn und seiner Frau

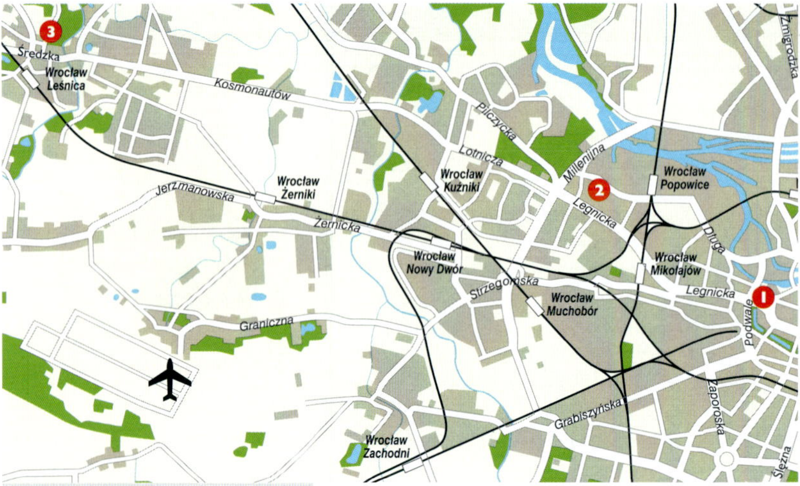

1. Springbrunnen auf dem Königsplatz (heute plac Jana Pawła II)
2. Siedlung Pöpelwitz (heute Popowice), Kirche St. Maria Friedensgöttin
3. Deutsch Lissa (heute Leśnica), Schloss

Nikolaitor (nicht erhalten), Grafik, um 1807

Überreste des Nikolaitors sind in der Unterführung unter dem pl. Jana Pawła II zu finden. Die deutlichste Spur der nicht erhaltenen Befestigungsanlagen ist der Stadtgraben, der entlang der ehemaligen Stadtmauer verläuft.

WESTLICH DES STADTZENTRUMS

Die von Westen nach Breslau hinein führende Straße darf wohl als die bedeutendste Einfahrt in die Stadt gelten. Entlang dieser gelangten die Kaiser Rudolf und Ferdinand triumphierend in die Stadt und hier befand sich eines der monumentalsten Stadttore, das Nikolaitor. Den Namen erhielt die Vorstadt von der heute nicht mehr vorhandenen Nikolaikirche, die bereits im Jahre 1175 erstmals erwähnt wurde und die sich damals in der Siedlung Tschepine (Szczepin) bei den Mauern – „circa muros" – befand. Vor dem Nikolaitor wurde später eine Pferdebahn angelegt. Heute ist dieser Teil der ul. Legnicka (ehem. Friedrich-Wilhelm-Straße), der Hauptstraße des Stadtviertels, Zeuge ähnlich gefährlicher

Rennen, nun von Auto- und Motorradfahrern. Es ist schwierig, im jetzigen pl. Jana Pawła II, der seiner charakteristischen Merkmale beraubt ist und von Straßenbahnen und Autos durchfahren wird, einen der einst schönsten Vorortplätze Breslaus, den ❶ **Königsplatz,** zu erkennen. Dieser wurde in den 1860er Jahren, kurz nach dem Schleifen der Festungsanlagen und dem teilweisen Zuschütten der Gräben angelegt. Lediglich die **Musikakademie** ist heute noch Zeugnis seiner einst schmuckvollen Bebauung. Die Reste des ehem. Bismarckspringbrunnens aus dem Jahr 1900 mit seinen Darstellungen der Allegorie des Kampfes und des Sieges wurden im Zuge des Baus einer Straßenunterführung verschoben. Zurzeit werden Pläne entwickelt, mit denen die einstige Herrlichkeit des Platzes wiederhergestellt werden soll, indem die Bebauung bis an die ehem. Baufluchtlinie herangeführt wird. Außerdem soll die Ausfahrt aus der Stadt mittels einer höheren, die Straße flankierenden Bebauung akzentuiert werden.

Königsplatz (heute pl. Jana Pawła II), Postkarte, um 1911

Ein charakteristisches Denkmal des real existierenden Sozialismus ist die **Siedlung Popowice** (ehem. Pöpelwitz), die sich ca. 2 Kilometer westlich des pl. Jana Pawła erstreckt. Sie entstand in der Blütezeit der so genannten „Fabrikhäuser", die in Polen, um

Königsplatz (heute pl. Jana Pawła II), Springbrunnen, im Hintergrund die Musikakademie

Königsplatz (heute pl. Jana Pawła II), Blick in Richtung Reuschen- und Nikolaistraße (heute ul. Ruska und św. Mikołaja), Postkarte, um 1911; auf der gegenüberliegenden Seite: Königsplatz (heute pl. Jana Pawła II), aktuelle Fotografie

Siedlung Pöpelwitz (heute Popowice), Fotografie, um 1925; unten: Mariahöfchen (heute Nowy Dwór), Kirche der Göttlichen Vorsehung, ul. Gubińska

Der Wohnungsmangel, der in Polen vor allem seit den 1960er Jahren deutlich spürbar war, führte dazu, dass Wohnungen in Massenproduktion errichtet wurden. Standardisierte, monotone Wohnblocks aus Großplatten entstanden vor allem in den südlichen und westlichen Stadtteilen, an Stelle zerstörter Vorkriegssiedlungen, deren Kanalisation, Gas- und Wasserleitungen jedoch genutzt werden konnten.

einige Jahrzehnte zu den Entwicklungen im westlichen Europa zeitlich verschoben, in die 1970er Jahre fiel. Die Siedlung wurde an Stelle eines im Zweiten Weltkrieg völlig zerstörten Viertels angelegt, das aus modernen zwei- und dreigeschossigen Häusern mit Satteldach bestand, welche in parallel zueinander verlaufenden Straßen errichtet worden waren (Entwurf: Theo Effenberger, 1919–1927). Die neue Siedlung für über 17 000 Anwohner wurde 1970–1974 nach Entwürfen Witold Jerzy Molickis aus parallel zueinander stehenden, einheitlich gestalteten elfgeschossigen Hochhäusern mit einheitlichen Wohnungen und Treppenhäusern errichtet. Von anderen, in ähnlicher Weise ausgeführten Siedlungen unterscheidet sich Pöpelwitz aufgrund der in verschiedenen Winkeln angebrachten Balkone. Der nur begrenzte Reiz der Siedlung wird ein wenig durch das nunmehr schon hoch aufgewachsene Grün aufgebessert, das von einigen Anwohnern als „Feigenblatt des Architekten" bezeichnet wird. Die einst leeren Räume zwischen den Hausblöcken, die im Sinne der Le

Siedlung Pöpelwitz

Siedlung Popowice (ehem. Pöpelwitz), Kirche St. Maria Friedensgöttin, ul. Wejherowska

Corbusierschen Charta von Athen aus dem Jahr 1933, in der einer Stadt ohne Straßen gefordert wurde, komponiert wurden, habe sich im Laufe der Jahre mit Gebäuden gefüllt, die in der ursprünglichen Planung nicht vorgesehen waren, so einem Apartment- und Bürohaus und Tennisplätze. Besondere Aufmerksamkeit verdient die gleichfalls dazugehörende ❷ **Kirche St. Maria Friedenskönigin**, die 1982 nach Entwürfen Wacław Hryniewiczs, Wojciech Jarząbeks und unter Mitarbeit Jan Matkowskis errichtet wurde. Bei ihrer Gestaltung wurde die Idee der schräg verlaufenden Balkone der umstehenden Hausblöcke aufgenommen. Kontrastierend zu diesen wurden jedoch Ziegel verarbeitet, deren Tradition in der Breslauer Gotik verwurzelt ist.

Im westlichen Teil Breslaus liegen außerdem die Siedlungen Szczepin, Nowy Dwór, Gądów Mały und Kozanów, die ähnlich wie Popowice in den 1970er Jahren in Großplattenbauweise entstanden sind.

Szczepin (ehem. Tschepin), König-Christus-Kirche, ul. Zachodnia; unten: Wohnsiedlung Kozanów

Postamt in der ul. W. Skoczylasa; daneben: Sgraffito mit Darstellung Friedrichs des Großen

Sockel des Denkmals der Schlacht bei Leuthen; unten: Kirche St. Hedwig

Acht Kilometer in westliche Richtung von Breslau entfernt liegt das zur Stadt gehörige Städtchen **Deutsch Lissa**, das jetzige Leśnica. Es ist von der eigentlichen Stadt durch eine nur wenig bebaute Fläche getrennt und besitzt ein eigenes Schloss, einen Markt und zwei Kirchen, die katholische, gotische Kirche St. Hedwig und eine in neoromanischen Formen gehaltene, evangelische Kirche aus dem 19. Jahrhundert. Grund für die Entstehung dieses Ortes, der nie die Gestalt einer wirklichen Stadt mit Markt und Rathaus annahm, war der Fluss Weisstritz (Bystrzyca) und das benachbarte Breslau, da an dieser Stelle die nach Breslau reisenden Kaufleute einen Zoll entrichten mussten. Entlang des Flusses

dehnten sich dichte Eichenwälder aus und so war es bereits seit dem 12. Jahrhundert eine Gewohnheit des schlesischen Herzogs Boleslaus des Langen, der in der Burg Lissa verstarb, in diesen Wäldern zu jagen. Das Städtchen wurde erst 1927 unter die Administration des so genannten Groß-Breslaus gestellt. Die wohl bekannteste Geschichte des Ortes ist mit der Person des preußischen Königs Friedrich II. verbunden. Dieser überraschte nach seiner siegreichen Schlacht gegen die österreichische Armee bei dem nur wenige Kilometer westlich von Deutsch Lissa (Leśnica) gelegenen Dorf Leuthen (Lutynia) den Stab der österreichischen Armee, der sich im Schloss Lissa versammelt hatte, mit seinem unerwarteten „entrée" und seiner eleganten französischen Begrüßung. Dieses Ereignis, das in vielen Erzählungen weitergegeben wurde, wird von einem Sgraffito, welches sich

Schloss in Deutsch Lissa (heute Leśnica) mit der Befestigung durch Bastionen

am Postgebäude in der jetzigen ul. Skoczylasa befindet und vom Ende des 19. Jahrhunderts stammt, illustriert.

Die jetzige Gestalt des ❸ **Schlosses Lissa**, der ehemaligen Residenz des Herzogs Boleslaus I. des Langen ist das Ergebnis vieler Umbauten. Während es in der ersten Hälfte des 15. Jahrhunderts, als es sich in den Händen der Patrizierfamilie Bancke befand, seinen heutigen Grundriss erhielt, wurde es zu Beginn des 17. Jahrhunderts auf Wunsch des damaligen Besitzers Hans Horning, mit einer neuzeitlichen Basteifestung ausgestattet, um schließlich nach 1733, als es in die Hand der Kreuzherren mit dem Roten Stern überging, die jetzigen barocken Formen anzunehmen. Das Innere der viertürmigen Anlage, welches nach 1752 in Rokokoformen gestaltet wurde, hat leider nicht bis in unsere Zeiten überdauert. Von alten Abbildungen und Fotografien sind lediglich Wände im Schmuck der 1830er Jahre überliefert, dessen Wandmalereien Ansichten von Straßen und Gebäuden Breslaus darstellen. Das Schloss ist von einem Park umgeben.

Das Denkmal der Schlacht bei Leuthen wurde 1857 anlässlich des 100. Jahrestages der Schlacht errichtet. Eine 15 m hohe Säule, bekrönt von der Siegesgöttin, stand in der Nähe des Dorfs Groß Heidau (heute Błonie), wo Friedrich der Große seine Strategie bedachte. An der Schlacht nahmen über 100 000 Soldaten teil (ungefähr 40 000 Preußen und 65 000 Österreicher), über 16 000 kamen ums Leben und wurden verletzt. Der Sockel des Denkmals ist erhalten geblieben, er ist an der Straße von Wrocław nach Środa Śląska zu sehen.

Schloss in Deutsch Lissa (heute Leśnica)

◂ *Schloss Fürstenstein*

DIE UMGEBUNG VON BRESLAU

Mittelalterliches Sühnekreuz aus der Nähe von Breslau

Breslau war die unangefochtene Hauptstadt Niederschlesiens, einer Landschaft, die sich bereits Ende des 13. Jahrhunderts vom Gebiet der Piastendynastie abgesondert hatte. Will man die Bedeutung dieser Hauptstadt verstehen, so sollte man einige der sehenswerten Orte kennenlernen, die für die niederschlesische Geschichte bedeutsam gewesen sind. Wichtige Handelswege führten von den Klöstern, Schlössern und Städten nach Breslau, wo sie zusammentrafen. Zuweilen können wir nicht mehr einschätzen, in welcher Richtung die Entwicklung verlief. Lernten beispielsweise die Breslauer Baumeister die gotischen Architekturformen bei den Meistern kennen, die die Zisterzienserabteien in Trebnitz (Trzebnica) und Heinrichau (Henryków) errichteten oder war es gerade umgekehrt? Sicher ist, dass die Trebnitzer Nonnen in Breslau ein Haus hatten. Manchmal allerdings wurden nahegelegene

Berg Ślęża (Zobten)

Umgebung von Breslau

Pilger, Steinskulptur am Fuße des Ślęża (Zobten)

kleinere Zentren für Breslau zum Vorbild. So wurde das Stadtrecht der Handelssiedlung Neumarkt (Środa Śląska) von 1223 nicht nur von Breslau, sondern gleich einem Dutzend weiterer Städte übernommen. Die wunderbaren Renaissancekunstwerke in Brieg (Brzeg), die Herzog Georg gestiftet hatte, inspirierten Werke im neuen Stil der norditalienischen Meister auch in der niederschlesischen Hauptstadt. Der Kontakt wurde dadurch verstärkt, dass die Herzöge von Brieg einen Sitz in Breslau hatten. Ohne Zweifel konkurrierten die Breslauer und Schweidnitzer Bierbrauer miteinander. Hätte es aber keinen Handel zwischen diesen beiden wichtigen Marktstädten gegeben, so hätten sich beide sicherlich deutlich langsamer entwickelt.

ŚLĘŻA (ZOBTEN)

Südlich von Breslau, in etwa 25 km Entfernung, liegt **der heilige Berg Schlesiens – der Zobten**, polnisch Ślęża. Von seinem Namen leitet sich der Name des Stammes der Slensanen ab, vielleicht liegt hier sogar der Ursprung des Wortes „Schlesien". Der nicht besonders hohe Berg (714 m ü. M.) erhebt sich steil über der Ebene des Schlesischen Tieflandes, an freundlichen Tagen ist er sogar vom Breslauer Stadtzentrum aus zu sehen. Aufgrund seiner exponierten Lage zieht der Zobten Blitze an – und deshalb wurde er für Jahrhunderte zu einer Kultstätte. An den Hängen des Zobten fanden zur Sommersonnenwende heidnische Rituale statt. Die Kelten hinterließen einfache Steinfiguren eines Bären und einer Jungfrau mit Fisch, später wurde der Berg von den Germanen und seit dem 6. Jahrhundert n. Chr. von den Slawen verehrt. Auch nach der Christianisierung wurde der Kult weitergeführt, auf dem Gipfel des Zobten stiftete Peter Wlast (1121–1128) eine flämische Augustinerabtei. Die harten klimatischen Bedingungen und der beschwerliche Aufstieg führten dazu, dass das Kloster später auf die Sandinsel in Breslau überführt wurde.

ŚRODA ŚLĄSKA (NEUMARKT)

Das 25 km westlich von Breslau liegende Środa Śląska (Neumarkt) wurde nach dem Magdeburger Stadtrecht gegründet und spä-

Sühnekreuze (siehe Abb. S. 291) wurden von Verbrechern am Tatort aufgestellt, sie dienten den Nachkommen zur Warnung und zum Gedenken. Durch das Kreuz sollten Vorübergehende zum Gebet für die Seele von Opfer und Täter aufgefordert werden. Dieser Brauch war in den polnischen Gebieten vom 13. bis zur Mitte des 19. Jahrhunderts üblich. Heute gibt es in Polen rund 600 solcher Kreuze, vor allem in Niederschlesien. Der Mörder musste daneben die Kosten für die Beerdigung und das Gerichtsverfahren übernehmen, für den Unterhalt der Familie des Opfers sorgen und zu Fuß an einen heiligen Ort pilgern. Oft wurden Abbildungen der Tatwaffen in den Stein des Sühnekreuzes gehauen.

Weg auf den Ślęża (Zobten)

Środa Śląska (Neumarkt), St. Andreaskirche mit dem freistehenden Glockenturm

Der Schatz von Neumarkt wurde bei Bauarbeiten in der ul. I. Daszyńskiego gefunden, größtenteils jedoch sogleich von seinen Entdeckern und Amateurforschern geraubt. Um den Fund drehte sich die Militäraktion „Korona" (Krone), in mehreren Strafprozessen wurde der Fall behandelt. Schließlich konnten zahlreiche Bestandteile des Schatzes wieder zusammengetragen werden, sie werden heute in Museen in Neumarkt und in Breslau aufbewahrt. Es handelt sich dabei um beinahe 8 000 Münzen, eine gotische Krone, goldene Ringe und andere mittelalterliche Schmuckstücke.

ter Vorbild für zahlreiche polnische Städte. Die mittelalterliche Anlage hat einen untypischen langgezogenen Marktplatz, doch wird sie von dem regelmäßigen Rechteck der Stadtmauern umgeben. Die Andreaskirche mit ihrem freistehenden gotischen Glockenturm ist das auffälligste Gebäude in Środa Śląska (Neumarkt). Die Kirche entstand im 13. (westlicher Teil) und 14. Jahrhundert (der erhöhte Chorraum), im frühen 19. Jahrhundert wurde die neogotische westliche Vorhalle errichtet. Die Bebauung des Marktplatzes entstand im 19. Jahrhundert, in der Mitte des Platzes befindet sich das gotische Rathaus mit einem bemalten Ziergiebel aus dem frühen 16. Jahrhundert. Im Rathausmuseum wird der **Schatz von Neumarkt** aufbewahrt ein erstaunlicher Fund aus den 1980er Jahren. Es handelt sich dabei um einen goldenen Fürstenschmuck aus dem 13. oder 14. Jahrhundert, den ein Jude aus Neumarkt im Keller seines Hauses in einer Seitengasse versteckt hatte. Der Schmuck war wahrscheinlich das Pfand für ein Darlehen, das er der königlichen Familie der Luxemburger gewährt hatte. In der westlichen Vorstadt befindet sich die Spitalkirche der Allerheiligsten Jungfrau Maria aus dem frühen 13. Jahrhundert.

WOJNOWICE (WOHNWITZ)

Westlich von Breslau, auf der Straße nach Środa Śląska (Neumarkt) liegt gleich hinter der Stadtgrenze an einer Nebenstraße auf der rechten Seite Wojnowice (Wohnwitz), das einzige erhaltene **Wasserschloss** in Schlesien. Es wurde 1513 von Nicolaus von Schebitz errichtet, dem späteren Landesvorsteher des Breslauer Herzogtums. Die Vierflügelanlage mit einem kleinen Hof ist von einem Wassergraben umgeben. Die Backsteinmauern des Schlosses schmücken gotische Giebel und Renaissance-Fensterrahmen aus Sandstein. Aus der Zeit der Renaissance stammt auch das Eingangsportal und die kleine Loggia auf dem Innenhof. Zur Verteidigungsanlage des Schlosses gehörte außer dem Wassergraben auch eine äußere Erdbefestigung, die nicht erhalten geblieben ist. Um das Schloss erstreckt sich ein gepflegter Park. Heute hat im Schloss Wohnwitz die Vereinigung der Breslauer Kunsthistoriker ihren Sitz, außerdem gibt es ein Hotel und ein Restaurant.

Wasserschloss in Wojnowice (Wohnwitz)

TRZEBNICA (TREBNITZ)

25 km nördlich von Breslau befindet sich am Rande des nicht sehr hohen Katzengebirges die **Zisterzienserinnenabtei** Trzebnica (Trebnitz), eine der wichtigsten Stiftungen von Herzog Heinrich dem Bärtigen und seiner Gemahlin Hedwig, der schlesischen Schutzheiligen (1267 kanonisiert). In das Frauenkloster wurden bis zur Säkularisierung 1810 viele Nachahmerinnen der Heiligen als

Trzebnica (Trebnitz), gotische Figur der Hl. Jadwiga (Hedwig) aus dem Museum des Kultes der Hl. Hedwig

Ehemalige Zisterzienserinnenabtei in Trzebnica (Trebnitz)

Trzebnica (Trebnitz) Basilika, Hauptaltar

Äbtissinnen aufgenommen, die meisten kamen aus adligen Familien. Die ursprünglich gotische Kirche und das Kloster wurden in der 1. Hälfte des 18. Jahrhunderts barock umgestaltet. Die Krypta unter der Kirche ist noch romanisch, dort entspringt die Hedwigsquelle, die womöglich bereits in vorchristlicher Zeit Kultstätte war. Auch Teile der plastischen Ausgestaltung aus romanischer Zeit sind erhalten, darunter das großartige 1935 wiederentdeckte Tympanon von David und Bathseba von der Westwand der alten romanischen Kirche, das vielleicht schon vor 1219 entstanden ist. Hierbei handelt es sich um das beste Beispiel für romanische Plastik in diesem Teil Europas, es schließt sich unmittelbar an französische Vorbilder an. An der Südseite

Trzebnica (Trebnitz), Tympanon mit Darstellungen von David und Bathseba im Portal des Nordschiffs der Kirche

der Kirche befindet sich die **gotische Hedwigkapelle** aus der 2. Hälfte des 13. Jahrhunderts, eines der schönsten Beispiele der höfischen Architektur. In dieser Kapelle befindet sich der Sarkophag der Hl. Hedwig aus dem späten 17. Jahrhundert, errichtet aus Marmor aus Dębniki bei Krakau. Die Ausstattung der Kirche besteht aus zahlreichen Barockaltären, Gemälden, darunter viele von Michael Willmann und Christian Philipp Bentum, sowie Plastiken, unter anderem von Franz Joseph Mangoldt.

Trzebnica (Trebnitz), Hedwigkapelle

BRZEG (BRIEG)

Brzeg (Brieg) war, obwohl nur 50 km östlich von Breslau gelegen, ein unabhängiges Fürstentum, von der Brieger Piastenlinie regiert, die auch über das westlich von Breslau liegende Legnica (Liegnitz) herrschte. Die wichtigste Sehenswürdigkeit der Resi-

Brzeg (Brieg), Schlosshof

Brzeg (Brieg), Renaissancerathaus; unten: Eingangstor zum Schloss

denzstadt ist das **stattliche Fürstenschloss**, das während der Renaissance unter Herzog Georg II. von den italienischen Architekten Jacopo Parr und Bernardo Niuron umgebaut wurde. Das prächtige Eingangstor zieren imposante Figuren des Stifters und seiner Gemahlin Barbara von Brandenburg, die höher angebrachten Brustbilder zeigen die Ahnen des Paares. Die **Arkadengänge im Schlosshof** gehören zu den schönsten Renaissancearbeiten in Schlesien. In der Schlossanlage ist heute das sehenswerte Museum der Schlesischen Piasten untergebracht. Auch das gegenüberliegende Gymnasium ist noch während der Renaissance, zur Zeit von Herzog Georg II. entstanden. Die **gotische Backsteinkirche St. Nikolai**, nordöstlich vom Markt gelegen, wurde 1370–1417 errichtet, sie gehört zu den besten Beispielen der schlesischen Architektur. Im Gegensatz zu den meisten schlesischen Städten ist in Brzeg (Brieg) der Verlauf der Befestigungsanlage aus dem 17. Jahrhundert noch deutlich zu erkennen. In der 1. Hälfte des 19. Jahrhunderts sind entlang der alten Stadtmauer Parkpromenaden entstanden.

Świdnica (Schweidnitz), Kirche St. Stanislaus und Wenzel

ŚWIDNICA (SCHWEIDNITZ)

Ungefähr 60 km von Breslau entfernt liegt in südwestlicher Richtung Świdnica (Schweidnitz), im Mittelalter eine der drei größten schlesischen Städte, von denen

Schweidnitz am besten erhalten geblieben ist. Mitte des 16. Jahrhundert zählte die Stadt 12 000 Einwohner. Berühmt war sie für ihr Bier, Schweidnitz war aber auch ein wichtiges Handelszentrum, in das böhmische und flämische Kaufleute kamen. Neben wunderschönen Häusern aus Gotik, Renaissance und Barock kann hier eine der größten gotischen Kirchen Schlesiens besichtigt werden, die **Kirche St. Stanislaus und Wenzel.** Ihr Turm ist mit 104 m der höchste schlesische Kirchturm. Der Bau wurde im 14. und 15. Jahrhundert errichtet und nach der Übernahme durch die Jesuiten (1666) gegen Ende des 17. Jahrhunderts barockisiert. Im Südschiff, bei der spätgotischen Bürgerempore, befindet sich ein gotischer Altar aus dem künstlerischen Kreis um Veit Stoß, beeindruckend ist auch der mächtige, in der Form eines Baldachins gestaltete barocke Hauptaltar. Nordwestlich vom Markt liegt eine der bekanntesten und beliebtesten Sehenswürdigkeiten Niederschlesiens – die **evangelische Friedenskirche zur Hl. Dreifaltigkeit**. Die original erhaltene, seit ihrer Entstehung Mitte des 17. Jahrhunderts unveränderte architektonische Gestalt dieses Fachwerkbaus, seine großartige hölzerne Innenausstattung mit den zweigeschossigen Emporen für 7500

Świdnica (Schweidnitz), Kirche St. Stanislaus und Wenzel

Świdnica (Schweidnitz), Marktplatz

Friedenskirche
zur Hl. Dreifaltigkeit

Friedenskirchen entstanden nach dem Dreißigjährigen Krieg, als der katholische österreichische Kaiser den schlesischen Lutheranern auf Druck der protestantischen Schweden das Recht erteilte, Gotteshäuser in Świdnica, Jawor und Głogów (Schweidnitz, Jauer und Glogau) zu errichten. Die Kirche in Glogau hat sich nicht erhalten. Das Einverständnis zum Bau galt nur unter zahlreichen Einschränkungen – die Gotteshäuser mussten aus vergänglichen Materialien errichtet werden, sie durften weder Turm noch Glocken haben, sollten vor den Stadtmauern stehen und bei ihnen durfte keine Pfarrschule eingerichtet werden.

Gläubige und zahlreichen Logen aus dem 17. und 18. Jahrhundert für den Adel des Schweidnitzer Herzogtums, aber auch die ungewöhnlichen Malereien, die die protestantischen Glaubensprinzipien illustrieren, sowie der einzigartige Altar führten dazu, dass dieser Bau auf die Liste des Weltkulturerbes der UNESCO gesetzt wurde.

Henryków (Heinrichau), ehemalige Zisterzienserabtei

HENRYKÓW (HEINRICHAU)

Etwa 35 km südlich von Breslau, an der Straße nach Ziębice (Münsterberg), rund 15 km hinter Strzelin (Strehlen), liegt die am besten erhaltene schlesische **Zisterzienserabtei** Heinrichau, heute Henryków, eine Stiftung des schlesischen Herzogs Heinrich I. des Bärtigen von 1227. Heinrichau war eine Tochtergründung des ältesten schlesischen Zisterzienserklosters in Leubus, das bereits Ende des 12. Jahrhunderts entstanden war. Die Heinrichauer Abtei zeigt den für die schlesischen Klöster typischen Zusammenklang aus einer ursprünglich frühgotischen Anlage, die noch im östlichen und südöstlichen Teil der heutigen Kirche zu sehen ist, und einer großartigen barocken Umgestaltung, die während der Gegenreformation entstanden ist. Dieser barocke Umbau fand hier 1682–1698 unter Abt Heinrich III. Kahlert statt, der Baumeister stammte aus Tirol. Tatsächlich erinnert die Architektur des Klosters, vor allem die beiden Ecktürme, an ähnliche Tiroler Lösungen. Die reiche Ausstattung der Kirche besteht aus mehreren Barockaltären, Gemälden von Michael Willmann, dem „schlesischen Rembrandt", und dem schönsten schlesischen Barockgestühl von 1700–1709, das vollständig erhalten geblieben ist. Auch der barocke Garten mit

Henryków (Heinrichau), Kirche und Kloster

Im Breslauer Erzdiözesanmuseum wird das Heinrichauer Buch (Księga henrykowska) aufbewahrt, die in Latein verfasste Chronik der Zisterzienserabtei in Henryków (Heinrichau). Sie enthält den Aufzeichnungen von 1270 den ältesten schriftlich überlieferten Satz in polnischer Sprache: „Day, ut ia pobrusa, a ti pociwaj" („Gib, ich werde mahlen, und du ruh dich aus"). Dieser Satz wird zur Bedeutungserklärung des Ortsnamens von Brukalice angeführt, eines Dorfs in der Nähe von Henryków (Heinrichau). Ein Dorfbewohner soll ihn zu seiner Ehefrau gesagt haben, als sie Körner mit einer Handmühle mahlte.

Henryków (Heinrichau), Klosterkirche, Chorgestühl

Lubiąż (Leubus), Fürstensaal, Standbild von Kaiser Karl VI.

Ehemaliges Zisterzienserkloster in Lubiąż (Leubus)

dem Speisepavillon des Abts hat sich zum Teil erhalten. Den romantischen Park hinter dem Kloster legten dagegen bereits die neuen Eigentümer des Anfang des 19. Jahrhunderts säkularisierten Klosters an, die königliche Familie der Hohenzollern.

LUBIĄŻ (LEUBUS)

In Lubiąż (Leubus), das an der Straße in Richtung Zielona Góra (Grünberg) etwa 40 km nordwestlich von Breslau liegt, befindet sich an der Oder einer der größten europäi-

schen Barockbauten. Das erste schlesische **Zisterzienserkloster** Lubiąż (Leubus) wurde nach seiner Gründung 1175 durch Mönche aus Pforta an der Saale schnell zum religiösen Zentrum Schlesiens. Als Tochtergründungen waren schon zu Beginn des 13. Jahrhunderts u.a. das Kloster Mogila bei Krakau und in Schlesien Heinrichau und Kamenz entstanden. Hinter einer 225 m langen barocken Fassade befindet sich der Abtpalast mit dem herrlichen Fürstensaal, eine gotische Klosterkirche und das Kloster, eine Vierflügelanlage um einen rechteckigen Hof. In dem Gebäude liegt der berühmte Fürstensaal, 1734–1738 errichtet, der sich über zwei Etagen erstreckt und durch das hervorragende Zusammenspiel der Plastiken von Franz Joseph Mangoldt, der Stuckaturen von Ignatius Provisore und des Deckengemäldes von Christian Philipp Bentum beeindruckt. In jüngster Zeit erst wurden das Refektorium und die Bibliothek restauriert. Über viele Jahre hinweg lebte der größte schlesische Maler der Barockzeit Michael Willmann in dem

Lubiąż (Leubus), Fürstensaal

Lubiąż (Leubus), Refektorium

Schloss Książ
(Fürstenstein)

Kloster, er hinterließ ihm viele seiner Werke und wurde nach seinem Tode 1706 in der Kirchenkrypta bestattet.

SCHLOSS KSIĄŻ (SCHLOSS FÜRSTENSTEIN)

15 km südwestlich von Świdnica (Schweidnitz) befindet sich in Książ (Fürstenstein) bei Wałbrzych (Waldenburg) das **größte Schloss Schlesiens**. Anfänglich Sitz der Schweidnitzer Herzöge, gehörte es von 1509 bis 1945 der Familie von Hochberg und seit 1847 den Fürsten von Pleß, einem Zweig dieses Geschlechts. Das Schloss liegt malerisch auf einem Bergsporn über einem tiefen Tal und ist von terrassenförmig angelegten Gärten und einem romantischen Park umgeben, der unmerklich in den Wald übergeht. In der Nähe befindet sich ein Gestüt, dass für seine Züchtungen des schlesischen Warmblutes berühmt ist. Während

Schloss Książ
(Fürstenstein),
Frontfassade

des 2. Weltkrieges sollte im Schloss eines der Hauptquartiere von Adolf Hitler eingerichtet werden. Heute wirkt die Anlage, in der sich Galerien, Antiquariate, Hotels und Restaurants befinden, sehr lebendig. Der ursprünglich gotische Bau stammt aus dem 14. Jahrhundert und wurde im 18. Jahrhundert durch einen barocken Flügel und ein monumentales Tor erweitert. Ein Prachtwerk ist der barocke Ballsaal, ein Spiegelsaal von Felix Anton Hammerschmidt. Im Zuge eines letzten Umbaus der Residenz zu Beginn des 20. Jahrhunderts entstanden die Terrassen, Gärten und Springbrunnen am Hang des Schlossbergs.

Schloss Książ (Fürstenstein), Aussichtsterrasse; unten: Maximiliansaal

Im Jahre 1944 wurde das Schloss von einer Sonderbrigade der Organisation Todt übernommen. Die Säle wurden den militärischen Anforderungen entsprechend umgebaut und auf dem Gelände des Vorschlosses entstanden 50 m unter dem Ehrenhof unterirdische Tunnel. Gefangene aus dem Konzentrationslager Groß Rosen mussten diese Bauvorhaben in Handarbeit durchführen. Bis heute ist nicht bekannt, wozu diese Tunnel gebaut wurden. Am wahrscheinlichsten ist, dass im Schloss ein deutsches Armeequartier oder aber eine geheime Fabrik für biologische Waffen eingerichtet werden sollten.

„Der Liebenstrank" von Gaetano Donizetti – Open-Air-Vorstellung in der Pergola

KULTUR, ERHOLUNG, UNTERHALTUNG

MUSEEN

Archäologisches Museum

ul. A. Cieszyńskiego 9 (Arsenał)
Tel. (+ 4871) 347 16 96
Öffnungszeiten: Mi-Sa 11.00–17.00,
So 10.00–18.00
Eintritt: 10.00 PLN, erm. 7.00 PLN
Sammlung wertvoller archäologischer Fundstücke aus Breslau und Schlesien, von der Bronzezeit bis zum Mittelalter.

Erzdiözesanmuseum

pl. Katedralny 16, Tel. (+48 71) 327 11 78
Öffnungszeiten: Di-So 9.00–15.00
Eintritt: 7.00 PLN, erm. 5.00 PLN
Das Museum besteht seit 1903 in einem gotischen und einem barocken Gebäude, die zuvor im Besitz des Domkapitels gewesen waren. Reiche einzigartige Sammlung, u.a. altägyptischer und frühchristlicher Kunst sowie schlesischer Skulpturen, Malerei und von Kunsthandwerk aus dem 14. bis 19. Jahrhundert.

Erzdiözesanmuseum, Teil der Ausstellung; unten: Architekturmuseum, romanischer Raum

Architekturmuseum

ul. Bernardyńska 5, Tel. (+48 71) 344 82 78
Öffnungszeiten: Di., Mi., Fr., Sa. 10.00–16.00,
Do. 12.00–18.00, So. 11.00–17.00
Eintritt: 7.00 PLN, erm. 5.00 PLN
Das Museum befindet sich in der ehemaligen Bernhardinerkirche und dem dazugehörigen Kloster. In der ständigen Ausstellung werden Beispiele für romanischen und gotischen Bauschmuck in Breslau gezeigt, darunter den romanischen Bauschmuck des abgetragenen Benediktiner-Klosters auf dem Elbing, Glasfenster aus dem 12. bis 20. Jahrhundert und architekturbezogenes Kunsthandwerk.

Ethnographisches Museum

ul. R. Traugutta 111, Tel. (+48 71) 344 33 13
Öffnungszeiten: Di, Mi, Fr, Sa 10.00–16.00,
Do 9.00–16.00
Eintritt: 5.00 PLN, erm. 3.00 PLN
Das Museum zeigt die niederschlesische Volkskultur (Trachten, Stoffe, Keramik, Kunst- und Gebrauchsgegenstände).

Militärmuseum, mittelalterliche Pavese eines Breslauer Stadtwächters

Ausschnitt des Denkmals von Albrecht Dürer vor dem Nationalmuseum

Geologisches Museum

ul. W. Cybulskiego 30, Tel. (+48 71) 375 92 06
Öffnungszeiten: Mo-Fr 10.00–15.30
Eintritt: 5.00 PLN, erm. 3.00 PLN
Das Museum zeigt seine geologischen und paläontologischen Sammlungen, überwiegend Stücke aus den Sudeten und ihrem Vorland.

Königliches Schloss

ul. Kazimierza Wielkiego 35, Tel. (71) 391 69 40
Öffnungszeiten: Mi-Sa 11.00-17.00, So 10.00-18.00
Eintritt: 15,00 PLN, erm. 10,00 PLN
Das ehemalige Königliche Schloss ist das jüngste Museum in Wrocław, es wurde erst 2009 eröffnet. In 25 restaurierten Innenräumen wird die umfassende Ausstellung „1000 Jahre Wrocław" gezeigt. Dokumente, Kunstwerke und Alltagsgegenstände illustrieren die Geschichte der Stadt und das Leben ihrer Einwohner. Die Ausstellung ist mit audiovisuellen Geräten ausgestattet. Zum Museum gehört eine Galerie mit Gemälden und Plastiken von Künstlern, die im 19. und 20. Jahrhundert mit der Stadt in Verbindung standen.

Militärmuseum

ul. A. Cieszyńskiego (Arsenal) Tel. (+48 71) 347 16 96
Öffnungszeiten: Mi-Sa 11.00–17.00, So 10.00–18.00
Eintritt: 7.00 PLN, erm. 5.00 PLN
Das Arsenal (Burgfeld) gehört zu den wichtigsten Beispielen bürgerlicher Architektur in Breslau. Das Museum sammelt Waffen aus der Steinzeit bis zum 17. Jahrhundert, Hieb- und Feuerwaffen, Rüstungen und andere Militaria.

Mineralogisches Museum

ul. Kuźnicza 22, Tel. (+48 71) 375 26 68
Öffnungszeiten: Mo-Fr 10,00–15.30
Eintritt: 7.00 PLN, erm. 5.,00 PLN
Im Museum werden Mineralien, Edel- und Schmucksteine sowie Meteoriten ausgestellt.

Nationalmuseum

pl. Powstańców Warszawy 5 Tel. (+48 71) 372 51 50
Öffnungszeiten: Mi, Fr, So. 10.00–16.00 Do 9.00–16.00, Sa 10.00–18.00

Eintritt: 15.00 PLN, erm. 10.00 PLN
Sa Eintritt frei.
Das Museum verfügt reiche Kunstsammlungen: schlesische Kunst vom Mittelalter bis zur Neuzeit, Steinskulpturen vom 12. bis 14. Jahrhundert (unter anderem die Grabmale von Heinrich IV. Probus und Heinrich II. dem Frommen), eine der reichsten Sammlungen gotischer Kunst in Polen (Holzplastiken und sakrale Tafelmalerei, Kunsthandwerk), moderne Kunst (Malerei, Plastik, Graphik, angewandte Kunst) und polnische und europäische Malerei vom 17. bis 20. Jahrhundert. Im Breslauer Nationalmuseum wird zudem Polens größte Sammlung zeitgenössischer polnischer Kunst (seit 1945) aufbewahrt.

Museum für Post- und Fernmeldewesen

ul. Z. Krasińskiego 1
Tel. (+48 71) 343 67 65
Öffnungszeiten: Mo, Mi-Sa 10.00–15.00, So 11.00–14.30
Eintritt: 4.50 PLN, erm. 4.00 PLN
So Eintritt frei.
Das einzige Museum in Polen, das die Geschichte der polnischen Post seit ihrer Gründung unter König Sigismund August 1558 darstellt. Gezeigt werden unter anderem Dokumente, Briefkästen, Briefmarken, Pferdepostwagen, Telegraphen, Telefonapparate und Funkgeräte.

Naturkundemuseum

ul. H. Sienkiewicza 21, Tel. (+48 71) 375 41 45
Öffnungszeiten: Di-So 10.00–16.00
Eintritt: 4.00 PLN, erm. 2.00 PLN
IIn dem 1814 gegründeten Museum werden interessante Exponate zur Pflanzenwelt aller Regionen der Erde und zum Tierreich gezeigt, darunter bereits ausgestorbene Arten.

Museum der Grabkunst

ul. Ślężna 37/39, Tel. (+48 71) 791 59 04
Öffnungszeiten: tgl. 10.00–17.00
Eintritt: 7.00 PLN, erm. 5.00 PLN
Es handelt sich hierbei um den 1856 gegründeten jüdischen Friedhof und seine zahlreichen sehenswerten Grabdenkmäler und kleinen Bauwerke.

Museum der bürgerlichen Kunst

Altes Rathau, Tel. (+48 71) 347 16 96
Öffnungszeiten: Mi-Sa 11.00–17.00, So 10.00–18.00

Aus der Sammlung im Naturkundemuseum

Museum der bürgerlichen Kunst, der Schatz aus Bremen, der prächtige Krug von Gottfried Heintze

Panorama von Racławice, Ausschnitt des Gemäldes

Eine Besonderheit des Puppentheaters ist, dass es hier eine kleine Bühne für Erwachsene gibt, auf der Stücke von Kafka, Witkacy und Adaptionen von Shakespearein Inszenierungen gezeigt werden, die weltweit Anerkennung erlangten.

Eintritt: 10.00 PLN, erm. 7.00 PLN
Das Museum befindet sich im Alten Rathaus, einem im europäischen Maßstab hervorragenden Beispiel für gotische bürgerliche Architektur. Neben der ständigen Ausstellung zum Breslauer Kunsthandwerk (überwiegend Goldschmiedearbeiten) werden zahlreiche Sonderausstellungen gezeigt.

Universitätsmuseum

pl. Uniwersytecki 1, Tel. (+48 71) 375 26 18
Öffnungszeiten: Mo, Di, Do 10.30–15.30, Fr-So 11.00–17.00
Eintritt: 10.00 PLN, erm. 6.00 PLN
In dem Museum wird die Geschichte der Universität von 1702 bis zur Gegenwart dargestellt. Es werden Möbel und andere Ausstattungsstücke, wissenschaftliche Instrumente und Archivalien ausgestellt. Das Museum umfasst vier Bereiche: die Aula Leopoldina, das Oratorium Marianum, den Mathematischen Turm und den Longchamps-Saal.

Panorama von Racławice

ul. J.E. Purkyniego 11, Tel. (+48 71) 344 16 61
Öffnungszeiten: Di-So 9.00–16.00
Eintritt: 20.00 PLN, erm. 15.00 PLN, Familienkarte (2+1, Kinder bis 15 Jahre) 15.00 PLN
In einem runden Gebäude wird ein großformatiges Gemälde (120 x 15 m) gezeigt, auf dem die für Polen siegreiche Schlacht bei Racławice vom 4. April 1794 dargestellt wird. Damals kämpften die Truppen der Aufständischen unter Tadeusz Kościuszko gegen die russische Armee.

THEATER, OPER UND PHILHARMONIE

Polnisches Theater
ul. G. Zapolskiej 3
Tel. (+48 71) 316 07 78
e-mail: marketing@teatrpolski.wroc.pl
Polnisches Theater – Kammerbühne
ul. Świdnicka 28,
Tel. (+48 71) 316 07 52
Polnisches Theater – Bühne „Na Świebodzkim"
pl. Orląt Lwowskich 20C,
Tel. (+48 71) 341 29 54
Breslauer Zeitgenössisches Theater „Edmund Wierciński"
ul. Rzeźnicza 12, Tel. (+48 71) 358 89 10
e-mail: biuro@wteatrw.pl
Breslauer Puppentheater (Wrocławski Teatr Lalek)
pl. Teatralny 4, Tel. (+48 71) 344 12 16
e-mail: teatr@teatrlalek.wroclaw.pl

Institut „Jerzy Grotowski"
Rynek-Rathaus 27, Tel. (+48 71) 343 42 67
e-mail: office@grotcenter.art.pl
Breslauer Pantomimetheater
al. Dębowa 16, Tel. (+48 71) 337 21 03
e-mail: pantomima@pantomima.wroc.pl
Verein für Theaterkultur „Das Lied der Ziege"
(Stowarzyszenie Kultury Teatralnej „Pieśń Kozła")
ul. J.E. Purkyniego 1, Tel. (+48 71) 342 71 10
e-mail: office@piesnkozla.pl
Teatr Ad Spectatores
ul. Powstańców Śląskich 82/58
e-mail: teatr@adspectatores.art
Theater Schneiderei (Teatr Zakład Krawiecki)
ul. Hubska 44, Raum B5, e-mail: sztur@vp.pl
Theater Grüne Laterne (Teatr Zielona Latarnia)
ul. J.U. Niemcewicza 4 (Keller)
Tel. (+48 71) 322 20 68
Musiktheater CAPITOL
ul. J. Piłsudskiego 72, Tel. (+48 71) 789 04 51
e-mail: sekretariat@teatr-capitol.pl
Theater des Liedes
ul. Mazowiecka 17, Tel. (+48 71) 341 76 94
e-mail: biuro@teatrpiosenki.pl
Breslauer Oper
ul. Świdnicka 35, Tel. (+48 71) 370 88 50
e-mail: opera@opera.wroclaw.pl
Philharmonie „Witold Lutosławski"
ul. J. Piłsudskiego 19, Tel. (+48 71) 342 20 01
e-mail: biuro@filharmonia.wroclaw.pl

KINOS

Dworcowe (Akademisches Filmzentrum)
ul. J. Piłsudskiego 105
Kino Helios, ul. Kazimierza Wielkiego 19a
Kino Helios – Legnicka, ul. Legnicka 58
Kino Lalka, ul. B. Prusa 32
Kino Lwów, al. J. Hallera 15
Kino Warszawa, ul. J. Piłsudskiego 64a
Multikino Arkady Wrocławskie
ul. Powstańców Śląskich 2/4
Multikino Pasaż Grunwaldzki
pl. Grunwaldzki 22

GALERIEN

Galerie Awangarda
ul. Wita Stwosza 32
Galerie Design, ul. Świdnicka 2/4
Galerie für Glas und Keramik
pl. T. Kościuszki 9/10
Galerie „Entropia", ul. Rzeźnicza 4
Galerie „Miejska", ul. Kiełbaśnicza 28
Niederschlesisches Zentrum für Fotografie Romanisches Haus (Dolnośląskie Centrum Fotografii Domek Romański), pl. Nankera 8

Die Breslauer Oper veranstaltet in Polen einzigartige Megaproduktionen – unkonventionelle Aufführungen in riesengroßen Räumen mit monumentalen Bühnenbildern für Tausende von Zuschauern, an denen Hunderte von Darstellern beteiligt sind. Meist finden diese Aufführungen in der Jahrhunderthalle statt, manchmal auch im Freien. Das größte Ereignis war 2003 die Vorführung von *Gioconda* auf der Oder. Die sechs Vorstellungen wurden damals von über 30 000 Zuschauern gesehen.

„Wratislavia Cantans" ist eines der bekanntesten europäischen Muskifestivals. Erstmalig fand es 1966 auf Initiative von Andrzej Markowski, dem damaligen Direktor der Breslauer Philharmonie, statt. Auf dem Festival erklingt alte Musik, z.B. Oratorien und Kantaten, aber auch neue Musik. In letzter Zeit wurde das Repertoire um „Ethno-Musik", Musik verschiedener Religionen und Opern erweitert. Als Begleitprogramm finden Konferenzen, Filmreihen zu Musik und Ausstellungen statt. Die Konzerte finden in sehenswerten Kirchen, Palästen und Museen in Breslau und anderen Orten Niederschlesiens statt.

Galerien in den Fleischbänken, Stare Jatki
Galerie 2 Stock – Breslauer Künstler
ul. Odrzańska 39/40 (Haus „Gretel")
Galerie „Auf dem Salzring", pl. Solny 11

KULTURKALENDER

Am deutlichsten wird die Vorstellung von Breslau als „Stadt der Begegnungen" im kulturellen Bereich. Künstler aus aller Welt nehmen an Veranstaltungen in der Stadt teil. Die wichtigsten Ereignisse sind hier aufgelistet.

Februar

Festival der zeitgenössischen polnischen Musik „Musica Polonica Nova"
www.musicapolonicanova.pl

März

Breslauer Jazzfestival „Jazz an der Oder"
Tel. (+48 71) 344 69 66, www.jnofestival.pl
Festival der kreativen Werbung „Wizualia"
Tel. (+48 71) 368 05 89, www.wizualia.pl

April

Festival des von Schauspielern gesungenen Liedes
Tel. (+48 71) 344 28 16, www.ppa.art.pl
Festival des alternativen und unabhängigen Kinos KAN, www.kan.art.pl

Juni

Breslau Non Stop
Tel. (+48 71) 343 57 72, www.wroclawnostop.pl
Festival der Kammermusik „Abende im Arsenal" (auch im Juli)
www.wieczory-w-arsenale.pl
Internationales Festival „Wratislavia Cantans"(Juni bis September)
Tel. (+48 71) 342 72 57, www.wratislavia.art.pl

Juli

Internationales Filmfestival Era Neue Horizonte (Era Nowe Horyzonty)
www.eranowehoryzonty.pl
Festival der „drei Barocke"
Tel. (+48 71) 792 79 63, www.3baroki-wroclaw.pl
Brave Festival „Gegen Vertreibung aus der Kultur"
Tel. (+48 71) 342 71 10, www.bravefestival.pl
Internationales Festival der Orgel- und Kammermusik (auch im August)
Tel. (+48 71) 344 28 16, www.impart.art.pl

Oktober

Internationales Theaterfestival Dialog Breslau
www.festival-dialog-wroclaw.pl

November

Breslauer Begegnungen mit Solotheaterstücken „WROSTJA"
Tel. (+48 71) 344 28 64, www.wrostja.art.pl

PARKS UND GÄRTEN

Städtischer Zoologischer Garten

ul. Z. Wróblewskiego 1/5, Tel. (+48 71) 348 30 24
Öffnungszeiten: Sommer 9.00–18.00, Winter 9.00–16.00
Eintritt: 10.00 PLN, erm. 4.00 PLN
Der Zoo besteht bereits seit über 50 Jahren, er umfasst ein Gebiet von 33 ha. Hier leben 6815 Tiere (559 Arten).

Botanischer Garten

pl. H. Sienkiewicza 23, Tel. (+48 71) 322 59 57
Öffnungszeiten:
März oder April (wetterabhängig) bis November tgl. 10.00-18.00
Eintritt: 7.00 PLN, erm. 5.00 PLN
Der Botanische Garten wurde 1811 als wissenschaftliche Einrichtung der Universität gegründet. Seine Pflanzen stammen von natürlichen Standorten und aus anderen botanischen Gärten. Besonders interessant ist das bereits 140 Jahre alte geologische Profil, das die Entstehung der Steinkohle darstellt. Auf dem 7,4 ha großen Gelände wachsen 11 500 Pflanzenarten aus aller Welt. Auch das Arboretum in Wojsławice bei Niemcza (Eibenhof in Nimptsch) gehört zum Botanischen Garten, das für seine zahlreichen Rhododendren und exotischen Nadelbäume berühmt ist.

Japanischer Garten

Öffnungszeiten: von April bis November tgl. 9.00-19.00
Eintritt: 3.00 PLN, erm. 1,50 PLN
Der japanische Garten liegt im Scheitniger Park in der Nähe der Jahrhunderthalle bei der ul. Mickiewicza, er ist eines von nur wenigen Beispielen für die japanische Gartenkultur in Mittelosteuropa. Er wurde von Gartenarchitekten aus Nagoya in Japan angelegt.

ZOO, Aquarium

Botanischer Garten; unten: Japanischer Garten

Szczytniki-Schleuse

Fährt man mit dem Boot auf der Oder, so fallen unweigerlich die wasserwirtschaftlichen Anlagen Breslaus ins Auge – zahlreiche Flussarme, Kanäle und wassertechnische Einrichtungen. der Breslauer Abschnitt der Oder ist 25 km lang, mit Nebenarmen sogar 35 km, hier befinden sich 11 Schleusen und Wehre. Sie mussten errichtet werden, weil Breslau immer wieder überschwemmt wurde und die Bedingungen für die Schifffahrt auf der Oder verbessert werden sollten. Nach einem Hochwasser wurde der Wasserknotenpunkt 1903 in seiner heutigen Form angelegt. Im Stadtzentrum liegen die Schleusen „Mieszczańska/Bürgerwehr" und „Piaskowa/Sandinsel", die 1895-1897 an Stelle von hölzernen Schleusen entstanden sind. Sehenswert sind auch die weiter außerhalb liegenden Wehre „Rędziński" und „Bartoszowicki".

Scheitniger Park

Er befindet sich im östlichen Teil Breslaus zwischen der Alten Oder und der ul. Wróblewskiego, M. Kopernika, A. Mickiewicza und L. Różyckiego. Größter und ältester Park Breslaus, Landschaftsschutzgebiet, schöne Anlage mit wertvollen Bäumen.

Südpark

Der Park liegt im Süden Breslaus zwischen ul. Powstańców Śląskich, ul. Sudecka und Bahnschienen. Im Park sind sehenswerte Bäume und Sträucher zu bewundern, Aussichtsterrasse am Teich.

Ostpark

Von zwei Flussarmen der Oława (Ohlau) eingeschlossen, Eingang ul. Krakowska. Eine der jüngsten Parkanlagen der Stadt, naturbelassener Landschaftspark, 1997 vom Hochwasser zerstört.

Westpark

Im Westen Breslaus gelegen, zwischen ul. Lotnicza, Pilczycka, Kozanowska, Popowicka und Wejherowska. Dieser Park dient der Erholung und der sportlichen Betätigung seiner Besucher.

SCHIFFFAHRTEN AUF DER ODER

In der Sommersaison fahren auf der Oder regelmäßig Ausflugsschiffe durch die interessantesten Breslauer Stadtviertel, von der Dominsel bis zum Zoologischen Garten.

Anlegestelle bei der Markthalle, Fahrzeit 90 min, Hala Targowa/Markthalle – Most Pokoju/Lessingbrücke – Most Grunwaldzki/Kaiserbrücke – – Szczytniki/Scheitnig – Wyspa Opatowicka/Ottwitzer Werder)
Fahrpreis: 13.00 PLN, erm. 9.00 PLN

Anlegestelle am Spazierweg auf der Sandinsel, Fahrzeit 45 min, Most Pokoju/Lessingbrücke – –Most Grunwaldzki/Kaiserbrücke – Kładka Zwierzyniecka/Fußgängerbrücke
Fahrpreis: 6.00 PLN

Anlegestelle Zwierzyniecka beim Zoo, ul. Wróblewskiego, Most Zwierzyniecki/Passbrücke – Ostrów Tumski/Dominsel – Psie Pole/Hundsfeld
Fahrpreis: 13.00 PLN, erm. 9.00 PLN

FAHRTEN MIT HISTORISCHEN STRASSENBAHNEN

Historische Straßenbahnen vom Typ LH (gebaut 1925–1929) verkehren auf zwei Strecken. Rote Linie (pl. Teatralny – pl. Dominikański – Jahrhunderthalle) und gelbe Linie (Jahrhunderthalle – Markthalle – pl. Teatralny). Haltestellen: pl. Teatralny, pl. Dominikański, pl. Grunwaldzki, Jahrhunderthalle.

Die Straßenbahnen verkehren: im Sommer Fr-So (7 Fahrten tgl.), im Winter Sa/So (4 Fahrten tgl.)

Fahrpreis: 2.40 PLN, erm. 1.20 PLN

FAHRTEN MIT ELEKTRO-AUTOS (MELEX)

Fährt man mit einem elektrisch betriebenen Wagen durch das historische Stadtzentrum, kann man unterwegs Informationen über die Sehenswürdigkeiten hören, an denen man vorbeikommt. Die Wagen fahren vom Platz vor der Elisabethkirche ab.

Fahrtpreis: rd. 30.00 PLN pro Person

SCHWIMMHALLEN UND FREIBÄDER

Breslauer Wasserpark (Wrocławski Park Wodny SA Aquapark)
ul. Borowska 264, Tel. (+48 71) 336 77 78
www.parkwodny.wroc.pl

Schwimmbad „Orbita"
ul. Wejherowska 2, Tel. (+48 71) 356 35 00

Freibad Glinianki
ul. Kosmonautów 2, Tel. (71) 353 86 17

Freibad „Morskie Oko"
ul. F. Chopina 27, Tel. (+48 71) 348 63 94

Schwimmbad
ul. I. Paderewskiego 35

Schwimmbäder des SPA Zentrums
ul. Teatralna 10-12,
Tel. (+48 71) 341 07 23

Schwimmbad des Sportklubs AZS
ul. J. Baudouina de Courtenay 16
Tel. (+48 71) 372 93 37

EISLAUFBAHNEN

Eislaufbahn „Orbita"
ul. Wejherowska 2, Tel. (+48 71) 356 35 00

Eislaufbahn „Spiska"
ul. Spiska 1, tel. (+48 71) 367 60 09

TENNISPLÄTZE

Krzycki Tennisklub
ul. Pułtuska 13, Tel. (+48 71) 337 27 32

In Breslau befahren 23 Straßenbahnenlinien eine Gesamtstrecke von 409 km, dabei gibt es 200 km genutzte Schienen, 6 traßenbahndepots und 20 Wendeschleifen. Seit 1877 fuhren in Breslau Pferdebahnen, 1893 wurden sie von elektrischen Straßenbahnen abgelöst. Damals gab es 40 Betriebswagen und 25 Anhänger. Während des Zweiten Weltkriegs verkehrten in Breslau Sanitätsstraßenbahnen, die Verletzte vom Hauptbahnhof zum Krankenhaus in der Mattigstraße (heute ul. R. Weigla) brachten. Während der Festungszeit wurden Barrikaden aus Straßenbahnwagen errichtet. Bis 1945 waren die Breslauer Straßenbahnen gelb, heute sind sie – wie damals die Lemberger Straßenbahnen – blau.

Die Pferderennbahn in Hartlieb (heute Partynice) wurde 1907 eröffnet. Vor dem Ersten Weltkrieg fanden hier wichtige Pferderennen mit hohen Preisgeldern statt. In der Zeit der Wirtschaftskrise, verlor die Breslauer Pferderennbahn an Bedeutung. Die Anlagen (Tribünen, Schiedsricht erturm, Verwaltungsgebäude, Teehaus) stammen vorwiegend aus dem frühen 20. Jahrhundert. In den 1990er Jahren wurde eine Reithalle gebaut. Heute werden in Partynice Flach-, Hürden- und Hindernisrennen veranstaltet. Im Manegengebäude finden Wettbewerbe im Zu- und Springreiten statt.

Breslauer Tennisgesellschaft
ul. Łaciarska 4, Tel. (+48 71) 343 23 76
Tennisplätze MORSKIE OKO
ul. F. Chopina 27, Tel. (+48 71) 348 72 96
Tennishalle
ul. J. Baudouina de Courtenay 16, Tel. (+48 71) 372 93 37
Tenniszentrum
ul. Lotnicza 72, Tel. (+48 71) 351 42 37

FAHRRADSTRECKEN

Das Netz von Fahrradwegen in Breslau ist eines der besten in Polen. Mit dem Fahrrad kann man sehr gut die Stadtparks erleben und an der Oder entlangfahren.

Fahrradverleih:
CIT Wrocław, Rynek 14, Tel. (+48 71) 344 31 11
Im Herzen der Stadt (W Sercu Miasta)
Przejście Żelaźnicze 4, Tel. (+48 71) 342 46 75

REITEN, WETTREITEN

Breslauer Reitbahn Partynice
ul. Zwycięska 2, Tel. (+48 71) 339 83 64
AKU Thomson
ul. Zwycięska 2, Tel. (+48 71) 339 83 64
Reitsportklub BELFEGOR
ul. Stabłowicka 131, Handy (+48 607) 82 89 84
KJ „Wysoka-2"
ul. T. Mikulskiego 19/2, Tel. (+48 71) 363 48 67
KJ „Hucuł"
ul. Jordanowska 33, Tel. (+48 71) 363 45 96

SEILPARK AUF DEM OTTWITZER WERDER (WYSPA OPATOWICKA)

ul. Braci Gierymskich (Parkplatz beim Ottwitzer Wehr), Tel. (+48 71) 787 97 59
ine 2 bis 17 m hohe Hindernisbahn. Fünf Parcours von unterschiedlichem Schwierigkeitsgrad führen über Brücken und Plattformen zwischen den Bäumen. Gesamtstrecke ca. 1 km.
Öffnungszeiten: April bis Oktober 10.00-17.00
Eintritt: 13.00 PLN, erm. 9.00 PLN

FITNESS CLUBS

Sport- und Erholungszentrum „Spiska"
ul. Spiska 1, Tel. (+48 71) 367 60 08
Sport- und Erholungszentrum „Morskie Oko"
ul. F. Chopina 27, Tel. (+48 71) 372 94 10

Fitness-Studio „Orbita"
ul. Wejherowska 2, Tel. (+48 71) 356 35 00

KNEIPEN UND DISKOTHEKEN

Die meisten Kneipen und Discos befinden sich in der Nähe vom Ring. Alle Lokale sind nur wenige Gehminuten voneinander entfernt, im Sommer werden Biergärten aufgebaut. In den Discos gibt es unterschiedliche Musik, von Jazz über Hip-Hop bis Metal. Man sollte sich vorher über die Musikrichtung informieren. In Diskotheken muss Eintritt gezahlt werden.

Academus Pub
ul. Kiełbaśnicza 23, Tel. (+48 71) 788 77 10
Altana
ul. Kotlarska 40, Tel. (+48 71) 372 57 43
Blue Bar Coffe
pl. Solny 8/9, Tel. (+48 71) 343 41 26
9 Brama
Rynek 39/40, Tel. (+48 71) 343 92 95
Capitol Pub
pl. Uniwersytecki 7, tel. (+48 71) 343 80 90
Celtic (Passage „Niepoldshof")
ul. Ruska 51, Tel. (+48 71) 344 34 25
Czeski Film (Eingang im Durchgang)
ul. Kiełbaśnicza 2, Tel. (+48 71) 342 25 49
G.A.F.A Pub (Passage „Niepoldshof")
ul. Ruska 51, Tel. (+48 71) 344 53 91
Guinness, pl. Solny 5, tel. (+48 71) 344 60 15
Gumowa Róża, ul. Wita Stwosza 23
Highlander Pub
Rynek-Rathaus 15, Tel. (+48 71) 372 55 24
John Bull Pub, pl. Solny 6/7
Niebo Cafe Pub (Passage „Niepoldshof")
ul. Ruska 51, Tel. (+48 71) 342 98 67
Pod Papugami
Sukiennice 9A, Tel. (+48 71) 343 92 75
Pod Zielonym Kogutem
pl. Teatralny 8, Tel. (+48 71) 342 01 87
PRL Pub, Rynek-Rathaus 10,
Tel (+48 71) 342 55 26
RadioBar, Rynek 48, Tel. (+48 71) 372 50 13
Wania Pub, ul. Uniwersytecka 11/12,
Tel. (+48 71) 372 35 82
Zorba, Przejście Garncarskie 8
Bezsenność (Passage „Niepoldshof")
ul. Ruska 51, Tel. (+48 71) 792 80 48
Liverpool
ul. Świdnicka 37/38, Tel. (+48 71) 344 87 27
Metropolis (Passage „Niepoldshof")
ul. Ruska 51, Tel. (+48 71) 343 13 73
Na Jatkach – Musikklub
Stare Jatki 3/4, Tel. (+48 71) 797 66 11

Eine schöne Alternative zum mitunter überfüllten Ring ist die Passage „Niepoldshof" in der ul. Ruska – eine beliebte Straße zum Ausgehen mit vielen ungewöhnlichen Lokalen. Die Passage ist Anfang des 20. Jahrhunderts im jüdischen Viertel zwischen der Antonienstraße und der Reuschestraße entstanden. Damals gab es hier vor allem Handelsfirmen, Nähstuben und Restaurants, heute sind im „Niepoldshof" Clubs, Cafés und Lokale zu finden. Man kann Spaß auf der Tanzfläche haben, sich aber auch in Ruhe unterhalten – bei einem kalten Drink oder leckerem Kaffee.

„Der Übergang", ul. J. Piłsudskiego

INFORMATIONEN

Dieser Teil des Stadtführers soll die Besucher Breslaus bei der Gestaltung ihres Aufenthalts in der Stadt unterstützen. Er enthält Adressen und Telefonnummern von Reisebüros, die Stadtführungen vermitteln, Informationen über Unterkünfte und Restaurants im Zentrum, erklärt die Benutzung öffentlicher Verkehrsmittel, gibt Hinweise zur An- und Weiterreise, zum Einkauf von Andenken und bei Notfällen.

In Breslau herrscht ein mildes maritimes Klima mit angenehm warmen Sommern und nicht allzu kalten Wintern. Die jährliche Durchschnittstemperatur liegt bei 9,1°C. Am wärmsten ist es im Juli (17,8 °C), am kältesten im Januar (-1,9 °C). Im November regnet es am häufigsten, der niederschlagsärmste Monat ist der September. Die meisten sonnigen Tage gibt es im September und Oktober, seit einigen Jahren auch im Mai und Juni – das ist die beste Zeit für einen Besuch in Breslau.

Johannes der Täufer ist der Patron Breslaus. Am 24. Juni, dem Johannestag, wird das Stadtfest mit zahlreichen Veranstaltungen und Feiern und einem großen Feuerwerk gefeiert.

Offizielle Homepage der Stadt:
www.wroclaw.pl

Wettersäule, ul. Świdnicka.

Im Hinblick auf die Temperatur ist der Sommer mit 98 Tagen die längste Jahreszeit in Breslau, der Winter dauert 79 Tage, während der Frühling und der Herbst jeweils um die 70 Tage lang sind. Der Vorfrühling hat 22, der Vorwinter 30 Tage.
An 158 Tagen fallen Niederschläge, meist im Winter, Schnee liegt 45 Tage.
An 20 Tagen ist es stürmisch, an 33 Tagen heiß. Die Sonne scheint jährlich 1523 Stunden, das ergibt einen Tagesdurchschnitt von ca. 4,2 Stunden.

WICHTIGE INFORMATIONEN

Tourismusinformatio

Zentrale Tourismusinformation
(Centrum Informacji Turystycznej)
Rynek 14, Tel. (+48 71) 344 31 11
e-mail: info@itwroclaw.pl

Kultur- und Tourismusinformation
(Informacja Kulturalna i Turystyczna)
Sukiennice Str. 12 (neben dem Eingang zum Stadtmuseum (Muzeum Miejskie) im Rathaus, Tel. (+48 71) 342 01 85

Gesellschaft der Freunde Breslaus
(Towarzystwo Miłośników Wrocławia)
ul. Odrzańska 39/40, Tel. (+48 71) 343 77 24

Stadtführer

Polnische Gesellschaft für Tourismus und Landeskunde
Rynek-Rathaus 11/12, Tel. (+48 71) 344 53 49

An vielen Stellen stehen Schaukästen mit einem Breslauer Stadtplan, auf dem sowohl die Sehenswürdigkeiten als auch empfehlenswerte Besichtigungsrouten markiert sind

In Breslau informieren zahlreiche Wegzeiger, wo und wie weit entfernt die wichtigsten Einrichtungen und Sehenswürdigkeiten liegen

Touristenführerverein ViaWrocław
Rynek 14, Tel. (+48 71) 344 31 12

Notrufe und Telefonauskünfte

Rettungsdienst: 999
Polizei: 997
Feuerwehr: 998
Städtischer Wachdienst: 986

Fundbüro: (+48 71) 369 53 28
Breslauer Telefonauskunft: 118 913
Polnische Telefonauskunft: 94 91

Internet

Ein kostenfreier kabelloser Internetzugang ist am Ring, auf dem Flughafen, an der Technischen Hochschule und in den Hotels Park Plaza und Holiday Inn möglich. Außerdem gibt es einige Internet-Cafés in der Stadt.

W sercu miasta, Przejście Garncarskie 4
Intermax Internet Cafe, ul. Psie Budy 10/11
Navigator, ul. Kuźnicza 11/13
Navigator, ul. Igielna 14
Polli, ul. Ruska 60/61
eClub.pl, ul Łaciarska 28
megaNETcaffe, ul. Kuźnicza 10

Postämter im Zentrum

Rynek 28, Tel. (+48 71) 34 71 932
(durchgehend geöffnet)
ul. Z. Krasińskiego 1, Tel. (+48 71) 34 71 901

Geldautomaten

In der Nähe des Rings gibt es viele Geldautomaten, ebenso in Einkaufszentren und Banken.

Geldwechsel

Geld kann in Wechselstuben und Banken gewechselt werden.
Wechselstuben im Zentrum:
Rynek-Rathaus 16/19
ul. Świdnicka 3
ul. Oławska 2
ul. Ruska 62

Apotheken (durchgehend geöffnet)

Pod Wężykiem
ul. T. Kościuszki 17/18,
Tel. (+48 71) 343 76 31

Pod Podwójnym Orłem
ul. Rynek 42, Tel. (+48 71) 343 44 28
Apteka ojców bonifratrów
ul. R. Traugutta 57/59, Tel. (+48 71) 343 69 06
Katedralna
ul. H. Sienkiewicza 54, Tel. (+48 71) 322 73 15
Pod Lwami
ul. Jana Pawła II 7a, Tel. (+48 71) 343 67 24

Rettungsdienst 999

Chirurgische Poliklinik
ul. R. Traugutta. 112, Tel (+48 71) 342 81 83
Med-Com II Rettungsstation
ul. Grabiszyńska 235, Tel. (+48 71) 333 00 55

ANREISE UND VERKEHR

Bahn

Breslau ist einer der wichtigsten polnischen Eisenbahnknotenpunkten. Vom Hauptbahnhof fahren durchgehende Züge in alle größeren polnischen Städte, aber auch nach Berlin, Prag, Budapest, Dresden, Lemberg und in andere Orte im Ausland. Neben den Fahrkartenschaltern und der Zugauskunft gibts es hier zahlreiche kleine Restaurants und Läden, Kioske, eine Apotheke, Gepäckaufbewahrung und Touristeninformation. Vor dem Bahnhof befinden sich Taxistände, Straßenbahn- und Bushaltestellen.

Hauptbahnhof (Dworzec Główny)
ul. J. Piłsudskiego 105
Fahrplanauskunft:
Tel. 94-36, (+48 71) 717 33 33
www.wroclaw.pl/m3304
Reservierung von Bahnfahrkarten:
ul. Wita Stwosza 19, Tel. (+48 71) 346 04 34
ul. J. Piłsudskiego 105, Tel. (+48 71) 369 33 33

Bus

Der Breslauer Busbahnhof liegt direkt hinter dem Hauptbahnhof. Hier fahren Busse in alle größeren polnischen Städte und viele Orte Niederschlesiens ab. Den Bahnhof nutzen auch polnische und ausländische Fernbuslinien für den internationalen Verkehr.

Im Gebäude des Busbahnhofs befinden sich Fahrkartenschalter, Geschäfte, eine Apotheke und Imbissstände.

Der Busbahnhof Nadodrze am pl. S. Staszica steht lokalen Busverbindungen zur Verfügung, so nach Trzebnica (Trebnitz) und Lubiąż (Leubus).

Hauptbahnhof, Kassenhalle

Entfernung zwischen Breslau und den größten europäischen Städten (in km):

Berlin – 340,
Brüssel – 1160,
Budapest – 740,
Kiew– 1150,
London – 1480,
Moskau – 1590,
Paris – 1380,
Prag – 271,
Rom – 1900,
Warschau – 340,
Wien – 550

Flughafen „Copernikus" Wrocław

Parkautomat; unten: Parkhaus „Szewska Centrum"

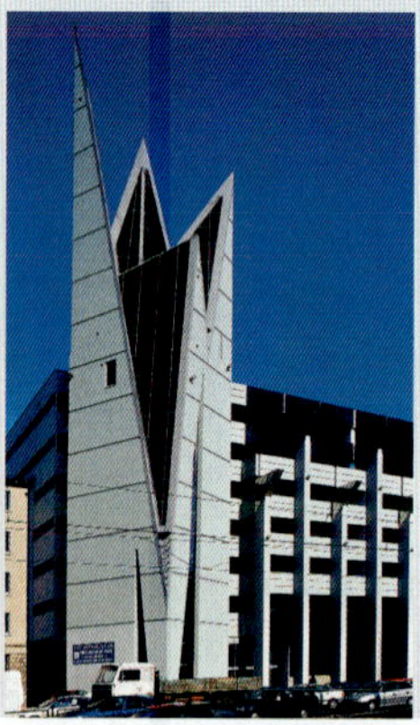

Zentraler Busbahnhof (Dworzec Centralny PKS)
ul. Sucha 1/11, Tel. (+48 71) 361 22 99
Auskunft zum Busfahrplan:
Tel. (+48 71) 361 81 22
www.wroclaw.pl/m3313/
Internationale Fahrkarten:
Tel. (+48 71) 343 18 18, www.virgo.pl

Flugzeug

Der internationale Flughafen ist etwa 11 km vom Stadtzentrum entfernt. Während des Berufsverkehrs muss man mit einer Stunde Fahrtzeit zum Flughafen rechnen. Am Flughafen gibt es einen Taxistand (zum Ring ca. 50 PLN), aber auch der Bus 406 fährt ins Stadtzentrum. Man kann am Flughafen ein Auto mieten. Im Flughafengebäude befinden sich Geschäfte, ein Restaurant, Geldautomaten, Wechselstuben sowie Vertretungen von Reisebüros und Fluglinien.

Flughafen „Copernicus" Wrocław
ul. S. Skarżyńskiego 36,
e-mail: airport@airport.wroclaw.pl
Flughafeninformation: (+48 71) 358 13 81
Reservierung von Flugtickets:
PLL LOT, ul. J. Piłsudskiego 36,
Tel. (+48 71) 343 63 76
Orbis, Rynek 29, Tel. (+48 71) 344 41 09
Hasig & Knabe, ul. J. Piłsudskiego 40,
Tel. (+48 71) 372 39 18

Auto

In Breslau treffen mehrere internationale (E40, E67, E261) und Nationalstraßen zusammen. Es gibt keine Umgehungsstraße, der Transitverkehr führt durch die Stadt. Ein Besuch Breslaus mit dem Auto ist nicht zu empfehlen, die Parkplätze reichen nicht aus, das Straßenpflaster ist schlecht und oft verstopfen Staus die Straßen. Im Zentrum sind alle Parkplätze kostenpflichtig, Parkscheine erhält man am Automaten oder beim Parkwächter. Eine Stunde Parken kostet 3 PLN.

Parkplätze im Zentrum:
Galeria Dominikańska (mehrstöckiges Parkhaus)
Dominikański Pl.
Szewska Centrum (mehrstöckiges Parkhaus)
Kreuzung ul. Łaciarska und Kazimierza Wielkiego
Hotel Dorint (unterirdischer Parkplatz)
ul. Rzeźnicza
Hotel Patio (unterirdischer Parkplatz)
ul. Kiełbaśnicza

Autoverleih
Flughafen, Tel. (+48 71) 358 12 93,
e-mail: reservations@avis.pl
Hotel Wrocław, ul. Powstańców Śląskich 5/7
Tel. 0604 679299 (24h service),
e-mail: biuro@rentacar-cb.com
Hotel Polonia, ul. J. Piłsudskiego 66
Tel. (+48 71) 781 81 88

Öffentlicher Nahverkehr

In Breslau fahren Straßenbahnen und Busse. An allen Haltestellen hängt das gesamte Liniennetz und der Fahrplan aus. Fahrscheine bekommt man an Zeitungskiosken oder an den Haltestellen an Automaten.

Auskunft über den öffentlichen Nahverkehr:
www.wroclaw.pl/m3298/

Fahrpreise:
normale Bus- und Straßenbahnlinien
innerhalb der Stadt,
2,40 PLN, erm. 1,20 PLN
Buslinien in die Vororte
(Nummern beginnen mit 6),
2,60 PLN. erm. 1,30 PLN
Schnellbusse (mit Buchstaben
gekennzeichnet) und Nachtbuslinien,
2,80 PLN, erm. 1,40 PLN
übertragbare Tageskarte
8,00 PLN, erm. 4,00 PLN
personengebundene Wochenkarte
26,00 PLN, erm. 13,00 PLN
Gepäckgebühr pro Stück für eine Fahrt
1,20 PLN

Taxen

Um Geld zu sparen, kann man Taxen telefonisch unter einer der folgenden Nummern bestellen:
9622, 919, 9621, 9623, 9624, 9625, 9626, 9627, 9628, 9629, 9661, 9662, 9663, 9665, 9666, 9667, 9668, 9669, 9681, 9684

ÜBERNACHTUNG

In Breslau gibt es zahlreiche Übernachtungsmöglichkeiten und Hotels verschiedener Kategorien. Im Sommer und während der Großveranstaltungen sollten man rechtzeitig ein Zimmer reservieren, telefonisch oder per mail.

In der Nähe vom Ring sind in restaurierten historischen Bürgerhäusern Hotels vom höchsten Standard eingerichtet worden, die demzufolge auch besonders teuer sind. Im Stadtzentrum

Automat für Straßenbahn- und Busfahrscheine

Normale Fahrkarte für innerstädtische Fahrten; unten: Fahrkarte für Schnelllinien

Hotel „Mercure Panorama", pl. Dominikański

Hotel „Sofitel Wrocław", ul. św. Mikołaja

liegen auch die Hotels bekannter internationaler Ketten mit hohem Standard.

Billigere Übernachtungsplätze gibt es in Hostels und Herbergen, die man auch im Stadtzentrum finden kann. Am billigsten ist es, in einer Jugendherbergen oder im Sommer auf einem Campingplatz zu schlafen.

Im Folgenden werden nur einige Hotels, Hostels und Herbergen aufgeführt, vor allem zentral gelegene. Weitere Informationen unter:

www.wroclaw.pl/m3346
www.wroclaw.pl/m8953

Hotels

Ring und Umgebung

„Sofitel Wrocław" *****
ul. św. Mikołaja 67, Tel. (+48 71) 358 83 00
e-mail: H5345@accor.com

„Art Hotel" ****
ul. Kiełbaśnicza 20, Tel. (+48 71) 78 77 100
e-mail: info@arthotel.pl

„Best Western Hotel Prima" ****
ul. Kiełbaśnicza 16/19, Tel. (+48 71) 782 55 55,
e-mail: prima@bestwestern-prima.pl

„Dwór Polski" ****
ul. Kiełbaśnicza 2, Tel. (+48 71) 372 34 15
e-mail: reception@dworpolski.wroclaw.pl

„Qubus" Hotel Wrocław ****
ul. św. Marii Magdaleny 2
Tel. (+48 71) 341 08 98
e-mail: wroclaw@qubushotel.com

Hotel „Duet" ***
ul. św. Mikołaja 47/48, Tel. (+48 71) 785 51 00
e-mail: hotel@hotelduet.pl

Hotel „Mercure Panorama" ***
pl. Dominikański 1, tel. (+48 71) 32 32 700
e-mail: mer.panorama@orbis.pl

Hotel „Lothus" ***
ul. Wita Stwosza 22/23, Tel. (+48 71) 341 97 38
e-mail: rezerwacja@hotel.lothus.pl

Hotel „Patio" ***
ul. Kiełbaśnicza 24, Tel. (+48 71) 37 50 400
e-mail: marketing@hotelpatio.pl

„Europeum" **
ul. Kazimierza Wielkiego 27a
Tel. (+48 71) 371 45 00
e-mail: europeum@europeum.pl

„Monopol" Hotel Orbis **
ul. H. Modrzejewskiej 2, Tel. (+48 71) 343 70
e-mail: monopol@orbis.pl

Dominsel und Umgebung

Hotel Jana Pawła II ****
ul. św. Idziego 2, Tel. (+48 71) 322 16 92
e-mail: pensjonat@pensjonat-jp2.pl

Hotel „Tumski" ***
Wyspa Słodowa 10, Tel. (+48 71) 322 60 99
e-mail: hotel@hotel-tumski.com.pl

Stadtzentrum

„Radisson SAS" Hotel *****
ul. J.E. Purkyniego 10, Tel. (+48 71) 375 00 00
e-mail: reservations.wroclaw@radissonsas.com

Hotel „Holiday Inn" ****
ul. J. Piłsudskiego 49/57
Tel. (+48 71) 787 00 00
e-mail: smm@wroclaw.globalhotels.pl

Hotel „HP Park Plaza" ****
ul. B. Drobnera 11/13, Tel. (+48 71) 320 84 00
e-mail: hpwroclaw@beph.pl

Hotel „Campanile" ***
ul. Władysława Jagiełły 7
Tel. (+48 71) 326 78 00
e-mail: wroclaw@campanile.com.pl

Hotel „Polonia" ***
ul. J. Piłsudskiego 66,
Tel. (+48 71) 343 10 21
e-mail: polonia@odratourist.pl

„Nathans Villa" Hostel *
ul. Świdnicka 13, Tel. (+48 71) 344 10 95

Hotel „Savoy"
pl. T. Kościuszki 19, Tel. (+48 71) 344 30 71
e-mail: savoy@savoy.wroc.pl

Außerhalb des Stadtzentrums

„Wrocław" Hotel Orbis ****
ul. Powstańców Śląskich 7
Tel. (+48 71) 361 46 51
e-mail: wroclaw@orbis.pl

Hotel „Bugatti" ***
ul. Kosmonautów 328, Tel. (+48 71) 349 35 23
e-mail: hotel@hotelbugatti.pl

Hotel „Gem" ***
ul. J. Baudouina de Courtenay 16
Tel. (+48 71) 372 90 13
e-mail: hotel@hotelgem.com.pl

Hotel „Orbita" ***
ul. Wejherowska 2, Tel. (+48 71) 350 10 26
e-mail: recepcja@orbita.pl

Hotel System „PREMIUM" ***
pl. M. Kromera 16, Tel. (+48 71) 364 97 00
e-mail: premium.wro@hotelsystem.pl

Hotel „Wodnik" ***
ul. Na Grobli 28, Tel. (+48 71) 343 36 67
e-mail: wodnik@wodnik-hotel.pl

„Novotel" Hotel Orbis ***
ul. Wyścigowa 35, Tel. (+48 71) 339 85 15
e-mail: nov.wroclaw@orbis.pl

„Olimpia" ***
al. I. Paderewskiego 35, Tel. (+48 71) 348 69 60
e-mail: hotel@hotelolimpia.com.pl

Die Übernachtungspreise in Breslau variieren sehr: 400 bzw. 360 PLN kostet ein Zimmer im „Radisson" bzw. „Art Hotel",135 PLN eine Nacht im Hostel „Cinnamon", für 40 PLN kann man in der Jugendherberge auf der Wyspa Słodowa übernachten. Die Preise schwanken ständig, am teuersten sind die Zimmer während der Sommersaison, an den Wochenenden werden sie preiswerter. Bei den hier genannten Preisen handelt es sich daher nur um Schätzwerte und ungefähre Größenordnungen. Aktuelle Angaben sollte man auf den entsprechenden Internetseiten des Hotels oder der Tourismusinformation suchen.

„Art Hotel",
ul. Kiełbaśnicza.

„Radisson" Hotel,
ul. J.E. Purkyniego

Hotel „Park Plaza",
ul. B. Drobnera; unten:
Hotel „Johannes
Paul II.",
ul. św. Idziego

Hotel „Wieniawa" **
ul. Gajowicka 130, Tel. (+48 71) 765 33 03
e-mail: rezerwacja@wieniawahotel.pl

Motel Hotel Orbis **
ul. Lotnicza 151,
Tel. (+48 71) 351 81 53
e-mail: mwroclaw@orbis.pl

Hotel „Irys" *
ul. Irysowa 1, Tel. (+48 71) 352 92 78
e-mail: reservation@irys.wroc.pl

Hotel des Schulungszentrums der Staatlichen Arbeitsinspektion (Ośrodka Szkolenia Państwowej Inspekcji Pracy)
ul. Mikołaja Kopernika 5
Tel. (+48 71) 37 10 400
e-mail: hotel@ospip.pl

Hostels und Herbergen

Zentrum

„Centrum" Hostel
ul. św. Mikołaja 16/17, Tel. (+48 71) 793 08 70
e-mail: elle-centrum@go2.pl

„Cinnamon" Hostel
ul. Kazimierza Wielkiego 67
Tel. (+48 71) 344 58 58
e-mail: wroclaw@cinnamonhostel.com

Hostel und Gästezimmer „Mleczarnia"
ul. Pawła Włodkowica 5
Tel. (+48 71) 787 75 70
e-mail: rezerwacja@mleczarniahostel.pl

Babel Hostel
ul. H. Kołłątaja 16/3, Tel. (+48 71) 344 12 06
e-mail: wroclaw@thestrangerhostel.com

„Avanti", ul. Kazimierza Wielkiego 45
Tel. (+48 71) 791 02 53

Außerhalb des Stadtzentrums

„Avantgarde" Hostel
ul. T. Kościuszki 55, Tel. (+48 71) 341 07 38
e-mail: biuro@avantgardehostel.pl

Ferienhaus „Solo"
ul. Kwiska 1/3, Tel. (+48 71) 351 70 11

Ferienhaus „Trio"
ul. Trzemeska 4/6/8, Tel. (+48 71) 355 94 46
e-mail: trzemeska@puhot.pl

Jugendherbergen

Internationale Jugendherberge
Wyspa Słodowa 10, Tel. (+48 71) 322 60 99
e-mail: hotel@hotel-tumski.com.pl

Jugendherberge (Kat. II)
ul. H. Kołłątaja 20
Tel. (+48 71) 343 88 56
e-mail: hotel@hotel.an.pl

Jugendherberge
„Psie Pole" (Kat. I)
ul. Kiełczowska 43, Tel. (+48 71) 345 73 96

Campingplätze

Camping AWS-AZS (Stadion Olimpijski)
al. I. Paderewskiego 35, Tel. (+48 71) 348 46 51
Camping „Glinianki"
ul. Kosmonautów, Tel. (+48 71) 353 86 17
Camping „Ślęza"
ul. Na Grobli 16/18, Tel. (+48 71) 343 44 42

GASTRONOMIE

In Breslau gibt es zahlreiche gastronomische Einrichtungen, besonders im Zentrum und in Nähe des Rings. Die Entscheidung kann aber schwer fallen, denn die Auswahl an unterschiedlichen Gaststätten, Bars und Cafés ist sehr breit. Jeder kann etwas für sich finden – das Angebot reicht von eleganten Restaurants mit Feinschmeckermenüs bis zu Schnellimbissen, von gemütlichen ruhigen Cafés, wo man in einem tiefen Sessel versinken und Zeitung lesen kann, bis zu extravagant eingerichteten Café-Bars mit moderner Musik. Alle hier aufgeführten Lokale befinden sich am Ring oder in seiner unmittelbaren Nähe.

Restaurants

„Akropolis" (griechische Küche)
pl. Solny 18/19, Tel. (+48 71) 343 14 13
„Aladyn" (arabische und orientalische Küche)
ul. Odrzańska 23, Tel. (+48 71) 796 73 27
„Amalfi" (italienische Küche)
ul. Więzienna 21, Tel. (+48 71) 343 67 84
„Art" Restaurant und Café – „Art Hotel"
ul. Kiełbaśnicza 2A, Tel. (+48 71) 787 71 00
„Casa Patio" (mediterrane Küche)
ul. Odrzańska 2/3, Tel. (+48 71) 341 71 01
„Casablanca"
ul. Pawła Włodkowica 8 A
Tel. (+48 71) 344 78 17
Centro Latino „Tropicana"(kubanische Küche)
ul. Więzienna 21, Tel. 071 343 34 08
„Cesarsko-Królewska"
(mitteleuropäische Küche)
Rynek 19, Tel. 071 341 92 04
„China Town"
(chinesische und japanische Küche)
Rynek 7, (Paasaż Pod Bękitnym Słońcem),
Tel. 071 343 70 81
„Dwór Polski" – „Karczma Piastów"
ul. Kiełbaśnicza 6, Tel. 071 372 48 96

Straßencafé am Ring

Hotel „Tumski",
Wyspa Słodowa

Restaurant „Splendido", ul. Świdnicka.

„Dwór Polski" – Restauracja „Królewska"
Rynek 5, Tel. (+48 071) 372 48 96 do 98
„Inn-Door House", ul. J. Piłsudskiego 49/57
Tel. (+48 71) 787 01 62
„Karczma Lwowska"
Rynek 4, Tel. (+48 71) 343 98 87
„Karczma Młyńska"
Wyspa Słodowa 10, Tel. 071 322 60 77
„Kuchnia Marche"
ul. Świdnicka 53, Tel. (+48 71) 343 95 55
„Kurna Chata" (polnische Küche)
ul. Odrzańska 7, Tel. (+48 71) 372 59 51
„La Scala" (italienische Küche)
Rynek 38, Tel (+48 71) 372 53 94
„Maria Magdalena", ul. św. Marii Magdaleny 2
Tel. (+48 71) 374 88 21
„MARU"
(koreanisch-japanische Küche Sushi-Bar)
Rynek 16, Tel. (+48 71) 343 26 78
„Pan Tadeusz" – Hotel „Sofitel"
ul. św. Mikołaja 67, Tel. (+48 71) 358 87 35
„Piramida Steak House"
ul. Wita Stwosza 12, Tel. (+48 71) 344 60 92
„Piwnica Świdnicka"
Rynek-Rathaus 1, Tel. (+48 71) 369 95 00
„Pod Gryfami"
Rynek 2, Tel. (+48 71) 344 33 89
„Przed i Po", pl. Solny 16, Tel. (+48 71) 346 08 93
„Ragtime"
pl. Solny 17, Tel. (+48 71) 343 37 01
„Spiż"
Rynek-Rathaus 2, Tel. (+48 71) 344 72 25
„Splendido"
ul. Świdnicka 53, Tel. (+48 71) 343 95 55
„Złoty Pies", Rynek 41, Tel. (+48 71) 372 37 60

Kleinere Restaurants und Bars

„Gospoda Wrocławska"
Sukiennice 7, Tel. (+48 71) 342 74 56
„Grill Pub Pod Złotym Jeleniem"
Rynek 44, Tel. (+48 71) 372 39 51
„Hubertus"
ul. Biskupia 1 (Eingang ul. Oławska)
Tel. (+48 71) 344 17 33
„Jacek i Agatka" (Selbstbedienung)
pl. Nowy Targ 27, Tel. (+48 71) 344 24 55
„Kaliteros"
Rynek 20/21, Tel. (+48 71) 343 56 17
„KFC", ul. Świdnicka 13, Tel. (+48 71) 341 70 55
„La Havana"
ul. Kuźnicza 11/13, Tel. (+48 71) 343 20 72
„Maska", pl. Teatralny 4, Tel. (+48 71) 341 92 91
„McDonalds", Rynek 30, Tel. (+48 71) 342 17 00
„Mercado"
ul. Igielna 8, Tel. (+48 71) 344 40 40

Café „Witaminka", Ring

„Metafora"
ul. Więzienna 5B, Tel. (+48 71) 795 09 78
„Mexico Bar – Tawerna"
ul. Rzeźnicza 34, Tel. (+48 71) 346 02 92
„Miś" (Selbstbedienung)
ul. Kuźnicza 48, Tel. (+48 71) 343 49 63
„Novocaina"
Rynek 13, Tel. (+48 71) 343 69 15
„Oregano"
ul. Kuźnicza 57/58, Tel. (+48 71) 344 40 85
„Pani Dulska", ul. Kiełbaśnicza 13/15
Tel. (+48 71) 79 33 722
„Pastelowa"
ul. Ruska 58/59, Tel. (+48 71) 344 47 43
„Pekin"
ul. Kotlarska 24/1A, Tel. (+48 71) 787 87 84
„Pizza Hut"
Rynek 48, Tel. (+48 071) 347 48 60
„Pizzeria Dominium"
Rynek 60, Tel. (+48 71) 343 18 30
„Pod Papugami"
Sukiennice 9A, Tel. (+48 71) 343 92 75
„Pod Szczęśliwym Kupcem"
Rynek 44, Tel. (+48 71) 343 27 46
„Ready's"
Rynek 15, Tel. (+48 71) 343 29 12
Restauracja „Rybna" (Fischrestaurant)
Sukiennice 7, Tel. (+48 71) 342 74 56
„Darz Bór"
ul. Nożownicza 1C, Tel. (+48 71) 341 91 91
„Sankt Petersburg"
ul. Igielna 14/15, Tel. (+48 71) 341 80 84
„Sphinx", Rynek 39/40, Tel. (+48 71) 795 77 30
„STP Szybko Tanio Pysznie"
ul. Kuźnicza 10, Tel. (+48 71) 344 54 49
„Tequila"
pl. Solny 11, Tel. (+48 71) 341 01 14
„U Beatki"
Rynek-Rathaus 13/14, Tel. (+48 71) 372 55 27
„U Hrabiego"
ul. Szewska 37 (Ossolineum)
Tel. (+48 71) 344 44 71
„Vega" (vegetarisch, Selbstbedienung)
Rynek-Rathaus 27A, Tel. (+48 71) 344 39 34
„Żaczek"
ul. Kuźnicza 3/5, Tel. (+48 71) 324 53 01
„Żak", Rynek-Rathaus 7, Tel. (+48 71) 340 81 49

Cafés und Teehäuser

„Artzat Caffe"
ul. Malarska 30, Tel. (+48 71) 372 37 66
„Cafe de France"
ul. Świdnicka 10, Tel. (+48 71) 344 55 51
„CoffeeHeaven"
ul. Świdnicka 3, Tel. (+48 71) 341 85 92

Café „Mleczarnia", ul. Pawła Włodkowica

„Dwór Polski" – Teehaus „K2", ul. Kiełbaśnicza

Galerien in den Fleischbänken

Einkaufspassage „Arkady Wrocławskie", ul. Powstańców Śląskich

„Coffee Planet"
(Passage zur Blauen Sonne)
Rynek 7, Tel. (+48 71) 796 45 40
„Dwór Polski" – Kawiarnia „Litewska", Rynek 5
(I. Stock), Tel. (+48 71) 372 48 96
„Dwór Polski" – „K2" Herbaciarnia (Teehaus)
ul. Kiełbaśnicza 2, Tel. (+48 71) 372 48 96
„Esencja"
ul. Kurzy Targ 3, Tel. (+48 71) 792 58 90
„Herbaciany Świat Chin"
(chinesisches Teehaus), ul. Igielna 16
Tel. (+48 71) 346 08 32
„La Scala"
pl. Solny 10, Tel. (+48 71) 342 00 82
„Mleczarnia", ul. Pawła Włodkowica 5
„Pod Słodką Borówką"
Rynek 46/47, Tel. (+48 71) 343 68 56
„Pod Złotym Dzbanem"
Rynek 22, Tel. (+48 71) 342 88 03
„Pożegnanie z Afryką"
ul. Kiełbaśnicza 24, Tel. (+48 71) 341 77 32
„Soul Café"
pl. Solny 4, Tel. (+48 71) 34 34 783
„Tutti Frutti"
ul. Świdnicka 41, Tel. (+48 71) 372 37 14
„Witaminka" (Cocktail-Bar)
Rynek 52, Tel. (+48 71 343 15 24

EINKAUFEN

Breslau bietet ausgezeichnete Einkaufsmöglichkeiten. Alte Bücher, Land- und Stadtkarten, Möbel und Antiquitäten kann man in vielen Antiquitätenläden in der Nähe des Rings kaufen, aber auch auf den Flohmärkten in der ul. Gnieźnieńska (jedes letzte Wochenende im Monat) und am ehemaligen Freiburger Bahnhof (Dworzec Świebodzki; jeden Sonntag).

Beim Ring gibt es Galerien für modernes Kunsthandwerk, hier bekommt man aber auch Gemälde und Schmuck, vor allem aus Silber und Bernstein, Glas- und Kristallarbeiten.

Lebensmittel und Waren des täglichen Bedarfs sind in vielen kleinen Geschäften, in Einkaufszentren und Supermärkten erhältlich. Hier einige Adressen.

Antiquariate

Naukowy
ul. Szewska 64/64,
Tel. (+48 71) 343 72 39
Pod Szermierzem
pl. Uniwersytecki 8,
Tel. (+48 71) 343 34 16

Naukowy im. J.K. Żupańskiego
ul. Kuźnicza 43/45,
Tel. (+48 71) 780 66 69
Szarlatan, ul. Szczytnicka 51

Antiquitäten

Antyki Ar, ul. Grodzka 7
Antykwariat Daes, pl. T. Kościuszki 14/15
„Andere Welt in einem gotischen Kellerchen"
(Inny Świat w Gotyckiej Piwniczce)
ul. Kiełbaśnicza 24
Galeria Horszowski, Rynek 2
Antykwariat Garbary, ul. Grodzka 5
Galerie und Möbelverkauf, ul. Kiełbaśnicza 31

Moderne Kunst und Kunsthandwerk

Galerien in den Fleischerbänken
Stare Jatki
Galeria M Odwach, ul. Świdnicka 38A
Galerie für naive und Volkskunst
ul. Kiełbaśnicza 31
Galeria „domus", ul. Więzienna 1/4
Galeria "26", Rynek 26
Galeria Manufaktura, ul. św. Marcina 4
Galeria Przedmiotu i Osobliwości Manowce
ul. Więzienna 1/4
Galeria Rewolucja, ul. Kotlarska 32
Galerie für Goldschmiedearbeiten, pl. Solny 4
Amphora, Rynek 7
Biżuteria, Rynek 3
Zielone Wzgórze, ul. Pawła Włodkowica 23
Seifenladen, ul. Wita Stwosza 19/20

Durchgehend geöffnete Geschäfte

ul. Legionów 15
ul. Żmigrodzka 56
ul. Szczytnicka
ul. Jedności Narodowej 72/80

Warenhäuser und Einkaufszentren

Galeria Dominikańska, Dominikański Pl.
Passage Grunwaldzki, Grunwaldzki Pl.
Arkady Wrocławskie
Powstańców Śląskich Str. 2/4
Magnolia Park, ul. Legnicka 58
Galeria Renoma, ul. Świdnicka 40
Centrum Bielany, ul. Czekoladowa
Kaufhaus „Feniks", Rynek 31
Kaufhaus Howell, ul. Szewska 8
Markthalle, ul. Piaskowa 15

Galeria Dominikańska,
pl. Dominikański

Einkaufspassage
„Grunwaldzki",
pl. Grunwaldzki

REGISTER

ABBILDUNGSNACHWEISE

Institutionen:

Bibliothek der Universität Breslau, Grafische Sammlung: 13 oben, 30 oben, 55, 81 rechts oben, 112 links Mitte, 186 unten, 230 Mitte, 233 unten, 251 rechts oben.

Architekturmuseum Breslau: 40 oben, 174 unten, 192 unten, 286 oben.

Städtisches Museum Breslau: 44 Mitte und unten, 197 unten, 261 unten, 262 Mitte und unten.

Via Nova: 13 unten, 42 unten, 43 Mitte, 46 oben und unten, 48 drei obere, 75 oben, 226 oben – Fotos Stefan Arczyński.

Kartografischer Verlag EKO-Graf GmbH: 292 oben, Vorsatz.

Bücher und Reihen:

1 Maja 1983 Wrocław. W 25. rocznicę, Wrocław 2008: 48 unten – Foto Tomasz Nowik.

W. Güttel, *Breslau*, Berlin 1929: 19 unten, 19 oben, 24 oben, 28 oben, 34 links oben, 38 oben, 68 Mitte, 110 rechts unten, 143 oben, 217 oben, 221 oben.

H. Götz, *Breslauer Kirchen*, Breslau 1926: 83 rechts unten, 94 links Mitte, 126 unten, 180 oben, 189 unten, 222 oben, 223 Mitte.

A. Weiß, *Chronik der Stadt Breslau*, Breslau 1888: 14 unten, 103 unten, 121 unten, 124 oben, 201 oben, 284 Mitte.

L. Burgemeister, G. Grundmann, *Die Kunstdenkmäler der Stadt Breslau*, Bd. 1–3, Breslau 1930–1934: 101 oben und unten, 106 links oben, 109 unten, 204 links oben, 206 oben, 238 oben.

„Der Profanbau" 1905, Bd. 8: 73 rechts unten.

Encyklopedia Wrocławia, Wrocław 2001: 245 rechts Mitte, 269 rechts unten.

F. Heiß, *Das Schlesienbuch. Ein Zeugnis ostdeutschen Schicksals*, Berlin 1938: 40 unten.

Drei Jahrhunderte Schlesien im Spiegel der Schlesischen Zeitung, Breslau 1935: 35 oben.

„Schlesien" 1909/1910; 1911/1912: 125 Mitte, 224 Mitte, 244 links Mitte, 249 oben, 252 unten, 266 unten.

„Schlesische Landeskunde", Bd. 2: 18 oben, 25 unten, 174 Mitte.

„Schlesische Landeskunde", Bd. 2, Leipzig: 32 oben, 33 oben.

Pläne und Grundrisse:

Atlas historyczny miast polskich. Wrocław, Wrocław 2001: 53.

L. Burgemeister, G. Grundmann, *Die Kunstdenkmäler der Stadt Breslau*, Bd. 1–3, Breslau 1930–1934: 80, 92, 104, 132 oben, 154 oben, 168 oben, 173, 188 oben.

Encyklopedia Wrocławia, Wrocław 2001: 38 unten.

C. Buśko, M. Goliński, M. Kaczmarek, L. Ziątkowski, *Historia Wrocławia*, Bd. 1, Wrocław 2001: 161 oben.

E. Małachowicz, *Stare Miasto we Wrocławiu*, Wrocław 1985: 81 links oben.

Sämtliche aktuellen Fotografien: Stanisław Klimek.
Sämtliche Postkarten stammen aus der Sammlung von Stanisław Klimek.

ÜBERSETZUNG

Katrin Adler – Kapitel: „Breslau", „Breslauer Geschichte", „Sehenswertes", „Der Ring und seine Umgebung", „Die Universität und ihre Umgebung", „Am Stadtgraben entlang", „Die Umgebung von Breslau" sowie sämtliche Bildunterschriften und Randinformationen; sprachliche Beratung.

Katja Bernhardt – Kapitel: „Hinter der Grunwald-Brücke", „Außerhalb des Stadtzentrums" („Nördlich des Stadtzentrums", „Südlich des Stadtzentrums", „Westlich des Stadtzentrums").

Krystyna Kowalik-Rzepiak – Kapitel: „Die Inseln", „Außerhalb des Stadtzentrums" („Östlich des Stadtzentrums"), „Kultur, Erholung", „Unterhaltung, Informationen".

Redaktion und Lektorat: Marcin Grabski, Olga Rutkowska
Umschlagentwurf: Tomasz Wachowiak
Redaktionelle Betreuung: Agnieszka Środek

Wydawnictwo VIA NOVA, 50-077 Wrocław, ul. Kazimierza Wielkiego 39
www.vianova.com.pl
ISBN 978-83-60544-48-8

Oborniki Śląskie
342
Brzezina Średzka
336
JANÓWEK
NOWA KARCZMA
PRACZE ODRZAŃSKIE
LESICA
Wrocław Świniary
ŚWINIARY
Ługowska
Zajączkowska
MOKRA
MARSZOWICE
Wilkszyńska
Stabłowicka
Wrocław Pracze
MAŚLICE WIELKIE
RĘDZIN
Odra
Bystrzyca
Główna
STABŁOWICE STARE
Dolnobrzeska
Zielona Góra Legnica Lubin
94
LEŚNICA
STABŁOWICE NOWE
Królewiecka
MAŚLICE MAŁE
ŻAR
Średzka
PUSTKI
Wrocław Leśnica
GAJOWA
Kosmonautów
320
PILCZYCE
KOZANÓW
Pilczycka
ZŁOTNIKI
FABRYCZNA
RATYŃ
Lotnicza
Wrocław Kuźniki
Wrocław Żerniki
362
Jerzmanowska
JERZMANOWO
Żernicka
KUŹNIKI
GĄDÓW
5
E261
Jarnołtowska
JARNOŁTÓW
OSINIEC
ŻERNIKI
Wrocław Nowy Dwór
NOWY DWÓR
Strzegomska
Wrocław Muchobór
GAŁÓW
Samotworska
Kąty Wrocławskie
Graniczna
MUCHOBÓR MAŁY
Międzynarodowy Port Lotniczy Wrocław Strachowice
STRACHOWICE
MUCHOBÓR WIELKI
GRABISZYN
Wrocław Zachodni
GRABISZYN
347
Solskiego
Mokronoska
OPORÓW
KLECINA
8
al. Karkonoska
Legnica Zgorzelec Berlin
A4
E40
Świdnica Wałbrzych
E67
Kłodzko
Opole Kraków
Stadtgrenzen
Hauptdurchfahrtsstraßen
Straßen
Nummern der Europa- und Nationalstraßen
Eisenbahnlinien mit Stationen
Bebauung
Grünanlagen
Friedhöfe
Parkplätze
Tankstellen
Einkaufszentren